Karlhorst Paul
Altenpflegerecht

Eine Rechtskunde für Ausbildung und Praxis des Altenpflegers

Luchterhand

Karlhorst Paul, geboren am 17. Oktober 1931 in Aschaffenburg am Main. Nach dem Besuch des Gymnasiums Studium der Rechts- und Staatswissenschaften in Frankfurt a. M. und Würzburg. 1957 Referendarexamen. 1960 Promotion über ein Thema aus dem Anstaltsrecht. 1961 Große juristische Staatsprüfung in München. Von 1962 bis 1963 juristischer Beamter beim Regierungspräsidenten in Wiesbaden, ab 1963 in Hanau. Zur Zeit Rechtsdirektor und Leiter der Abteilung Rechtswesen, Umweltschutz und Schulwesen des Main-Kinzig-Kreises in Hanau. Dozent an der Altenpflegeschule in Rodenbach bei Hanau und Mitglied der Prüfungskommission für Altenpfleger.

Alle Rechte vorbehalten.
Hermann Luchterhand Verlag, Neuwied und Berlin.
Nachdruck, auch auszugsweise, sowie fotomechanische Wiedergabe nur mit Genehmigung des Verlages.
Lektoriert: Dr. Paul Seipp.
Gesamtherstellung: Druck- und Verlags-Gesellschaft mbH, Darmstadt.
Printed in Germany, Juli 1975.
ISBN 3 472 55022 8.

Vorwort

Unterbringung, Betreuung und Pflege alter Menschen in Heimen werden heute mehr und mehr Aufgabe der öffentlichen Hand. Man mag diese Entwicklung bedauern, zurückdrehen läßt sie sich nicht mehr. Umso notwendiger aber ist es, daß sich Staat und Gesellschaft auf diese neue Aufgabe einstellen, daß sie Personal und Mittel bereitstellen, um sie zu erfüllen.

Sinn der Altenpflege ist es, den betreuten alten Menschen die Qualität des Lebens und ein menschenwürdiges Dasein bis zum Ende zu ermöglichen. Alter darf nicht Einsamkeit bedeuten. Es muß in unserem Lande möglich sein, auch unter veränderten sozialen Verhältnissen »in Würde alt zu werden«.

Um dieses Ziel zu erreichen, muß – auch und gerade gegenüber den Insassen eines Altenpflegeheimes – eine breite Skala von Möglichkeiten angeboten werden. Neben der gesundheitlichen Betreuung und geeigneter Beschäftigungstherapie müssen sie in eine Gemeinschaft eingeordnet werden, um der inneren Vereinsamung vorzubeugen. Den Alten ist auch geistige und kulturelle Fortbildung zu eröffnen. Das kann und mag alles der reduzierten Aufnahmefähigkeit, auch dem verminderten Interesse Einzelner angepaßt werden. Anregungen aber sollen und müssen immer gegeben werden.

Eine solche Altenbetreuung fordert zweierlei: Moderne Heime und geschultes Personal.

Der Bau moderner Altenheime ist ein wichtiges Stück innerer Reform. Die Mittel, die er fordert, sind enorm. Wir müssen sie aber aufbringen, wenn wir unserer humanen Verpflichtung gegenüber unseren alten Mitbürgern und der Sozialstaatsverpflichtung des Grundgesetzes genügen wollen.

Entscheidend aber ist immer der Mensch, der Pfleger, der Betreuer. Nicht ohne Grund wurde daher die staatliche Anerkennung und Ausbildung von Altenpflegern und Altenpflegerinnen erstmals einheitlich umfassend geregelt. Neben der praktischen Ausbildung an Ort und Stelle sieht die Neuregelung auch eine umfangreiche theoretische Ausbildung vor.

In ihr wiederum nimmt die Vermittlung staats- und rechtskundlicher Kenntnisse, insbesondere im Sozialrecht und der Sozialhilfe einschließlich einer Schulung für den nötigen Schrift- und Behördenverkehr breiten Raum ein. Hier aber fehlt es bisher noch an jeder berufsspezifischen Literatur.

Sinn und Zweck einer umfassenden Rechtskunde für Altenpfleger und Altenpflegerinnen ergeben sich aus der ihnen gestellten Aufgabe. Neben der Vermittlung allgemeiner staatsbürgerlicher und verwaltungsrechtlicher Kenntnisse geht es dabei um:

– die Klärung der Rechte und Pflichten der Altenpfleger als Bedienstete des Pflegeheimes

- umfassende Information über das Betreuungsverhältnis gegenüber den Heiminsassen, damit der Altenpfleger weiß, was er gegenüber seinen »Schützlingen« tun darf, was er tun muß, was er zu unterlassen hat.
- die Befähigung, den alten Menschen in Rechtsfragen des täglichen Lebens, die diese besonders interessieren, Rat, Auskunft und sozusagen »erste Hilfe« geben zu können,

und damit ganz allgemein die berufliche und allgemeine Bildung der Altenpfleger und Altenpflegerinnen zu erhöhen.

Dazu soll dieses Buch beitragen.

Inhalt

1. Kapitel
Allgemeine Rechtsfragen

A) Aus dem Staats- und Verfassungsrecht

Das am 23. 5. 1949, 24 Uhr in Kraft getretene Grundgesetz für die Bundesrepublik Deutschland (GG) bestimmt die staats- und verfassungsrechtliche Ordnung unseres Landes als eines demokratischen und sozialen Bundesstaates. Es gewährleistet jedem Staatsbürger unabdingbare Grundrechte. Es bindet die Staatsorgane an Gesetz und Recht.

I. Zum Begriff des demokratischen und sozialen Rechtsstaates

1. Das Bekenntnis zur Demokratie: Das Grundgesetz bezeichnet die Bundesrepublik ausdrücklich als Demokratie (Art. 20, Abs. 1), in der alle Staatsgewalt vom Volk ausgeht (Art. 20, Abs. 2). Es verbietet damit jede Form der Diktatur. Die Form der Demokratie in der BRD ist mittelbar, repräsentativ und parlamentarisch.

a) Wir haben keine unmittelbare Demokratie wie z. B. in der Schweiz, wo in mehreren Kantonen das Volk unmittelbar politische Entscheidungen durch Volksabstimmung trifft.
Bei uns hat die Bevölkerung nur ein einziges unmittelbares Recht, den Staat zu gestalten, nämlich ihre Abgeordneten zu wählen, die ihren Wahlkreis im Bundestag repräsentieren. Diese Repräsentanten üben dann die dem Volk zustehende Staatsgewalt aus. Nur auf Länderebene (z. B. in Hessen) sind ein Volksbegehren und ein Volksentscheid (z. B. zur Änderung der Verfassung) möglich. Die unmittelbare Demokratie wurde bei Schaffung des Grundgesetzes bewußt gemieden, weil sie schon öfters – z. B. in der Weimarer Republik – diktatorische Entwicklungen gefördert hat.
Bei der Wahl des Bundestages muß dem Volk die Möglichkeit gegeben sein, zwischen verschiedenen Parteien und Gruppierungen wählen zu können. Es darf keine Einheitsliste aufgestellt werden (parteienstaatliche Demokratie).

b) Das Parlament hat eine starke Stellung im Staate inne. Der Bundestag bestimmt mit der Mehrheit seiner Mitglieder den Kanzler und kann ihn auch stürzen – wenn auch nicht ersatzlos und mit einfacher Mehrheit, sondern nur durch Wahl eines neuen Kanzlers und das nur mit absoluter Mehrheit (konstruktives Mißtrauensvotum). Der Sturz des Kanzlers steht dem Sturz der Regierung gleich, da der neue Kanzler auch jeweils eine neue Regierung bildet.
Die Abgeordneten sind nach Art. 38 des Grundgesetzes (GG) Vertreter des ganzen Volkes, an Aufträge und Weisungen nicht gebunden und nur ihrem Gewissen unterworfen.

Sie genießen Indemnität und Immunität als Sonderrechte, um ihre Aufgaben voll erfüllen zu können.

Indemnität bedeutet, daß der Abgeordnete für politische Handlungen im Bundestag (z. B. Abstimmungen oder mündliche Erklärungen) nicht zur Verantwortung gezogen werden kann. Das gilt nicht für verleumderische Beleidigungen.

Immunität garantiert die Unverletzlichkeit gegen Strafverfolgung. Der Abgeordnete kann strafrechtlich nur nach Zustimmung des Bundestages zur Rechenschaft gezogen werden. Diese wird aber bei ernsten Straftaten von Abgeordneten stets erteilt.

Nach Art. 21 GG wirken die politischen Parteien an der politischen Willensbildung mit. Das führt dazu, daß zwischen den Rechten des einzelnen Abgeordneten und der parteienstaatlichen Demokratie ein gewisses Spannungsverhältnis besteht.

Der einzelne Abgeordnete kann – zumindest rechtlich – Aufträge seiner Wähler mißachten. Auch wenn er im Wahlkampf seinen Wählern feste Versprechungen abgab und im Parlament dann anders abstimmt, kann er nicht wegen »Wortbruch« abgesetzt werden. Der Abgeordnete ist nicht Befehlsempfänger seiner Partei. Er kann ihr im Ernstfall den Rücken kehren und dennoch sein Mandat behalten.

Andererseits aber muß sich der Abgeordnete der Fraktion einer großen Partei anschließen, wenn er im Bundestag irgend einen Einfluß ausüben will. Nur als Angehöriger der Mehrheitsfraktion kann er Gesetzesbeschlüsse herbeiführen und »seinen« Kanzler durchsetzen.

Er muß wenigstens der Minderheitsfraktion mit über $1/3$ der Stimmen angehören, um eine Grundgesetzänderung verhindern zu können. Als Solist hat der Abgeordnete im Parlament nur wenige Möglichkeiten der politischen Mitgestaltung. Vor allem kann er als Einzelgänger nicht damit rechnen, bei einer nächsten Wahl wieder aufgestellt zu werden.

Dem Abgeordneten bleibt daher gar nichts anderes übrig, als mit seiner Fraktion Solidarität zu üben und seiner Partei loyal zu bleiben, indem er Parteibeschlüsse beachtet und anwendet.

Daß dadurch Entscheidungen weitgehend von den Abgeordneten weg zur Parteibürokratie verlagert werden, ist ein nicht unbedenkliches Zeichen. Diese Entwicklung ist aber kaum aufzuhalten, da es den völlig unabhängigen, auch wirtschaftlich und beruflich ungebundenen Abgeordneten alten Stils heute kaum noch gibt.

c) Das Grundgesetz geht vom Grundsatz der Gewaltenteilung in gesetzgebende, vollziehende und richterliche Gewalt aus, wie er in der Staatsrechtslehre entwickelt worden ist. Allerdings wird er nicht strikt eingehalten. Ein Übergreifen von einzelnen Kompetenzen ist möglich und wohl auch unvermeidbar.

Das Grundgesetz überträgt:
die gesetzgebende Gewalt dem Bundestag und dem Bundesrat
die vollziehende Gewalt der Bundesregierung, wobei eine Sonderstellung der Bundespräsident als Staatsoberhaupt inne hat.

die richterliche Gewalt dem Bundesverfassungsgericht und den übrigen Bundesgerichten.

Der Bundestag wird auf je 4 Jahre von den wahlberechtigten Bundesbürgern nach allgemeinen, unmittelbaren, freien, gleichen und geheimen Wahlen gewählt. Er erläßt als Volksvertretung die Gesetze, wählt den Kanzler und kontrolliert die Regierung.

Der Bundestag ordnet seine Angelegenheiten selbst. Er kann von niemandem Weisungen entgegennehmen und steht unter keiner Aufsicht. Er hat das Recht, sich selbst zu versammeln und sich eine Geschäftsordnung zu geben.

Besondere Rechte stehen dem Präsidenten des Bundestages zu, der die Leitungsgewalt während der Sitzung ausübt, die Verwaltungsgeschäfte des Bundestages außerhalb der Sitzungen erledigt, schließlich Polizeigewalt und Hausrecht im Bundestagsgebäude besitzt.

Der Bundesrat ist das Bundesorgan, in welchem die Länder ihren Einfluß auf Gesetzgebung und Verwaltung des Bundes nehmen. Dabei stehen den Ländern entsprechend ihrer Einwohnerzahl je 3 bis 5 Stimmen zu.

Die Mitglieder des Bundesrates werden von den Landesregierungen berufen und haben ihre Stimme nach deren Weisungen abzugeben.

Die Bundesregierung ist oberstes Regierungs- und Verwaltungsorgan des Bundes. Sie setzt sich aus dem Bundeskanzler und den Bundesministern zusammen (Art. 62 GG). Die rechtlich und politisch bedeutendste Gestalt der Bundesregierung ist der Bundeskanzler, der die allgemeine politische Richtung der Bundesregierung bstimmt. Eine Sonderstellung besitzt der Bundespräsident, der auf 5 Jahre von der Bundesversammlung – einem nur zur Präsidentenwahl gebildeten Gremium – gewählt wird. Seine Rechte sind mit wenigen Ausnahmen repräsentativer Natur. Er vertritt den Bund außenpolitisch. Er ernennt die Bundesbeamten und Offiziere. Er besitzt das Begnadigungsrecht.

Das Bundesverfassungsgericht ist das Organ der Verfassungsrechtsprechung. Seine Aufgabe ist es, die politischen Kräfte und die Machtverhältnisse in Schranken zu halten, alle Bestimmungen der Verfassung zu schützen und die Grundrechte der Bürger zu garantieren. Neben dem Bundesverfassungsgericht gibt es noch weitere fünf Bundesgerichte, u. z.:

den Bundesgerichtshof in Karlsruhe
das Bundesverwaltungsgericht in Berlin
den Bundesfinanzhof in München
das Bundesarbeitsgericht in Kassel
das Bundessozialgericht in Kassel.
Diese Gerichte sind »letzte Instanzen« in ihren Rechtsgebieten.

2. Der Rechtsstaat: In der Bestimmung der Staatsform in Art. 20 GG erscheint das Wort »Rechtsstaat« nicht. Nur in Art. 28 Abs. 1 ist der Rechtsstaat für die Rechtsordnungen der Länder vorgeschrieben und damit indirekt auch für die Rechtsordnung des Bundes bestimmt. Rechtsstaatlichkeit bedeutet u. a.

a) daß alle staatlichen Organe und alle Bürger an das Recht gebunden sind (Art. 20 GG). Dabei ist der Gesetzgeber an das Verfassungsrecht gebunden, die vollziehende Gewalt und die Gerichte an alle verfassungsmäßig erlassenen Gesetze, der Bürger an alle rechtlichen Vorschriften, die ihn betreffen;

b) daß in die Bereiche des Einzelnen durch den Staat nicht ohne eine gesetzliche Grundlage eingegriffen werden darf. Das ergibt sich aus Art. 2 Abs. 2, Art. 20 und Art. 28 GG;

c) daß alle Rechtsnormen den Willen des Gesetzgebers eindeutig erkennen lassen müssen, sie fest umrissen und bestimmt sein müssen. Jeder muß klar wissen können, was er tun darf und was er lassen muß;

d) schließlich, daß die Rückwirkung von Gesetzen bei Belastungen des Bürgers (z. B. Steuererhöhung) in der Regel ausgeschlossen ist. Allerdings ist es manchmal unumgänglich, rückwirkende Gesetze zu erlassen. In diesem Falle muß aber das Vertrauen des Bürgers geschützt werden, wenn er schon längere Zeit weiß, daß sie erlassen werden dürfen. Rückwirkende Geltung von Gesetzen ist aber möglich, wenn der Staat etwas leistet (z. B. Wohngeld oder soziale Beihilfen gewährt).
Für das Strafrecht ist eine Rückwirkung laut Art. 103 Abs. 2 GG verboten.

3. Der Sozialstaat: In Art. 20 Abs. 1 taucht der Begriff »Sozialstaat« auf, allerdings ist er mit dem Begriff »Bundesstaat« zum »sozialen Bundesstaat« verbunden.
Trotzdem bezeichnet »sozial« die Staatsform unabhängig von der Bundesstaatlichkeit.
Die Bundesrepublik soll nach den Grundsätzen sozialer Gerechtigkeit aufgebaut sein. Das bedeutet, daß die wirtschaftliche oder kulturelle Unterdrückung einer Schicht oder Gruppe abgelehnt wird und (soweit sie besteht) behoben werden muß. Das gesamte Recht soll eine soziale Tendenz haben. Jede Schicht der Bevölkerung muß die ihr zukommenden Rechte erhalten, besonders die wirtschaftliche und kulturelle Lebensfähigkeit, einen angemessenen Lebensstandard, berufliche Chancen und die Gelegenheit, sich Bildungsgüter anzueignen. Jeder, egal in welchem Alter, muß eine Chance bekommen, ein menschenwürdiges und kulturelles Leben zu führen.
Das soziale Prinzip wurde von verschiedenen Bundesregierungen in verschiedener Weise interpretiert und zu verwirklichen versucht. Es ist heute einhellig in dreifacher Weise zu umschreiben:

a) Der Grundsatz des Sozialstaates bedingt nicht sozialistische Maßnahmen (z. B. eine ganze oder teilweise Sozialisierung des Wirtschaftslebens oder auch nur der Bereiche der Daseinsfür- und vorsorge).

b) Er fordert aber sehr wohl, daß die Grundsätze der Demokratie, der Gleichheit, der Solidarität auch im Wirtschaftsleben und in der Arbeitswelt im Rahmen des dort möglichen verwirklicht werden. Demokratie muß, um wirksam zu sein, überall »realisiert« werden. Aus dem Sozialstaatsgrundsatz folgt daher die Forderung auf Mitbestimmung am Arbeitsplatz, auf Ausbau des Betriebsverfassungsrechts, auf Abbau hierarchischer Strukturen im Wirtschaftsleben und in den Verwaltungen, auf Schaffung von Chancengleichheit im Schulwesen, auf besondere Förderung benachteiligter, sogenannter »unterprivilegierter« Bevölkerungsschichten, auf Erschwerung und z. B. steuerliche Belastung arbeitslosen Einkommens (z. B. von Aktien- und Hausbesitz).

Art und Ausmaß solcher Reformen mit sozialer Tendenz werden dabei wohl immer Streitpunkte der Tagespolitik sein, wobei auch unterschiedliche Interessen der Betroffenen eine große Rolle spielen.

c) Die im GG festgelegte Sozialbindung des Eigentums (Art. 14 Abs. 2 S. 1 GG) ist zu konkretisieren.

Sie bedeutet, daß ein Eigentümer ohne Entschädigung sich die Beschränkungen seines Eigentums gefallen lassen muß, die üblich und zumutbar sind. Auch hier erstreckt sich die Skala der Beschränkungen von der Pflicht, für das Eigentum Steuern zahlen zu müssen, über die Genehmigungspflicht für den Bau eines Hauses auf eigenem Grund und Boden bis zu der Gewinnabschöpfung für als Bauland ausgewiesene Grundstücke. Auch hier ist der Umfang der möglichen Maßnahmen sehr umstritten.

4. Zu einigen weiteren staats- und verfassungsrechtlichen Begriffen.

a) Bundesstaatliche Struktur: Die Bundesrepublik Deutschland ist aus Ländern zusammengesetzt. Die Länder sind dem Bund rechtlich nicht unterworfen und in der Staatsgewalt nicht von ihm abhängig. Ebensowenig ist der Bund von den Ländern abhängig. Auch er hat volle, unabhängige, selbstentscheidende Staatstätigkeit. Bund und Länder müssen in gemeinsamer Arbeit zusammenwirken, die den Blick nicht zuerst auf die Teile und dann erst auf das Ganze richtet, sondern sogleich auf das Ganze, das aber sinnvoll gegliedert ist.

Das bedingt für die Länder die Pflicht zur Bundestreue.

Sie bedeutet, daß die Glieder des Bundes sowohl einander gegenseitig als auch dem Bund die Treue zu halten haben. Auch der Bund selbst hat gegenüber den Ländern diese Treuepflicht.

Aus dieser Bundestreue ergibt sich, daß ein Land, wenn es ein Gesetz erläßt, Rücksicht auf die Interessen des Bundes oder andere Länder nehmen muß. Das gilt allerdings nur dann, wenn das Gesetz Auswirkungen auf den Bund oder andere Länder haben kann. Verstöße gegen die Bundestreue werden durch das Bundesverfassungsgericht geprüft und entschieden. Stellt dieses Gericht fest, daß ein Gesetz gegen die Bundestreue verstößt, kann es dieses Gesetz für rechtsunwirksam erklären.

Auch beim Erlaß von Regierungsmaßnahmen und Verwaltungshandlungen müssen sich Bund und Länder bundestreu verhalten.

b) Republik: Mit dem Begriff »Republik« wird in erster Linie bekundet, daß die Bundesrepublik keine Monarchie ist. Das bedeutet, daß politische Rechte nur aus Wahlen (also aus dem Willen des Volkes) hervorgehen dürfen. Keine politischen Rechte dürfen aus der Erbfolge hervorgehen (z. B. der Sohn eines verstorbenen Königs tritt wieder dessen Amt als Staatsoberhaupt an). Die monarchische Staatsform ist daher verfassungsrechtlich ausgeschlossen. Eine Änderung des GG, wonach die Republik in eine Monarchie umgewandelt würde, wird durch Art. 20 und Art. 79 Abs. 3 GG verboten und als rechtsunwirksam erklärt. Weiterhin bedeutet »Republik« im deutschen Wortgebrauch die Ablehnung eines Obrigkeitsstaates, also jeder Diktatur. Sie betont den Gedanken der persönlichen Freiheit.

c) Staatsgebiet: Das Gebiet der Bundesrepublik besteht aus den Gebieten der deutschen Länder. Jedes Landesgebiet ist zugleich Bundesgebiet und umgekehrt gehört Bundesgebiet immer auch zu einem Land. Es gibt kein bundesunmittelbares Gebiet. Berlin gilt als ein Land der Bundesrepublik, wenn auch mit verfassungsrechtlicher Sonderstellung.

Das GG gilt zunächst im Gebiet der elf Länder, die bei Inkrafttreten des GG bestanden haben. Die Bundesrepublik bleibt aber weiterhin offen für den freiwilligen Beitritt anderer Teile Deutschlands. So ist z. B. das Saarland 1957 der Bundesrepublik beigetreten auf Grund des Saarvertrages zwischen Deutschland und Frankreich.

d) Staatsvolk: Im Bundesstaat ist die Beziehung der Staatsangehörigen eine doppelte: zum Zentralstaat (der BR Deutschland) und zum Gliedstaat (dem jeweiligen Bundesland, z. B. Bayern, Niedersachsen).

Die deutsche Staatsangehörigkeit blieb nach 1945 unverändert bestehen. Auch das Besatzungsrecht hat nichts daran verändert. So gibt es heute noch nach bundesdeutschem Verfassungsrecht eine einheitliche deutsche Staatsangehörigkeit für die Bürger der Bundesrepublik Deutschland und der DDR. Daher müssen die Angehörigen der Bundesrepublik und die der DDR in Bezug auf die Staatsangehörigkeit gleich behandelt werden. Die Staatsangehörigen der Bundesrepublik werden von der Allgemeinheit der deutschen Staatsangehörigen durch die Bezeichnung »Bundesbürger« unterschieden.

Für den Erwerb der deutschen Staatsangehörigkeit gilt das Abstammungsrecht, d. h. jeder erwirbt die deutsche Staatsangehörigkeit, der (bei ehelicher Geburt) von einem Vater oder (bei unehelicher Geburt) von einer Mutter deutscher Staatsangehörigkeit abstammt. Weiterhin erwirbt ein eheliches Kind einer Deutschen dann die deutsche Staatsangehörigkeit, wenn sein Vater staatenlos ist.

Früher bekam eine Ausländerin, die einen Deutschen heiratete, automatisch die deutsche Staatsangehörigkeit zugesprochen. Mit dem Gleichberechtigungsgrundsatz wurde diese Regelung geändert (1957): eine Ausländerin, die mit einem Deutschen eine Ehe schließt, erwirbt die deutsche Staatsangehörigkeit nicht mehr von selbst. Sie kann aber durch Antrag auf Einbürgerung durch einen förmlichen Verleihungsakt die deutsche Staatsangehörigkeit erlangen. Durch einen Verleihungsakt der deutschen Behörde (Naturalisation) kann schließlich jeder Ausländer die deutsche Staatsangehörigkeit erwerben.

Grundsätzlich erlischt die deutsche Staatsangehörigkeit mit dem Antrag auf eine andere Staatszugehörigkeit oder lediglich dem Antrag auf Verlust. Dasselbe ist der Fall, wenn eine Deutsche einen Ausländer heiratet und wenn ein deutsches uneheliches Kind durch einen ausländischen Vater legitimiert wird. Das GG hat in Art. 16 ergänzend vorgeschrieben, daß der im Gegensatz vorgesehene Verlust gegen den Willen des Betroffenen nur eintritt, wenn der deutsche Staatsangehörige dadurch nicht staatenlos würde (z. B. wenn eine Deutsche einen Staatenlosen heiratet).

II. Die Grundrechte

Nach der im GG festgelegten Rechtsauffassung kann die Demokratie selbst über die Grundrechte der Menschen nicht frei verfügen, da sonst jedes Recht durch Mehrheitsentscheidung gefährdet oder abgeschafft werden könnte. Grundrechte sind vielmehr von jeder Gewalt und auch von der Mehrheit zu respektieren. Die Staatsgewalt darf sie nicht antasten.

1. Allgemeine Hinweise: Unter Grundrechten – Art. 1–19 GG – verstehen wir die einer Einzelperson verfassungsmäßig verbürgten Rechte auf Freiheit von staatlichen Eingriffen. Grundrechte sind aber auch bestimmte Forderungsrechte gegen den Staat wie der Anspruch auf Bildung, soziale Sicherung, Hilfe in unverschuldeten Notlagen. Freiheitsrechte und soziale Rechte ergänzen sich dabei, wobei die sozialen Rechte zunehmend an Bedeutung gewinnen.

Bei der Erörterung der einzelnen Grundrechte wird es darauf ankommen, diejenigen, die für den Altenpfleger in seiner praktischen Tätigkeit von besonderer Bedeutung sind, vertieft zu behandeln.

a) Die Grundrechte als vorstaatliches Recht: Die Weimarer Reichsverfassung enthielt die Grundrechte im 2. Hauptteil, während sie im GG an die Spitze der Verfassungsbestimmungen gestellt wurden. WRV und

GG äußern so eine verschiedene Auffassung von der Natur der Grundrechte. Nach Weimarer Verfassungsrecht schuf die Verfassung selbst die Grundrechte und konnte sie daher auch wieder abschaffen. Anders das GG, wie in Art. 1 Abs. 2 zum Ausdruck kommt. Danach haben die Grundrechte einen vorstaatlichen Charakter, sie werden nicht erst durch das Grundgesetz geschaffen und können daher durch dessen Änderung auch nicht abgeschafft werden. Das GG legt vielmehr nur schriftlich nieder, was sowieso gilt.

Die vorgegebenen Menschenrechte stehen über dem GG und sind unantastbar unveränderlich.

Diese Auffassung wurde auch durch die UNO-Satzung im Jahre 1948 bekräftigt, und zwar durch die Menschenrechtsdeklaration. Diese hat in der BRD durch Art. 25 GG unmittelbare Geltung, denn die allgemeinen Regeln des Völkerrechts sind Bestandteile des Bundesrechts und erzeugen für Bundesbürger unmittelbare Rechte und Pflichten.

Die europäische Menschenrechtskonvention von 1950 wurde von den meisten Staaten des Europarats ratifiziert (außer Frankreich) und erlangt ebenfalls über Art. 59 GG als Vertrag mit auswärtigen Staaten innerstaatliche Geltung.

Bsp.: Wenn ein Bürger behauptet, daß ihm durch die Menschenrechtskonvention festgelegte Rechte von seinem Heimatstaat verletzt werden, dann kann er die europäische Menschenrechtskommission anrufen. Er muß aber vorher in seinem Heimatstaat den Rechtsweg ausgeschöpft haben. In der BRD muß er z. B. Verfassungsbeschwerde zum Bundesverfassungsgericht erhoben haben.

b) Unterscheidungen im Grundrechtskatalog: Das Grundgesetz trifft Unterscheidungen. So gibt es Grundrechte, die jedermann zustehen, und andere, die nur Deutschen zukommen. Hierbei gelten alle Menschenrechte (das allgemeine Persönlichkeitsrecht, das Recht der Freizügigkeit, das Recht der freien Religionsausübung, das Recht der freien Meinungsäußerung) und soziale Rechte in der Regel für jedermann, politische Mitbestimmungsrechte in der Regel nur für Deutsche.

Ferner finden wir Grundrechte nicht nur im ersten Abschnitt des Grundgesetzes, sondern auch in

Art. 33 (Staatsbürgerliche Gleichstellung der Deutschen)
Art. 34 (Amtshaftung bei Amtspflichtverletzung)
Art. 38 (Wahlrecht)
Art. 101 (Verbot von Ausnahmegerichten)
Art. 104 (Rechtsgarantien bei Freiheitsentziehung)

c) Grundrechtsbeschränkungen: Das Grundgesetz enthält Grundrechte mit und ohne Gesetzesvorbehalt.

Gesetzesvorbehalt enthalten:			Keinen Gesetzesvorbehalt enthalten:	
Art. 2	Abs. 2	Die in	Art. 3	Diese Artikel
Art. 5	Abs. 1 u. 2	diesen Artikeln	Art. 4 Abs. 1 u. 2	enthalten
Art. 8	Abs. 2	erwähnten	Art. 5 Abs. 3	fundamentale
Art. 10		Grundrechte	Art. 8 Abs. 1	Rechte. Hier
Art. 11		können	Art. 16 Abs. 1 u. 2	ist kein
Art. 12 Abs. 2		durch Gesetze	Art. 17	staatlicher
Art. 13		beschränkt	Art. 19 Abs. 4	Eingriff
Art. 14		werden.		,möglich.

Dennoch gibt es Schranken, die auch Grundrechte ohne Gesetzesvorbehalt näher bestimmen können. So wären z. B. lebensgefährliche oder unsittliche Riten mit der Religionsfreiheit nicht vereinbar, und das Grundrecht auf künstlerischer Entfaltung ist durch das geltende Sittengesetz beschränkt. Stets müssen auch die Rechte anderer beachtet werden, damit die menschliche Gemeinschaft bestehen kann. Man spricht hier von »immanenten« Grundrechtsschranken, d. h. Schranken, die dem Grundrecht innewohnen.

Die Frage ist aber, wo diese Schranken zu ziehen sind.

Hier gelten folgende Meinungen:

Das Gemeinschaftsinteresse hat besonderes Gewicht. Wenn es vorliegt, dann kann ein Grundrecht des Einzelnen beschränkt werden. Die Gefahr dieser Auffassung liegt aber darin, daß durch Betonung des Gemeinschaftsinteresses praktisch jedes Grundrecht relativiert werden kann und es dann dem Einzelnen keinen Schutz mehr gewährt.

Hier obliegt es der Rechtsprechung des Bundesverfassungsgerichts, sorgfältig die Grenze zwischen den Interessen der Gemeinschaft und des Einzelnen zu ziehen.

Das Bundesverfassungsgericht hat daher hier die Auffassung vom besonders schwerwiegenden Gemeinschaftsinteresse entwickelt. Danach ist zunächst einmal stets jedes einzelne Grundrecht der Ausgangspunkt, es geht den Gemeinschaftsbelangen vor. Wenn aber unverzichtbare Rechte der Gemeinschaft auf dem Spiel stehen, dann tritt eine Schranke ein.

Bei Grundrechten mit Gesetzesvorbehalt darf der Gesetzgeber auf Grund Art. 19 GG nicht die Existenz des Grundrechts angreifen. Alle Grundrechtsbeschränkungen müssen im rechten Verhältnis zu der Gefahr stehen, auf Grund derer das Grundrecht eingeschränkt wird. Das beschränkende Gesetz muß ausdrücklich nennen, welches Grundrecht es einschränkt. Außerdem darf der Wesensgehalt eines Grundrechts durch die Einschränkung nicht angetastet werden. Ein letzter unantastbarer Bereich menschlicher Freiheit muß so bei jeder Grundrechtsbeschränkung erhalten bleiben. Dies möge folgendes Schaubild verdeutlichen:

Grundrecht

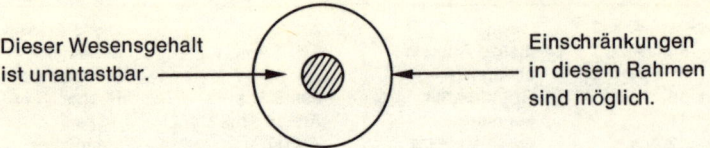

Dieser Wesensgehalt ist unantastbar.

Einschränkungen in diesem Rahmen sind möglich.

Art. 18 des Grundgesetzes setzt Maßstäbe dafür fest, wann Grundrechte verwirkt werden können. Das ist der Fall, wenn die freie Meinungsäußerung (Pressefreiheit, Lehrfreiheit, Versammlungsfreiheit, Vereinigungsfreiheit, Post- und Fernmeldegeheimnis, Eigentums- oder Asylrecht) zum Kampf gegen die freiheitliche demokratische Grundordnung mißbraucht werden. Die Verwirklichung und ihr Ausmaß werden durch das Bundesverfassungsgericht ausgesprochen.

d) Sicherung der Grundrechte: Die Grundrechte stehen allen deutschen natürlichen Personen zu, wenn die Geltung ausdrücklich auf Deutsche beschränkt ist. Im übrigen stehen sie jedermann zu, auch – soweit notwendig – inländischen juristischen Personen.
Durch Artikel 1 Abs. 3 des Grundgesetzes werden die Gesetzgebung, die vollziehende Gewalt und die Rechtsprechung an die Grundrechte gebunden. Alle staatlichen Akte können durch die Gerichte auf Rechtsverletzungen hin überprüft werden. Laut Artikel 19 Abs. 4 des Grundgesetzes steht jedem, der in seinen Grundrechten durch die öffentliche Gewalt verletzt wurde, der Rechtsweg offen. Alle entsprechenden Maßnahmen können also vor Gericht angefochten werden.

2. Die wichtigsten Grundrechte im einzelnen.

a) Die Menschenwürde: Nach Artikel 1 Abs. 1 des Grundgesetzes ist die Würde des Menschen unantastbar. Sie zu achten und zu schützen ist Verpflichtung jeder staatlichen Gewalt.
Hier ist allerdings strittig, ob diese Bestimmung ein oberstes Verfassungsprinzip darstellt, also eine Regelung ist, die maßgebend für jede Tätigkeit des Staates sein muß, oder ob die Menschenwürde ein subjektives Grundrecht ist, da alle anderen Grundrechte dem Bild der Menschenwürde entsprechen.
Beides ist jedoch vereinbar. Artikel 1 besagt, daß jedem Menschen ein gewisser Eigenwert zukommt, er ist sittlich frei und sich selbst verantwortlich. Aufgrund von Artikel 1 des Grundgesetzes darf daher der eigene Wille und die eigene Verantwortung des Menschen durch die staatliche Gewalt nicht ausgeschlossen werden.
So ist die Anwendung eines Lügendetektors unzulässig, weil er die freie Willensentscheidung beseitigt.
Die Würde des Menschen ist unverzichtbar. Für den Staat ergibt sich daraus die Verpflichtung, nicht nur diese Menschenwürde zu achten,

sondern er muß sie auch schützen und erhalten.

So muß er für das Existenzminimum seiner Bewohner sorgen und dem Einzelnen Hilfe gewähren, wenn er sonst sein Existenzminimum nicht aufrechterhalten kann. Auch ein Strafgefangener, auch wenn er ein schweres Verbrechen begangen hat, darf seiner Menschenwürde nicht beraubt werden.

b) Die freie Entfaltung der Persönlichkeit: Das in Artikel 2 Abs. 1 des Grundgesetzes genannte Recht auf freie Entfaltung der Persönlichkeit gewährt jedem Menschen die Freiheit des Handelns. Er kann demnach sein Verhalten so einrichten, wie er das kraft eigener Entscheidung für richtig hält, aber mit der Einschränkung, daß er dadurch nicht die Rechte anderer verletzt und er nicht gegen die verfassungsmäßige Ordnung oder das Sittengesetz verstößt. Diese Einschränkung ergibt sich daraus, daß jeder, also auch der Mitmensch, dieses Recht auf freie Entfaltung seiner Persönlichkeit hat.

Eine Einschränkung findet ferner die freie Entfaltung der Persönlichkeit in der verfassungsmäßigen Ordnung, die durch sie nicht angegriffen werden darf. Was dabei als verfassungsmäßige Ordnung zu verstehen ist, bestimmte das Bundesverfassungsgericht als die Gesamtheit der Normen, die formell und materiell der Verfassung entsprechen.

Das Recht auf freie Entfaltung der Persönlichkeit hat in der Praxis vielfältige Folgen. Es schützt zunächst eine breite Skala von sogenannten »Ausstrahlungen der Persönlichkeit«. Es gewährt ferner, wenn solche Persönlichkeitsrechte verletzt werden, dem Betroffenen gegen den Störer einen Anspruch auf Beseitigung, Unterlassung und Entgegnung, möglicherweise auch auf Schadenersatz in Geld. Hier gilt im einzelnen folgendes:

aa) Beispielhafte, alphabetisch geordnete Übersicht über geschützte Persönlichkeitsrechte

Bild (Recht am »eigenen Bild« §§ 22, 23 KUG): Niemand darf gegen seinen Willen fotografiert oder im Bild festgehalten werden.
Wer jemanden fotografisch fixiert, begeht eine Freiheitsbeeinträchtigung. Geschützt ist das Eigenbild vor Verbreitung, Veröffentlichung sowie Festhaltung im Bild (Fotozeichnung). Die Rechtswidrigkeit ist aber ausgeschlossen, wenn ein höheres Interesse der Allgemeinheit besteht, z. B. wenn ein flüchtender Verbrecher fotografisch festgehalten wird, oder wenn die dargestellte Person einen Teil der belebten Landschaft darstellt, z. B. wenn sie Teilnehmer einer Versammlung ist, oder wenn es sich um eine Person der Zeitgeschichte handelt.
Die Abbildung von Personen der Zeitgeschichte darf aber nur erfolgen, wenn die öffentliche Sphäre betroffen ist und keine Verfälschung erfolgt, z. B. darf ein Politiker jederzeit fotografiert werden, wenn er als solcher in Erscheinung tritt (bei öffentlichen Veranstaltungen, Versammlungen u. ä.), nicht aber ohne besondere Einwilligung in seiner Wohnung als Privatmann. Es darf auch keine Fotomontage erfolgen.

Ehre (Recht auf Ehre; § 823 II BGB i. V. m. §§ 825, 1300 BGB, 185 ff. StGB): Niemand darf beleidigt oder sonst herabgesetzt werden. In diesen Zusammenhang gehören ferner

Kredit (§ 824 BGB i. V. m. § 14 UWG): Niemand darf wahrheitswidrig behaupten, jemand sei verschuldet;

presserechtlicher Gegendarstellungsanspruch (landesrechtliche Pressegesetze): Jeder hat ein Recht, in der Presse zu antworten, wenn in einem Artikel Behauptungen zu seiner Person aufgestellt worden sind;

sittenwidrige Schädigung (Generalklausel des § 926 BGB): Sie verbietet jede vorsätzliche sittenwidrige Schädigung: darunter fallen z. B.

Auskunftsgrenze für Auskunfteien: Auskunfteien dürfen nur über finanzielle Verhältnisse berichten, nicht über die Intimsphäre.

Schranken für Presseberichte in Krankheitsfällen:
Hierzu auch BGH im LM 3: Es darf über keine Details berichtet werden, die geeignet sind, das Ansehen des Kranken zu vermindern. Geschieht dies doch, kann Schadenersatzanspruch wegen sittenwidriger Schädigung begehrt werden.

Gewerbebetrieb, soweit eingerichtet und ausgeübt: Daraus entspringt nach RGZ 135, 247 aber kein Recht an freier Erwerbstätigkeit. Hierfür können besondere Voraussetzungen festgesetzt werden (z. B. Studium) oder Zulassungsbeschränkungen aus wirtschaftlichen Erwägungen durch Gesetz getroffen werden. Der Gewerbebetrieb ist daher nur geschützt, wenn man ihn schon hat.

Lebensbild: (KG In MjW 27/28 S. 222) d. h. Lebensgeschichte. Wer eine Biographie einer Persönlichkeit verfaßt, muß dies wahrheitsgetreu tun und darf nichts entstellen.

Lebensgüter (Recht auf gewisse Lebensgüter; § 823 I BGB) wie Leben, Körper, Gesundheit, Freiheit und sonstige abs. Rechte.

Name (Namensrecht; § 12 BGB): Jeder darf seinen Ruf- und Familiennamen führen.

Schrift (Recht an eigener Schrift): Der Grund dieses Rechts ist, daß die sprachliche Festlegung Ausfluß der Persönlichkeit des Verfassers ist und Rückschlüsse auf seine Willensrichtung und seine Persönlichkeit zuläßt.
Der Schutz umfaßte anfangs nur urheberrechtlich geschützte Werke. Er umfaßt nun auch Briefe und sonstige private Aufzeichnungen, die in der Regel nicht ohne Zustimmung des noch lebenden Verfassers und nur in der von ihm bewilligten Weise veröffentlicht werden dürfen, auch wenn sie nicht die individuelle Formprägung aufweisen, die für den Urheberrechtsschutz nötig ist.
Danach sind bei Manuskripten unzulässig: Streichungen und Zusätze, hingegen sind zulässig:
orthografische, grammatikalische und sprachliche Berichtigungen.

bb) Übersicht über die Rechtsansprüche des Betroffenen bei Verletzung von Persönlichkeitsrechten

Wenn Persönlichkeitsrechte verletzt werden, stehen dem Betroffenen verschiedene Ansprüche zu, die er entweder einzeln oder gemeinsam geltend machen kann.

Anspruch auf Beseitigung, Unterlassung, Entgegnung: Grundlagen hierfür sind §§ 12 BGB, 23, 22 KUG, 823/1, 823/2 BGB i. V. mit jeweil. Schutzgesetz, 824 BGB, 14 UWG, 11 RPressG.
Unterlassung kann nur verlangt werden, wenn Wiederholungsgefahr besteht, Entgegnung meist nur im Presserecht. Grundsätzlich ist nur **ein** Beseitigungsanspruch gegeben.

Anspruch auf Schadenersatz
Bei **materiellem Schaden** (Vermögensschaden):
Voraussetzungen sind, daß
durch die Verletzung des Persönlichkeitsrechts ein konkreter Vermögensschaden verursacht worden ist,
ein Verschulden des Verletzers gegeben ist.
Daß diese Voraussetzungen vorliegen, muß der Geschädigte nachweisen. Nur wenn ein typischer Geschehensablauf vorliegt (d. h. ein solcher, der bei einem bestimmten Handeln normalerweise erfolgt), muß der Gegner nachweisen, daß der Schaden eine andere Ursache hat.
Es sind anzuwenden
§ 823 I BGB, wenn verletzt sind Leben, Körper, Gesundheit, Freiheit oder ein sonstiges Recht. Unter sonstigen Rechten sind stets ausschließliche Rechte zu verstehen. Zu den sonstigen Rechten hat das frühere Reichsgericht Besitz, Namensrecht, Urheberrecht, gewerbliche Schutzrechte, Aneignungs-, Wassergebrauchs-, Familien-, Firmenrechte, das Recht am ausgeübten Gewerbebetrieb, der Bundesgerichtshof in seiner Rechtsprechung die menschliche Würde, freie Entfaltung der Persönlichkeit, persönliche Ehre sowie das allgemeine Persönlichkeitsrecht gezählt.
§ 823 II BGB, wenn ein Schutzgesetz verletzt ist. Solche sind nach der Rechtsprechung des Reichsgerichts: §§ 185–187 StGB, ArzneimittelVO, EisenbahnbetriebsVO, Genossenschaftsgesetz, Gewerbeordnung, Aktiengesetz, Kraftverkehrsgesetz, Seestraßenordnung,
nach der Rechtsprechung des Bundesgerichtshofs: §§ 164 StGB, 24 StVG, 18 III StVO, 1 Milch- und Fettgesetz, 9 Sprengstoffgesetz.

Bei **imateriellem Schaden** (kein Vermögensschaden): Wenn eine Verletzung an Körper, Gesundheit oder Freiheit und als adäquate Folge davon ein imaterieller Schaden eingetreten ist – z. B. körperliche Schmerzen, aber auch Kummer, Sorge, Bedrückung, Verlust von Heiratschancen –, wird nach § 847 BGB ein Schmerzensgeld gewährt.

Der Zweck des Schadenersatzes besteht darin, daß dem Betroffenen durch Geld ein Ausgleich für die erlittenen Leiden gewährt wird, d. h. es soll ihm ein Geldbetrag zuerkannt werden, durch den er sich Annehmlichkeiten verschaffen kann.

Der Schadenersatz muß »billig«, d. h. gerecht sein, und zwar nach freiem Ermessen des Gerichts nach § 287 ZPO. Gerade in der Frage, was bei Schmerzensgeld angemessen ist, herrschen bei den Gerichten allerdings ganz verschiedene Auffassungen. Zur Zeit ist eine Tendenz zur Erhöhung des Schmerzensgeldes unverkennbar.

Der Bundesgerichtshof hat in entsprechender Anwendung des § 846 BGB einen Anspruch auf Schadenersatz auch bejaht, wenn kein Verletzungsfall des § 847 I 1 BGB, also keine Verletzung von Leben, Körper, Gesundheit, Freiheit vorliegt.

Voraussetzung für einen solchen Anspruch ist, daß das allgemeine Persönlichkeitsrecht nach Art. 1 und 2 des Grundgesetzes verletzt ist, und als adäquate Folge davon ein imaterieller Schaden eingetreten ist. Dieser Schaden kann bestehen in: Rufschaden, Ehrenkränkung, auch wenn sonstige Nachteile nicht nachweisbar sind. Hier kommt aber ein Schadensersatzanspruch nicht in Frage, wenn der Betreffende diesen Eingriff längere Zeit geduldet hat.

Der Zweck dieses Schadenersatzes besteht darin, dem Betroffenen eine Genugtuung zu geben.

Die Bemessung des Schadenersatzes erfolgt nach freiem Ermessen wie in allen anderen Fällen.

c) Der Gleichheitsgrundsatz: Der Gleichheitssatz ist in Art. 3 des Grundgesetzes, aber auch in vielen sonstigen Normen des Grundgesetzes enthalten (z. B. in Art. 33). Er ist grundlegend für die rechtsstaatliche Demokratie. Im Gegensatz zu anderen Grundrechtsnormen, die bestimmte Gebiete, in denen sich der Mensch entwickelt, schützen (z. B. Religionsfreiheit, Versammlungsfreiheit), ist dieser Gleichheitsgrundsatz mehr ein formales Recht. Er bedeutet, daß gleiches gleich und ungleiches ungleich behandelt werden muß. Die Frage, was gleich und ungleich ist, wird näher erläutert dadurch, daß alle Menschen vor dem Gesetz gleich sind, und daß dieser Satz Gültigkeit für alle staatlichen Gewalten und den Gesetzgeber, weiterhin auch für alle staatlichen Leistungen hat. Dem Gesetzgeber allerdings bleibt ein gewisser Gestaltungsspielraum. Art. 3 Abs. 2 und 3 erteilt ein umfassendes Differenzierungsverbot. Abs. 2, der Männer und Frauen als gleichberechtigt erklärt, spielt eine große Rolle im Familienrecht und führte 1957 zu einer Änderung des bürgerlichen Rechts. Bis in die letzte Konsequenz läßt sich die Gleichberechtigung zwischen Mann und Frau nicht durchführen. Deshalb sind einige Differenzierungen auf Grund der biologischen Beschaffenheit notwendig und auch zulässig.

d) Das Post- und Fernmeldegeheimnis: Das Briefgeheimnis sowie das Post- und Fernmeldegeheimnis sind unverletzlich. Beschränkungen dürfen nur auf Grund eines Gesetzes angeordnet werden.

e) Auslieferungsverbot und Asylrecht: Art. 16 Abs. 2 GG umfaßt ein unbedingtes Auslieferungsverbot an das Ausland. Nach Art. 16 Abs. 2 ist ebenfalls eine Durchlieferung nicht erlaubt.

Beispiel: Wenn ein Deutscher in Österreich inhaftiert wird und durch Deutschland nach Belgien ausgeliefert werden soll. Sobald sich der Deutsche auf deutschem Boden befindet, darf er nicht mehr ausgeliefert werden.

Auch eine Rücklieferung an den ausländischen Staat, wo die Inhaftierung stattgefunden hatte, ist nicht möglich.

Der Grundsatz der Nichtauslieferung gilt auch dann, wenn der Auszuliefernde neben der deutschen noch eine fremde Staatsangehörigkeit besitzt oder wenn er seiner Auslieferung zustimmt.

Nach dem Vorbild der meisten modernen Verfassungen bestimmt Art. 16 Abs. 2 weiterhin, daß politisch verfolgte Personen Asylrecht im Bundesgebiete genießen. Allerdings gewährt dieses Asylrecht lediglich Sicherheit des politisch verfolgten Ausländers vor Auslieferung oder Ausweisung, steht aber Beschränkungen der Freizügigkeit, der Berufsausübung u. ä. innerhalb des Bundesgebietes nicht im Wege.

Nach der h. M. genießen diejenigen Asylrecht in der BRD, denen nach dem Völkerrecht auch Asylrecht zukäme. Aber diese Regelungen des Völkerrechts sind recht unzureichend und zum Teil auch unklar.

Die Frage, ob auch Gegner der Demokratie asylberechtigt sind, ist von unserer rechtsstaatlichen Ordnung her zu beantworten. Stehen die Gründe der Verfolgung im krassen Gegensatz zu unserer rechtsstaatlichen Demokratie, dann liegt eine Asylberechtigung vor.

Beispiel: So kann auch ein verfolgter Kommunist oder Anarchist, den kein rechtsstaatliches ordentliches Verfahren erwartet, sondern mit dem in seinem Heimatland »kurzer Prozeß« gemacht würde, aufgenommen werden, weil die Gründe und Mittel seiner Verfolgung einer rechtsstaatlichen Ordnung widersprechen.

f) Ehe und Familie: Nach Art. 6 GG ist die Ehe und Familie als Institution geschützt. Damit sind auch Grundrechte verbunden. Nach der Rechtsprechung des BVerfG ist Art. 6 nicht nur ein »klassisches Grundrecht« zum Schutze der Privatsphäre von Ehe und Familie und eine Garantie der Einrichtung der Ehe gegenüber anderen Formen des menschlichen Zusammenlebens, sondern darüberhinaus auch eine verbindliche Wertentscheidung des Verfassungsgebers für den gesamten Bereich des Ehe und Familie betreffenden privaten und öffentlichen Rechts. Eine Beeinträchtigung von Ehe und Familie durch störende Eingriffe des Staates selber ist verboten. Die Gleichstellung der unehelichen mit den ehelichen Kindern auf Grund Art. 6 Abs. 5 Grundgesetz ist allerdings mit dem Schutz der Ehe und Familie vereinbar, da hier das Grundrecht der unbelasteten Entwicklung des unehelichen Kindes vorgehen muß.

g) Das Schulwesen: Art. 7 des Grundgesetzes stellt nur einige Grundregeln und Rahmenvorschriften mit Mindestanforderungen auf. Das Schulwesen ist im übrigen Sache der Länder, die aber bei ihrer eigenen Schulgesetzgebung die Vorschriften des Art. 7 GG beachten müssen. Zwingend ist, daß das Schulwesen der staatlichen Aufsicht unterliegt. Die heute aktuelle Frage des Umbaus des Schulwesens mit dem Ziel, benachteiligte Kinder besser fördern und so eine Chancengleichheit zu schaffen (z. B. durch Gesamtschulen), ist nicht mit dem Art. 7 GG zu lösen. Grundlage dieser Reformen ist der Sozialstaatsartikel des GG.

Abs. 2: Die Eltern können über die Teilnahme ihrer Kinder am Religionsunterricht entscheiden. Ab 12 Jahre hat jedoch das Kind ein Einspruchsrecht, wenn es religiös anders erzogen werden soll, als es seinem Willen entspricht. Mit 14 Jahren ist das Kind religionsmündig (d. h. es bestimmt über die Teilnahme an dem von ihm gewünschten Religionsunterricht selbst).

Abs. 3: In allen Schulen – außer in bekenntnisfreien Schulen – ist der Religionsunterricht ordentliches Lehrfach.

Abs. 4: Hier werden allgemeine Regeln über die Zulässigkeit von Privatschulen aufgestellt. Zu unterscheiden ist zwischen Ergänzungs- und Ersatzschulen. Ersatzschulen bedürfen einer Genehmigung, die jedoch beim Vorliegen gewisser Voraussetzungen erteilt werden muß. Ergänzungsschulen ergänzen den Lehrstoff der staatlichen Schulen, während Ersatzschulen staatliche Schulen ersetzen.

Abs. 5: Private Volksschulen können nur bei gewissen Voraussetzungen zugelassen werden. Das ist nur dann der Fall, wenn die Unterrichtsverwaltung ein besonderes Interesse pädagogischer Art anerkennt oder, auf Antrag von Erziehungsberechtigten, wenn sie als Gemeinschaftsschule, als Bekenntnis- oder Weltanschauungsschule errichtet werden soll und eine öffentliche Volksschule dieser Art in der Gemeinde nicht besteht. Hier bietet sich ein buntes Bild, denn in den verschiedenen Ländern bestehen verschiedene Schulsysteme, dort nur Bekenntnisschulen, anderswo nur Gemeinschaftsschulen oder beides, wenn auch der Trend zur Gemeinschaftsschule unverkennbar ist. Für das Land Bremen trifft Art. 141 des Grundgesetzes zu (»Bremer Klausel«). Art. 7 Abs. 3 GG (Religion ordentliches Lehrfach) findet in Bremen keine Anwendung, weil die Bremer Verfassung festlegt, daß Religionsunterricht nur außerhalb des Unterrichts erteilt wird.

h) Die Freiheit der Berufswahl und der Berufsausübung: Durch Art. 12 Abs. 1 des Grundgesetzes wird allen Deutschen das Recht gewährt, Beruf, Arbeitsplatz und Ausbildungsstätte frei zu wählen. Damit ist allerdings noch nicht gesagt, ob die Möglichkeit der wirklichen Betätigung im frei erwählten Beruf feststeht. Niemanden ist also vom Staat zugesichert, daß er auch tatsächlich in diesem Beruf eine Arbeit findet. Gewährleistet ist dagegen die Freiheit, in einem frei gewählten Beruf die vorgeschriebene Ausbildung ohne Verbotsvorschriften zu durchlaufen.

16

Art. 12 Abs. 1 Satz 2 GG erhält einen speziellen Gesetzesvorbehalt, kraft dessen Berufsausübung durch Gesetz geregelt werden kann.

i) Freiheit von Forschung und Lehre (Art. 5 Grundgesetz): Die Freiheit der Lehre entbindet nicht von der Treue zur Verfassung. Dieser Satz ist eigentlich überflüssig, ist aber aus der Geschichte heraus zu verstehen. Bei einem Mißbrauch dieser Grundrechte greift Art. 18 ein.

j) Versammlungs- und Vereinigungsfreiheit: Art. 8 Abs. 1 gilt nur für Deutsche. In geschlossenen Räumen ist keine Einschränkung der Versammlungsfreiheit möglich. Für Versammlungen unter freiem Himmel greifen die Ordnungsvorschriften des Versammlungsgesetzes ein. Versammlungen unter freiem Himmel müssen lediglich vorher angemeldet werden, ein Genehmigungsvorbehalt existiert nicht. Einschränkungen sind nur bei gewissen Voraussetzungen möglich.
Die Vereinigungsfreiheit in Art. 9 des Grundgesetzes gilt wiederum auch nur für Deutsche. In Abs. 2 wird ein Verbot verfassungswidriger Vereine ausgesprochen. Abs. 3 enthält Koalitionsfreiheit im negativen und im positiven Sinne. Keiner darf gezwungen werden, einer Vereinigung anzugehören oder nicht. Das Streikrecht ist in Abs. 3 nicht ausdrücklich geregelt, jedoch kann man Abs. 3 auch so auslegen, daß es auch darunter fällt.
In Hessen ist in Art. 29 Abs. 4 der Hessischen Verfassung ein Streikrecht nur für die Gewerkschaften garantiert.

B) Aus dem Verwaltungs- und Ordnungsrecht

I. Verwaltungsrecht

1. Was ist Verwaltung? Hierfür zunächst einige Beispiele aus der Praxis:
Zwei Staaten schließen einen Vertrag.
Ein Minister erklärt seinen Rücktritt.
Ein Bürger wird zum Wehrdienst eingezogen.
Ein Schüler bleibt sitzen. Er bekommt eine schlechte Note.
Ein Kraftfahrzeug wird zugelassen.
Jemand erhält einen Paß oder einen Führerschein.
Was ist dabei Verwaltung?
Zunächst stellen wir fest, daß hier in allen Fällen staatliche öffentliche Gewalt tätig wird. Wir stellen ferner fest – wenn wir uns der drei Wirkungsarten dieser Staatsgewalt erinnern – daß es sich hier weder um Gesetzgebung noch um Rechtsprechung handeln kann, sondern nur um Maßnahmen der vollziehenden Gewalt (Exekutive). Diese kann als Regierung und als Verwaltung wirken.
Verwaltung unterscheidet sich nun von der Regierung nicht dem Wesen nach, sondern nur, wie und gegen wen sie wirkt.
Regierung ist die oberste Bildung und Betätigung des Staatswillens im

Bereich der vollziehenden Gewalt. Sie befaßt sich mit der sogenannten »hohen Politik«.

Der Abschluß eines Staatsvertrags, die Ernennung oder der Rücktritt eines Ministers oder der ganzen Regierung, auch die Entscheidung über Krieg und Frieden sind politische Entscheidungen und daher Maßnahmen der Regierung.

Verwaltung ist demgegenüber alles andere, was die vollziehende Gewalt besonders gegenüber dem Bürger tut. Verwaltung ist alles, was geschieht, um die öffentliche Ordnung zu erhalten, den sozialen Fortschritt zu fördern und die dafür nötigen Einrichtungen zu schaffen.

Zum Wehrdienst einziehen, Zensuren oder Noten erteilen, Kraftfahrzeuge zulassen, Führerscheine und Pässe ausstellen, aber auch Baugenehmigungen geben, soziale Leistungen aller Art erbringen, das alles ist Verwaltung.

2. Die Maßnahmen der Verwaltung stehen zu denjenigen der Gesetzgebung und der Justiz in folgendem Verhältnis:

a) Gesetze binden sowohl die Gerichte als auch die Regierung und die Verwaltungsbehörden unmittelbar.

Ausnahme: Das Bundesverfassungsgericht hat das Recht zu prüfen, ob ein Gesetz mit dem Grundgesetz vereinbar ist (Art. 93 Abs. 1 S. 2 GG). Ist dies nicht der Fall, wird das Gesetz in diesem sogenannten »Normenkontrollverfahren« für ungültig erklärt.

b) Maßnahmen der Verwaltung und der Justiz sind gegenseitig nicht aufhebbar. Es gilt der Grundsatz der gegenseitigen Anerkennung der von der anderen Gewalt erlassenen Akte.

Das bedeutet: Die Verwaltungsbehörden müssen grundsätzlich ein gerichtliches Urteil, die Gerichte eine Verwaltungsentscheidung zur Grundlage ihrer eigenen Entscheidungen machen, es sei denn, sie glauben, daß der Akt des anderen Teils rechtsirrtümlich oder sonst fehlerhaft ist oder sie eine andere Entscheidung als die getroffene für gerechter und besser halten.

Verwaltungsbehörden und Gerichte haben also ihre Entscheidungen gegenseitig in der Regel als gegebene Tatsache hinzunehmen, anders ausgedrückt: als Tatbestand hinzunehmen (d. i. Tatbestandswirkung).

Zu diesem Grundsatz bestehen 3 wichtige Einschränkungen: Ein ordentliches Gericht kann sich über einen Verwaltungsakt dann hinwegsetzen, wenn er so schwere Mängel aufweist, daß er offenbar als nichtig anzusehen ist (z. B. wenn er eine unsinnige oder unerfüllbare Regelung trifft).

Ein ordentliches Gericht kann dies aber nicht mehr tun, wenn ein Verwaltungsgericht den Verwaltungsakt als rechtmäßig befunden hat, weil die Gerichte der verschiedenen Gerichtsbarkeiten (Zivil-, Straf-, Verwaltungs-, Sozial-, Arbeitsgerichtsbarkeit) ihre Entscheidungen gegenseitig respektieren müssen.

Den Verwaltungsbehörden steht ein gleiches Recht gegenüber gerichtlichen Urteilen nicht zu.

Weiter besteht die Regel, daß nur der Akt selbst, und zwar nur in seinem entscheidenden Teil anerkannt werden muß, nicht aber die Richtigkeit der die Entscheidung tragenden Erwägungen und Tatsachen (d. h. des Sachverhalts).

Zu beachten ist aber, daß sich nicht allein aus der etwaigen äußerlichen Teilung einer Verwaltungsentscheidung in Entscheidungssatz und Begründung ergibt, was Entscheidung und was Sachverhalt ist. Die Begründung kann tatsächliche, aber auch rechtliche Feststellungen enthalten, ohne die der Entscheidungssatz unverständlich wäre. Diese rechtlichen Feststellungen sind dann stets mit anzuerkennen. Maßnahmen der Verwaltung können im verwaltungsgerichtlichen Verfahren vom betroffenen Bürger angefochten werden. Dies wird noch näher ausgeführt (s. unten S. 28 Nr. 7–9). Dann kann sie das Verwaltungsgericht auch aufheben, wenn es findet, daß sie rechtlich nicht in Ordnung sind.

3. Wie kann die Verwaltung nach ihrer Wirkung bezeichnet werden?

a) Sie ist öffentlich-rechtlich, d. h., sie betrifft nicht Angelegenheiten von Bürgern untereinander, sondern Angelegenheiten zwischen einem Gemeinwesen (Bund, Land, Gemeinde) und ihren Mitgliedern, den Bürgern.

Beispiel: Ein Baugenehmigungsverfahren, die Ausstellung eines Führerscheins oder eines Passes spielt sich zwischen dem Landratsamt und dem Bürger ab; die Heranziehung zu einer Steuer zwischen dem Finanzamt und dem Bürger. Das sind öffentlich-rechtliche Vorgänge, also Maßnahmen der Verwaltung.

Dagegen spielt sich die Schließung oder Scheidung einer Ehe, die Regelung des Unterhaltes für Kinder, der Abschluß eines Kaufvertrages oder eines Werkvertrages zwischen einzelnen Bürgern ab. Das sind also privatrechtliche Vorgänge, mit denen sich die Verwaltung nicht befassen kann.

b) Es handelt die Verwaltung, d. h., ein Sachwalter des Gemeinwesens, dem dieses die Erledigung solcher Aufgaben übertragen hat, eine Behörde, die durch Beamte, Angestellte und Arbeiter im öffentlichen Dienst repräsentiert wird.

Beispiel: Der Polizist regelt den Verkehr, der Bürgermeister erläßt die Heranziehungsbescheide bei Straßenanliegerbeiträgen, der Lehrer erteilt einen Verweis.

c) Die Verwaltung handelt fremdnützig, nicht eigennützig, da die Bediensteten nicht ihre eigenen Angelegenheiten, sondern die des Gemeinwesens im Interesse der Bürger erledigen.

Beispiel: – Der Bürger kauft sich ein Auto, weil er eines benötigt, um zu seiner Arbeitsstätte zu können. Er handelt zum eigenen Nutzen.
– Inspektor Y stellt Herrn Z einen Paß aus. Inspektor Y hat keinen Vorteil davon, daß Z nun eine Auslandsreise machen kann. Y handelt im öffentlichen Interesse, also fremdnützig.

– Der Finanzbeamte X fordert einen Bürger auf, seine fällige Einkommensteuer zu zahlen. Das eingehende Geld fließt aber nicht in die Tasche des Finanzbeamten, sondern in die Kasse des Staates, der damit seine öffentlichen Aufgaben (z. B. Bau und Unterhaltung von Straßen, Schulen, Krankenhäusern) finanziert. Auch X handelt fremdnützig.

4. Ordnungs- und Leistungsverwaltung: Die klassische Verwaltung gibt dem Bürger Anweisungen, um die öffentliche Ordnung aufrechtzuerhalten. Typisches Bild ist hier der Polizist, der den Bürger (oder früheren Untertan) anweist, sich ordentlich und gesittet auf der Straße oder im Verkehr zu benehmen. Auch diese »Ordnungsverwaltung« gibt es noch und muß es immer geben, denn kein Staat kann darauf verzichten, daß er für Sicherheit und Ordnung sorgt z. B. in dem er nach außen seine Verteidigung garantiert (Bundeswehr) und nach innen die Kriminalität bekämpft (Kriminalpolizei).

Neuerdings aber gewährt die Verwaltung dem Bürger mehr und mehr auch Leistungen und Vorteile aller Art wie Sozialhilfe, Wohngeld, Kindergeld, Stipendien. Hier hat sich eine wesentliche Gewichtsverschiebung vollzogen. Soziale Gerechtigkeit, Verwirklichung der Chancengleichheit, Hilfe für Benachteiligte aller Art werden zunehmend Hauptaufgabe der Verwaltung.

Die Ordnungsverwaltung greift zu dem Zweck: Sicherheit und Ordnung (»Ruhe ist die erste Bürgerpflicht«) in die Rechte der Bürger ein. Sie braucht dazu stets eine Ermächtigung durch ein vom Parlament beschlossenes Gesetz.

Anders ist das bei der Leistungsverwaltung, auch soweit sie nicht nur Hilfe in Geld gewährt, sondern z. B. Altenheimplätze und Krankenhausbetten bereithält, Verkehrsmittel schafft, die Energieversorgung sichert, Arbeitsplätze bei Wehrpflichtigen reserviert, Schul- und Studienplätze anbietet, also Bürgern Rechte gewährt. Hier braucht man keine gesetzliche Ermächtigung, denn der Bürger bekommt ja etwas, was er auch ablehnen kann. Sein Recht wird nicht beeinträchtigt, sondern erfüllt.

Zwar gibt es auch hier eine Grundlage: Den vom Parlament verabschiedeten Haushaltsplan, der die nötigen Mittel bereitstellt. Er begründet aber nur für die Verwaltung das Recht, Leistungen zu gewähren, und zwar gegenüber Regierung und Parlament. Wird dagegen dem Bürger ohne haushaltsplanmäßige Deckung etwas zuerkannt, so darf er es trotzdem annehmen und behalten, denn er muß ja nicht prüfen, ob eine Verwaltung, die ihm etwas gibt, auch das Recht und das Geld dazu hat.

Ja er hat dann sogar einen Rechtsanspruch auf die Leistung, wenn sie ihm durch einen Bescheid der Verwaltung gewährt worden ist, auch wenn dieser inhaltlich falsch ist.

Verwaltung wird daher heute mehr und mehr: Dienstleistung, und immer weniger: Herrschaft des Staates im Alltag des Bürgers.

Wenn man nun bedenkt, daß die öffentliche Verwaltung heute der größte Arbeitgeber ist und über 40 v. H. des Bruttosozialproduktes in der

Bundesrepublik über die öffentlichen Kassen läuft und diese Mittel überwiegend der Leistungsverwaltung zufließen, dann kann man erkennen, daß dadurch, daß für diese wichtige Tätigkeit keine gesetzliche Grundlage nötig ist, das Verfassungsrecht durch die Praxis entscheidend verändert worden ist. Die Exekutive hat damit eine entscheidende Macht bekommen. Das Parlament dagegen, daß nur den Haushaltsplan beschließt, ohne auf die Vergabe der Mittel Einfluß zu haben, hat stark an Einfluß eingebüßt. Der Machtzuwachs der Exekutive ist dabei überwiegend der Verwaltung, nicht der Regierung zugute gekommen. Denn die politische Führung wechselt oft von Wahl zu Wahl, die Verwaltung bleibt konstant. Ihre Fach- und Sachkunde kann von der Regierung kaum unbeachtet werden und bestimmt oft die Politik stark mit. Das ist für den demokratischen Staat eine nicht unbedenkliche Entwicklung.

Man kann das Rad hier aber nicht zurückschrauben. Für den Bürger besteht ja ein Bedürfnis, sozial gesichert zu werden. Gute Schulen, Krankenhäuser, Altenheime, gute Verkehrseinrichtungen zu bekommen und benutzen zu können: daran ist jedermann interessiert. Denn das sind alles Dinge, die man im täglichen Leben spürt.

Dennoch müssen auch in diesem Bereich Verfassungsurkunde und Verfassungswirklichkeit wieder besser in Einklang gebracht werden, wenn unser Staat verfassungsmäßig funktionieren soll. Leistungsverwaltung kann nicht mehr an Gesetze angebunden werden. Möglich ist aber, daß man sie an andere Pläne bindet, die vom Parlament zu verabschieden wären. Das Parlament könnte so Grundsätze aufstellen, nach denen Leistungen zu gewähren wären. Die Leistungsverwaltung wäre damit besser in unsere Rechtsordnung eingebaut und trotzdem beweglich und anpassungsfähig, wie sie es auch sein muß.

II. Grundsätze des Verwaltungshandelns

Die Verwaltung hat dafür zu sorgen, daß die Ordnung, wie sie die Verfassung der Bundesrepublik Deutschland, das Grundgesetz vorsieht, in Einzelfällen im Sinne der sozialen Gerechtigkeit, der Gleichwertigkeit aller Menschen und unter Einfühlung in die besonderen Gegebenheiten jedes Einzelfalles gegenüber den Bürgern verwirklicht wird. Sie muß dafür sorgen, daß jeder Bürger »sein Recht« bekommt. Sie muß helfen, wo sie helfen kann und helfen darf. Sie hat daher eine Reihe von Grundsätzen, die sich aus dem Verfassungsrecht ergeben, zu beachten. Sie hat darüber hinaus weitere Grundsätze, wie sie Verwaltungswissenschaft und Verwaltungsrechtsprechung entwickelt haben, bei ihren Maßnahmen anzuwenden.

1. Verfassungsrechtliche Grundsätze: Die grundsätzlichen Merkmale des Staatsrechts der Bundesrepublik, wie wir sie beim Verfassungsrecht der Bundesrepublik näher erörtert haben, gelten auch für das Handeln der Verwaltung. Die Verwaltung hat diese anzuwenden und bei ihren Einzel-

maßnahmen zur praktischen Wirklichkeit werden zu lassen.
Solche Grundsätze sind:

a) Das Bekenntnis zur Freiheit und Würde des Menschen: Freiheit ist dabei nicht als ungebundenes Tun zu betrachten, was letztlich zur Willkür des jeweils Stärkeren auf Kosten des Schwächeren führen würde. Sie ist vielmehr an eine Ordnung gebunden, in die man sich freiwillig einordnet, indem man verbindliche Grundwerte anerkennt. Bei aller Wahrung des eigenen Vorteils darf sich daher niemand zum Schaden der Gemeinschaft verhalten. Sozialwidriges und egoistisches Verhalten sind durch die freie Entfaltung der Persönlichkeit nach Art. 1 und 2 GG nicht gedeckt.

b) Das Bekenntnis zur Gerechtigkeit: Das bedeutet, daß jedermann und auch jede soziale Gruppe entsprechend der Gleichheit ihrer menschlichen Würde die gleiche Chance zu einem Leben in Freiheit, sozialer Sicherheit und Wohlstand hat. Jedem muß Zugang zu Bildungsmöglichkeiten und Erwerbschancen gewährt werden. Auch der sozial Schwache muß die Möglichkeit bekommen, seine Freiheitsrechte zu verwirklichen. Gleiche Chancen müssen auch den sozialen Gruppen untereinander gegeben werden. Niemand darf bevorzugt oder benachteiligt werden. Gegebene soziale Ungerechtigkeiten darf die Verwaltung korrigieren (z. B. Wohngelder, Stipendien, günstige Kredite beim Eigenheimbau bekommen nur Personen, die unter einer bestimmten Einkommensgrenze liegen. Wer mehr verdient, erhält nichts).

c) Das Bekenntnis zur Ordnung: Die Notwendigkeit der Ordnungsverwaltung wurde schon näher begründet. Niemand steht für sich allein, niemand kann ohne Rücksicht auf den Mitmenschen nur an sich selbst denken. Über Zweck und Sinn dieser Ordnung wird diskutiert werden, solange es denkende Menschen gibt. Ordnung ist heute kein Selbstzweck. Sie soll nicht wie früher eine religiös oder philosophisch begründete Weltordnung oder die Macht des Landesherrn oder des Staates wahren. Das Bekenntnis zur Ordnung bedeutet vielmehr, daß auf engem Raum Menschen nur zusammenleben können, wenn ihr Zusammenleben nach bestimmten, vernünftigen Normen und Regeln gestaltet wird.
Hierfür ein **Beispiel:** Im Mittelalter brauchte man für Fußgänger, Reiter und Pferdewagen keine Verkehrsregeln, da es Platz genug gab und die Geschwindigkeit zu gering war, als daß jemand Schaden hätte nehmen können. Heute in engen Straßen, dichtem Verkehr und Autos mit hohen PS-Zahlen ist das ganz anders. Hier braucht man eine genaue Verkehrsregelung, mit zahlreichen Verkehrszeichen, um überhaupt mit dem Leben davonzukommen. Die Verkehrsflächen sind heute zu klein, die Autos zu zahlreich geworden, als daß jeder fahren kann, wie er will, ohne sich und anderen zu schaden. Da aber nicht jeder Mensch bereit ist, Ordnung im Verkehr zu halten, ist eine Autorität nötig, die das notfalls erzwingt.

d) Die Verwaltung ist parteipolitisch neutral. Daraus folgt, daß Grundlage des Verwaltungshandelns niemals das Programm einer einzelnen demokratischen oder gar undemokratischen Partei sein kann, sondern stets die Verfassungsordnung sein muß. Das Grundgesetz beruht auf der Vielfältigkeit der politischen Auffassungen. Sie erkennt sie an, soweit sie den Rahmen der Verfassung beachten und die Grundwerte des Grundgesetzes, insbesondere die Achtung vor der Würde des Menschen respektieren.

Die Verwaltung dient den Interessen der Gesamtheit der Bürger, nicht denjenigen einer bestimmten Partei. Diese Pflicht gilt natürlich auch und insbesondere für die Mitarbeiter der Verwaltung. Sie gilt nicht nur für die sog. Laufbahnbeamten, die auf Grund ihres Diensteides zu unparteiischem Handeln verpflichtet sind, sondern auch für die politischen Beamten, also Minister, Landräte und Bürgermeister, die durch Wahlen in ihr Amt berufen werden und besondere politische Funktionen erfüllen.

Die Einrichtung des politischen Beamten wurde deshalb getroffen, um einen reibungslosen Übergang von der Regierung zur Verwaltungsbürokratie zu schaffen. Bei politischen Beamten, die ihre Stelle ja meist der Protektion einer politischen Partei verdanken, kann die Pflicht zur parteipolitischen Neutralität im Einzelfall durchaus zu einem Interessenwiderstreit führen.

2. Verwaltungsrechtliche Grundsätze: Das Verwaltungsrecht ist, wie wir schon gehört haben, in zahlreichen Rechtsvorschriften geregelt. Dabei gilt zunächst, daß aus einer Aufgabe oder Zuständigkeit nicht auch die Befugnis abgeleitet werden kann, in Rechte eines Staatsbürgers einzugreifen.

Beispiel: Die Ernennung zum Polizisten bedeutet noch nicht, daß dieser ohne weiteres Personen verhaften darf.

Vielmehr braucht jeder Eingriff in Rechte eines Staatsbürgers eine besondere gesetzliche Grundlage. Besonders dann, wenn ein Eingriff in eine oder mehrere Grundrechte nach Art. 1–19 des Grundgesetzes erfolgen soll. Grund hierfür ist, daß eine Vermutung für die Freiheit des Bürgers von hoheitlichem Zwang besteht. (Art. 2 Abs. 1 GG)

Beispiel: Der Polizist darf also einen Bürger erst dann verhaften, wenn dafür die besondere gesetzliche Voraussetzung nach einem Landes-Polizeigesetz erfüllt ist (z. B. auf frischer Tat beim Begehen eines Verbrechens).

Im einzelnen gilt daher:

a) Die Verwaltung muß rechtmäßig handeln. Eine Verwaltungsbehörde muß die Gesetze beachten. Sie darf nichts tun, was gegen ein bestehendes Gesetz oder eine Rechtsvorschrift, die einem Gesetz gleichsteht, verstößt.

b) Die Verwaltung muß gesetzmäßig handeln.

Wie schon ausgeführt wurde, darf in die Rechte eines Staatsbürgers nur eingegriffen werden, wenn eine Deckungsform vorhanden ist, was sich aus Artikel 20 Absatz 3 des Grundgesetzes ergibt. Der in der Deckungsnorm aufgestellte Tatbestand muß meßbar, wägbar und voraussehbar sowie im Rechtsschutzverfahren nachprüfbar sein. Es muß also in den Rechtsvorschriften festgelegt sein, wann und in welchem Umfang Eingriffe vorgenommen werden dürfen. Denn nur dadurch ist Gewähr gegeben, daß Eingriffe nicht willkürlich, sondern nach rechtsstaatlichen Grundsätzen erfolgen. Es ist dabei aber grundsätzlich ohne Bedeutung, ob in einem Bescheid, der einen Bürger belastet, diese Deckungsnorm angegeben ist oder nicht. Maßgebend ist nur, daß eine solche vorhanden ist und sie notfalls dem Bürger angegeben werden kann.

c) Es darf nur das Notwendige verlangt werden. Das von der Verwaltung erstrebte Ziel darf Bürger nur soweit nötig belästigen. Wenn daher ein Ziel erreicht werden kann mit einem geringen Eingriff in die Rechte des Bürgers, so darf nicht etwa ein stärkerer Eingriff erfolgen. Die Verwaltung darf nicht »mit Kanonen auf Spatzen schießen«!

d) Auswirkungen des Handelns der Verwaltung auf den Bürger müssen abgewogen werden mit dem Interesse des Staates an diesem Handeln.

e) Vom Bürger darf nichts Unbestimmtes und nichts Unmögliches verlangt werden.

f) Ermessen muß richtig gebraucht werden: Hierzu sind einige nähere Ausführungen erforderlich. Das deutsche Verwaltungsrecht kennt zwei Arten von Rechtsvorschriften:
strikte Rechtsvorschriften, die der Behörde keinen Ermessensspielraum gewähren. Hier kann nur eine richtige Entscheidung getroffen werden;
Rechtsvorschriften, in denen die handelnde Behörde, auch wenn sie sie richtig anwendet, einen Spielraum für ihre Entscheidung hat. In der Gesetzessprache wird dies meist durch die Worte »kann«, »darf«, »ist befugt« und »ist berechtigt« bezeichnet. Hier hat die Behörde die Möglichkeit, in dem durch die Gesetzbestimmung ihren Sinn und Zweck abgesteckten Rahmen zwischen mehreren Entscheidungsmöglichkeiten zu wählen, jede gewählte Entscheidung ist rechtmäßig. Der Staatsbürger hat hier aber ein Recht darauf, daß die Behörde die Grenzen des im konkreten Fall gesetzlich eingeräumten Ermessens nicht überschreitet, und sie nicht willkürlich entscheidet. Willkür wäre beispielsweise, wenn eine Behörde gleiche Tatbestände verschieden behandelt. Auch bei Ermessensentscheidungen sind gleiche Tatbestände immer gleich zu behandeln.
Was muß nun eine Behörde bei einer Ermessensentscheidung tun?
Sie muß sich die Zweckmäßigkeit und Opportunität ihres Tuns überlegen.
Sie muß prüfen, ob eine unbillige Härte vorliegt. Das Für und Wider muß abgewogen werden. Die Entscheidung muß auf Grund dieser Abwägung

getroffen werden. Die Abwägung muß in der Entscheidung erkennbar sein.
Wir haben also gehört, daß eine Behörde bei einer Ermessensentscheidung unbillige Härten vermeiden muß. Das bedeutet aber nicht, daß eine harte Verwaltungsmaßnahme immer ermessensfehlerhaft ist. Das ist sie nur, wenn sie »unbillig« hart ist. Unbillig bedeutet, daß die Behörde bei der Abwägung des Für und Wider den Grundsatz der Verhältnismäßigkeit von Zweck und Mittel verfehlt hat. Läßt sich aber die Härte nicht vermeiden, ohne daß wichtigere Interessen anderer oder der Allgemeinheit vernachlässigt werden, so kann die Maßnahme niemals unbillig hart sein. Nur wenn die Härte ohne Zurücksetzung dieser Belange vermeidbar ist, ist ihre Zufügung unzumutbar und damit unbillig.
Liegen alle obigen Voraussetzungen vor, dann kann eine Ermessensentscheidung nicht beanstandet werden, und zwar auch dann nicht, wenn ein überprüfendes Gericht zu der Überzeugung kommen würde, daß eine andere Lösung zweckmäßiger und glücklicher gewesen wäre.

3. Verwaltungsmaßnahmen:

Die Verwaltung muß in irgendeiner Weise gegen oder für den Bürger tätig werden. Sie muß »wirken«. Was sie im stillen Kämmerlein tut, ist rechtlich ohne Wirkung. Sie muß den Bürger anreden, ihm etwas mitteilen, von ihm etwas verlangen, ihm etwas geben.
Das kann rechtlich in der Art geschehen, indem sie
Verwaltungsakte
oder Akte im besonderen Gewaltverhältnis
oder Allgemeinverfügungen erläßt.
Keine Verwaltungsmaßnahmen sind:

a) Bloße Mitteilungen einer Behörde.
Beispiel: Das Landratsamt teilt mit, daß bis zu einem bestimmten Zeitpunkt ein Altenheim gebaut oder eine Kreisstraße ausgebaut wird; aber: Wenn bei nochmaligem verkehrswidrigem Verhalten der Entzug der Fahrerlaubnis angedroht wird, so ist diese Androhung ein Verwaltungsakt.

b) Rechtsauskünfte einer Behörde.
Sie müssen aber richtig sein und dem neuesten Rechtsstand entsprechen. Kann der Beamte keine richtige Auskunft geben, muß er dem Bürger dies sagen und ihn an die richtige Stelle verweisen. Wenn durch falsche Auskünfte ein Bürger geschädigt wird, hat er gegen die Behörde einen Schadenersatzanspruch und kann diese den Beamten disziplinarrechtlich zur Verantwortung ziehen und wegen des geleisteten Schadenersatzes in Regreß nehmen.

c) Sonstige Auskünfte einer Behörde.
Aber: Gutachten und gutachtliche Äußerungen sind VAe, wenn sie mittelbare Rechtsfolgen haben.
Beispiel: Die Medizinisch-technische Überwachungs-Anstalt erklärt Herrn X für fahruntauglich, daraufhin bekommt er den Führerschein entzogen.

4. Der Verwaltungsakt: Ein Verwaltungsakt ist jede Verfügung, Entscheidung oder andere hoheitliche Maßnahme, die eine Behörde zur Regelung eines Einzelfalls auf dem Gebiet des öffentlichen Rechts trifft und die auf unmittelbare Rechtswirkung nach außen gerichtet ist. Das heißt, daß der Verwaltungsakt:

- unmittelbare Rechtswirkung nach außen haben muß (z. B. eine Erlaubnis, die Schule in X-Stadt zu besuchen),
- einen bestimmten Einzelfall betreffen muß (z. B. die Auswanderung des Herrn X, nicht das Auswanderungswesen aus der Bundesrepublik an sich),
- sich gegen einen bestimmten Bürger (Herrn X in Y)
  oder gegen einen bestimmten oder bestimmbaren Personenkreis richten muß (z. B. die Bewohner der Y-Straße in X, die Taxifahrer in Frankfurt/Main).

Ist der Personenkreis dagegen nicht bestimmbar, sondern offen (z. B. jeder, der ein Jahreseinkommen über 20 000 DM hat), handelt es sich nicht um einen Verwaltungsakt, sondern um einen Rechtssetzungsakt, z. B. ein Gesetz, das vom Bundestag, Landtag, Kreistag oder Gemeindeparlament erlassen wird.

a) Verwaltungsakte sind grundsätzlich an keine Form gebunden, sofern dies nicht besonders vorgeschrieben ist. Sie können schriftlich, mündlich, durch Zeichen oder durch allgemeinverständliches Handeln getroffen werden.

Beispiele: Der Lehrer schreibt ein Zeugnis =(Schriftform)
Der Regierungsrat gibt dem Inspektor eine mündliche Anordnung, (= mündliche Form)
Der Polizist gibt an der Kreuzung ein Handzeichen oder bedient die Blinklichtanlage, (= Zeichen)
Der Unfallwagen schaltet die Sirene ein (= Lautzeichen)
Ein Autowrack wird beseitigt (= tatsächliche Handlung)
Im Interesse der Rechtssicherheit soll jedoch stets die Schriftform beachtet worden. Grund dafür ist, daß gegen einen VA grundsätzlich ein Rechtsbehelf gegeben ist und für den Beginn der Rechtsmittelfrist der Zugang des Verwaltungsaktes maßgebend ist. Zugehen kann aber nur ein Schriftstück.

b) Eine Begründung braucht der VA nicht zu enthalten. Ein belastender oder ablehnender VA oder ein VA, durch den ein Antrag abgelehnt wird, muß aber begründet werden. Der Bürger muß dadurch informiert werden, welche Rechtsbestimmung die Behörde angewendet hat und aus welchen rechtlichen und sachlichen Gründen sie ihre Entscheidung getroffen hat, um notfalls seine Rechtsverteidigung danach einrichten zu können.

c) Bei Ermessensentscheidungen muß die Behörde ihre Entscheidung immer begründen.

26

Nur so kann der Bürger sehen, ob die Behörde die Ermessensregeln richtig angewendet hat, zwischen den öffentlichen und privaten Interessen eine gerechte Abwägung getroffen hat und wie sie diesen Pflichten nachgekommen ist.

5. Der Akt im »besonderen Gewaltverhältnis«: Wenn jemand, freiwillig oder unfreiwillig, die Schule oder Universität besucht, in einem öffentlichen Altenpflegeheim untergebracht, in der Bundeswehr dient, als Beamter tätig ist, in einer Strafanstalt einsitzt oder im Krankenhaus liegt, in einer öffentlichen Bibliothek Literatur benutzt, so steht er zur Verwaltung dieser Einrichtungen in einem engeren Verhältnis als jeder Bürger zu seiner »Obrigkeit«. Man spricht hier von einem besonderen Gewaltverhältnis der Verwaltung zum Bürger. Von besonderer Bedeutung ist dieses Rechtsinstitut für das Heimverhältnis in einem Altenheim. Eine detaillierte Darlegung wird daher dort erfolgen. Hier nur einige allgemeine Grundsätze:

Nur die Maßnahmen, die das besondere Gewaltverhältnis begründen, es ablehnen, beenden oder inhaltlich verändern, werden als Verwaltungsakte angesehen.

Beispiel: Die Zulassung eines Bewerbers zum Studium an der Universität, die Aufnahme des Kranken in die Klinik, die Ernennung zum Beamten, die Umschulung von einer Grund- oder Hauptschule zu einer Sonderschule.

Anders ist es aber mit allen Maßnahmen, die im besonderen Gewaltverhältnis getroffen werden.

Beispiel: Ein Offizier der Bundeswehr gibt einem Soldaten einen Befehl; ein Beamter erteilt seinem Untergebenen eine dienstliche Anweisung; ein Schüler, der ständig den Unterricht stört, muß eine Strafarbeit anfertigen.

Auch hier darf natürlich die Verwaltung gegenüber dem »Gewaltunterworfenen« nicht machen, was sie will. Sie ist auch hier an die Gesetze und besonderen Anweisungen gebunden, und handelt rechtswidrig, wenn sie diese Bindungen nicht beachtet. Hält sie sich aber an die ihr gesetzten Grenzen, so gilt als wichtigster Unterschied zwischen dem Verwaltungsakt und dem Akt im besonderen Gewaltverhältnis, daß jeder Verwaltungsakt vom Betroffenen nach den Bestimmungen der Verwaltungsgerichtsordnung mit Widerspruch und Klage vor dem Verwaltungsgericht angefochten werden kann, ein Akt in besonderem Gewaltverhältnis jedoch nicht.

Dieser Unterschied wird damit begründet, daß der Betroffene sich ja freiwillig (z. B. der Beamte) oder unfreiwillig auf Grund des für jeden geltenden Gesetzes (z. B. Soldat, Schüler) oder auf Grund Richterspruch (z. B. Strafgefangener) in das besondere Gewaltverhältnis begeben hat. Er müsse daher Einschränkungen seiner Freiheit auf sich nehmen, diese seien, soweit rechtmäßig erfolgt, nicht »schützwürdig«.

Gegen diese Argumentation werden neuerdings manche Einwendungen erhoben. Die Auffassung, jede Maßnahme der Verwaltung müsse gerichtlich nachprüfbar sein, dürfte jedoch als zu weitgehend abzulehnen sein. Wenn sich die Gerichte mit jedem, auch dem nebensächlichsten, Verhalten der Verwaltung zu befassen hätten, würde der Rechtsstaat allmählich zum Rechtsmittelstaat verändert, Kosten und Personalaufwand der Gerichte stünden in keinem Verhältnis mehr zu Bedeutung der Streitigkeiten. Wer genügend Zeit, Geld und juristischen Beistand hätte, könnte die Verwaltung förmlich »lahmlegen«.

Das kann aber nicht Sinn einer sozial gerechten und sparsamen Verwaltungsführung sein. Richtig ist hingegen die Tendenz, nicht anfechtbare Akte im besonderen Gewaltverhältnis möglichst zu begrenzen und überall dort eine Anfechtung zuzulassen, wo irgendein Rechtsschutzbedürfnis besteht.

6. Die Allgemeinverfügung: Eine Allgemeinverfügung liegt vor, wenn sich der Verwaltungsakt gegen eine bestimmte oder betimmbare Mehrheit von Personen richtet.

Beispiel: Eine Straße muß wegen gefährlicher Arbeiten für einige Stunden geräumt werden. Die Räumungsverfügung richtet sich dann gegen alle Bewohner der Straße.

7. Verwaltungsrechtsschutz

a) Förmlicher und formloser Rechtsschutz: Die Verwaltung wird gegenüber dem Bürger tätig, indem sie ihn mit einer Pflicht belastet oder indem sie ihm ein Recht gewährt.

Im Altenpflegeheim wären hier die Fälle denkbar, daß ein Heiminsasse einen Bescheid erhält, wonach er nun 10 v. H. mehr für Unterkunft und Verpflegung zahlen muß oder worin das Heimverhältnis ihm wegen Verstoß gegen die Heimordnung aufgekündigt wird (= Belastung mit einer Pflicht).

In einem zweiten Fall teilt ihm die Anstaltsleitung mit, daß gemäß seinem Antrag er ab 1. Januar einen Pflegeplatz zur Verfügung gestellt bekommt, oder daß seinem Aufnahmeantrag stattgegeben wurde (= Gewährung eines Rechtes).

Wir sehen, daß im ersten Fall die Verwaltung in die Rechte des Bürgers eingreift, ihn mit einer Pflicht belastet. Im letzten Fall »erhält« er etwas von der Verwaltung.

Das gewährte Recht kann nun der Bürger annehmen oder ausschlagen. Hier braucht er keinen Rechtsschutz.

Anders bei der Belastung!

Wir haben hier zwar schon gehört, daß die Verwaltung dazu eine Rechtsgrundlage (gesetzliche Grundlage) braucht. Das genügt aber nicht, denn was soll der Bürger tun, wenn sich die Verwaltung nicht daran hält. Hier muß er die Möglichkeit haben, zu klagen und sich zu beschweren, wenn er glaubt, daß die Entscheidung inhaltlich nicht richtig sei.

Hier gibt der Verwaltungsrechtsschutz dem Bürger das Recht, die Überprüfung jeder belastenden Maßnahme durch eine höhere Verwaltungsbehörde herbeizuführen, und, wenn diese die von ihm gewünschte

Entscheidung nicht trifft, die Sache zur Entscheidung eines unabhängigen Gerichts zu bringen.

Der Rechtsschutz im Verwaltungsrecht gliedert sich somit in:
das Verwaltungsverfahren vor einer höheren Verwaltungsbehörde, und dann in:
das verwaltungsgerichtliche Verfahren vor dem Verwaltungsgericht, Oberverwaltungsgericht (Verwaltungsgerichtshof) und Bundesverwaltungsgericht.

b) Unabhängig von diesem »formellen« Rechtsschutz haben wir jedoch noch die formlose »Gegenvorstellung« zu erörtern.

Sie finden wir oft, wenn ein Bürger einen Bescheid erhalten hat, er mit diesem nicht zufrieden ist und er sich an die erlassende Behörde wendet mit dem Ansinnen, sie solle diesen Bescheid noch einmal überprüfen und wenn möglich nach seinen Wünschen korrigieren. Das begehrt der Bürger natürlich auch, wenn er ein formelles Rechtsmittel einlegt. Die Abgrenzung zwischen diesem und der Gegenvorstellung ist daher oft nicht einfach.

Als Gegendarstellung wird man jede Einwendung gegen einen Bescheid ansehen müssen, der:
nicht formell als Widerspruch oder Klage bezeichnet ist
sich nicht an eine übergeordnete Behörde oder an ein Gericht wendet, sondern an die bescheiderlassende Behörde selbst,
eine Anregung an diese Behörde enthält, von sich aus ihre Entscheidung zu korrigieren.

Nach h. M. wird das Recht zur Gegendarstellung sogar einem Nichtbeteiligten eingeräumt. Das heißt: Der Bescheid, der geändert werden soll, muß gar nicht gegen den Beschwerdeführer erlassen worden sein.

Die Wirkung einer erfolgreichen Gegendarstellung ist die, daß durch neuen Bescheid der frühere Bescheid ersatzlos wegfällt. Er lebt auch dann nicht wieder auf, wenn die neue Entscheidung im verwaltungsbehördlichen oder verwaltungsgerichtlichen Verfahren aufgehoben wird.

Sehr häufig werden Gegendarstellungen erhoben, wenn Bescheide ohne Begründung erlassen worden sind. Wie schon ausgeführt, verlangt der Grundsatz der Rechtsstaatlichkeit, daß jeder belastende Verwaltungsakt eine Begründung hat. Der Bürger muß wissen, auf welche Grundlagen und Erwägungen die Behörde den Eingriff in seine Rechtssphäre stützt. Sonst würde man seine Verteidigung erschweren, ja sie oft unmöglich machen.

Ein nicht begründeter belastender Verwaltungsakt ist daher fehlerhaft und aufzuheben.

Eine Gegenvorstellung ist gegen jedes rechtlich erhebliche Verhalten (auch Unterlassen) einer Behörde möglich.

Nach h. M. besteht aber kein Anspruch auf eine Entscheidung über die Gegenvorstellung.

c) Der Verwaltungsrechtsschutz ist verfassungsrechtlich garantiert. Das Grundgesetz bestimmt in Art. 19 Abs. 4, daß, wenn jemand durch die öffentliche Gewalt in seinen Rechten verletzt wird, ihm der Rechtsweg offen steht. Sofern eine besondere Zuständigkeit nicht geregelt ist, heißt das, daß der Bürger vor den Zivilgerichten klagen kann. Eine besondere Zuständigkeit für Verwaltungssachen wurde dadurch geschaffen, daß zunächst das Grundgesetz in Art. 96 die Verwaltungsrechtspflege als vollwertigen Zweig der Gerichtsbarkeit anerkennt, und der Bundestag am 31. 1. 1960 die Verwaltungsgerichtsordnung erlassen hat. In diesem Gesetz werden die Einzelheiten des Verwaltungsrechtsschutzes geregelt.

8. Das Verwaltungsverfahren: Ein belastender Verwaltungsakt (z. B. ein Gebührenbescheid) oder ein Verwaltungsakt, in dem die Behörde ablehnt, für den Bürger etwas zu tun (z. B. ein Bescheid, in dem ein Antrag auf Aufnahme in das Altenpflegeheim abgelehnt wird), ist zunächst mit dem Widerspruch anzufechten (§§ 69, 70 VwGO).

Der Bürger muß dabei den Widerspruch spätestens einen Monat nach Zustellung des Verwaltungsakts schriftlich oder zu Protokoll der Behörde, die den Verwaltungsakt erlassen hat, erheben.

Über den Widerspruch entscheidet:

– die nächsthöhere Behörde, oder:

– die Behörde, die den Bescheid erlassen hat, wenn die nächsthöhere Behörde eine oberste Bundes- oder Landesbehörde wäre, oder wenn es sich um eine Selbstverwaltungsangelegenheit handelt. Die Unterhaltung von Altenpflegeheimen ist grundsätzlich eine Selbstverwaltungsangelegenheit, so daß über einen Widerspruch, wenn Träger des Heims ein Landkreis oder eine Gemeinde ist, der Landkreis oder die Gemeinde selbst entscheidet.

Entscheidende Organe sind, je nach dem geltenden Landesrecht, die Landräte bzw. Bürgermeister oder die Kreisausschüsse bzw. Magistrate/Gemeindevorstände.

Für mehrere Bundesländer gilt besonders, daß, wenn ein Widerspruch erhoben worden ist, zunächst eine Anhörung vor einem bei Landkreisen und kreisfreien Städten gebildeten Ausschuß stattzufinden hat, wenn der Widerspruchsführer darauf nicht ausdrücklich verzichtet (z. B. für Hessen § 6 Hess. Ausführungsgesetz zur Verwaltungsgerichtsordnung). Vor diesem Ausschuß wird die Sache mit dem Bürger und der Verwaltungsbehörde nochmals durchgesprochen und der Versuch gemacht, bei Beachtung der rechtlichen Möglichkeiten die Partner gütlich zu einigen. Dabei sollen auch soziale Fragen berücksichtigt werden.

9. Das Verwaltungsstreitverfahren: Wird der Widerspruch zurückgewiesen, bekommt der Bürger also das von ihm verlangte Recht nicht, so kann er beim zuständigen Verwaltungsgericht klagen.

Er erhebt dabei entweder:

Anfechtungsklage, wenn er will, daß der belastende Verwaltungsakt aufgehoben wird, oder:

Verpflichtungsklage, wenn er will, daß die Behörde verpflichtet wird, den vom Bürger gewünschten günstigen Bescheid zu erlassen.

Unser Heiminsasse wird daher, wenn er weniger als im Bescheid festgesetzt, zahlen will, Anfechtungsklage erheben. Unser Interessent an einem Heimplatz wird Verpflichtungsklage erheben, denn er will ja, daß das Heim verpflichtet wird, ihm einen Platz zu geben.

Neben diesen Möglichkeiten gibt es noch die Feststellungsklage, wenn der Bürger eine gerichtliche Feststellung darüber begehrt, ob ein Rechtsverhältnis besteht oder nicht oder ob ein Verwaltungsakt richtig ist oder nicht (§ 43 VwGO). Hier muß der Kläger aber ein besonderes Interesse an der Feststellung vortragen und nachweisen.

Gegen die Urteile der Verwaltungsgerichte gibt es die Berufung zum Oberverwaltungsgericht, gegen Berufungsurteile dieses Gerichts die Revision zum Bundesverwaltungsgericht. Diese Rechtsmittel sind wie bei den Zivil- und Strafgerichten gestaltet.

10. Beschwerderecht: Kein Bürger braucht sich von Verwaltungsangehörigen alles gefallen zu lassen. Das gilt auch für jemanden, der sich in einem Altenpflegeheim befindet oder der sich um die Aufnahme in ein Altenpflegeheim bewirbt. Wenn er mit der Verwaltung zu tun hat, wenn er einen Antrag stellt, wenn er sich erkundigen will, wenn er sich beschweren will, stets muß man ihm – und gerade ihm – höflich, korrekt und hilfsbereit gegenübertreten. Geschieht das nicht, so kann er sich über das Verhalten des Angehörigen des öffentlichen Dienstes, mit dem er zu tun hatte, beschweren, u. U. auch Schadenersatz verlangen.

Hat der Bürger mit seiner Beschwerde recht, muß entweder der Angehörige des öffentlichen Dienstes disziplinarrechtlich belangt werden und/oder dem Bürger eine Entschädigung zugestanden werden. Es ist dabei gleichgültig, ob der Angehörige des öffentlichen Dienstes Beamter, Angestellter oder Arbeiter ist.

A. Die Verhaltenspflichten von Angehörigen des öffentlichen Dienstes:
Zunächst ist zu fragen, welche Verhaltenspflichten von Angehörigen des öffentlichen Dienstes gegenüber dem einzelnen Bürger bestehen, da ja nur dann die Frage zu beantworten ist, ob und in welcher Weise diese Pflichten im Einzelfall verletzt werden.

a) Dienstliche Pflichten: Der Angehörige des öffentlichen Dienstes hat seine Aufgaben im Interesse und zum Wohle der Allgemeinheit zu erfüllen und dabei die schon erörterten Grundsätze des Verwaltungsrechts zu beachten. Er darf nur nach Gesetz und Recht tätig werden. Er darf nicht parteilich handeln und muß auch den Anschein von Parteilichkeit vermeiden. Er muß korrekt Dienst tun, indem er die Rechtsvorschriften genau anwendet und die Interessen der Allgemeinheit berücksichtigt. Er ist weiter zur Hilfeleistung gegenüber dem einzelnen Staatsbürger verpflichtet. So ist er zur Entgegennahme schriftlicher Eingaben während der Dienstzeit, zur Entgegennahme mündlichen Vorbringens – außer wenn Gefahr im Verzuge ist – nur während der für den Publikumsverkehr bestimmten Zeit verpflichtet.

Anträge und Gesuche hat der Bedienstete möglichst schnell und grundsätzlich in der Reihenfolge zu erledigen, in der sie eingehen. Dringenden Sachen ist der Vorrang zu geben. Schwerbehinderte und kranke Personen sind bevorzugt zu behandeln. Schriftliche Eingaben müssen nicht nur entgegengenommen, sondern auch sachlich geprüft und entschieden werden. Eingaben, die bereits erledigte Sachen betreffen (Querulatorische Eingaben), können aber unerledigt bleiben, Eingaben und Beschwerden, deren Inhalt oder Ton beleidigend sind, können ebenfalls zurückgewiesen oder abgelegt werden.

Nun zur Auskunftserteilung:

Soweit keine besonderen Gesetze oder eine vorhandene öffentlich-rechtliche Beziehung (Benutzungsverhältnis, Beamtenverhältnis) einen Anspruch auf Auskunft geben, steht die Auskunftserteilung allein im Ermessen der Behörde. Zur Auskunftserteilung gegenüber der Presse ist die Behörde durch ihren Leiter aber verpflichtet.

Dem Interesse des Antragstellers auf Auskunft steht die amtliche Schweigepflicht des Beamten gegenüber, wonach dieser keine Angaben darüber machen darf, was er in seiner amtlichen Eigenschaft erfahren hat. Ausgenommen sind Tatsachen, die offenkundig sind, die also ohnehin jeder kennt oder die keiner Geheimhaltung bedürfen. Ist der Beamte über seine Auskunfts- oder Schweigepflicht im Zweifel, so hat er seinen Vorgesetzten zu fragen und sich eine Weisung von ihm zu holen.

Die Schweigepflicht des Beamten wird außerdem in einer Reihe von Sondervorschriften festgelegt. So dürfen zum Beispiel keine Einzelheiten über den Gesundheitszustand einer Person oder Geschäftsgeheimnisse mitgeteilt werden.

Schließlich muß der Frager ein Interesse an der Auskunft haben. Wird über eigene Beamte einer Behörde Auskunft verlangt, dann hat der Dienstherr einen Ermessensspielraum, der jedoch durch zahlreiche Rechtsgrundsätze und -vorschriften eingeschränkt ist. Zu diesen gehören die beamtenrechtlichen Vorschriften über Geheimhaltung von Personalakten sowie über die dienstliche Schweigepflicht und die Fürsorgepflicht des Dienstherren. Alle diese Grundsätze verbieten dem Dienstherren jedoch nicht schlechthin Auskünfte zumindest über Namen, Berufsbezeichnung und Privatanschrift des Beamten zu erteilen.

b) Persönliche Pflichten: Das Verhalten des Beamten gegenüber dem Bürger soll höflich, aber bestimmt sein. Unangebrachte Schärfe, jede Gehässigkeit und Hochfahrenheit sind zu unterlassen.

Herabsetzende Äußerungen des Beamten im Dienst gegenüber Bürgern sind ein Dienstvergehen. In parteipolitischen Äußerungen soll er Zurückhaltung üben. Abschließend ist jedoch zu den Verhaltenspflichten des Beamten zu erwähnen, daß nicht jeder geringfügige Verstoß eine

Beschwerde rechtfertigt. Auch Beamten – die auch nur Menschen mit ihren Fehlern sind – wird der Bürger, besonders im Drang der Geschäfte, hie und da einiges nachsehen müssen. Auch das Verhalten des Bürgers selbst kann nicht unberücksichtigt bleiben. Es bedarf daher schon eines größeren Verstoßes, um eine Beschwerde zu begründen.

B. Rechtsbehelfe des Bürgers:

a) Soweit der Bürger sich durch das Verhalten des Beamten beeinträchtigt fühlt und Schaden erlitten hat, kann er gegenüber dem Beamten einen Schadenersatzanspruch nach §·839 BGB erheben bzw. gegenüber der Körperschaft, der der Beamte angehört (Bund, Land, Landkreis, Gemeinde) einen entsprechenden Anspruch nach Artikel 34 GG vor den ordentlichen Gerichten geltend machen.

b) Soweit das Verhalten des Beamten oder Angestellten eine strafbare Handlung darstellt, kann er Strafanzeige erstatten (z. B. wegen Beleidigung § 185 StGB, übler Nachrede § 186 StGB, Verleumdung § 187 StGB). Soweit der Beamte eine Äußerung abgegeben hat, die nicht stimmt, kann er ihn auf Unterlassung oder Widerruf verklagen.

c) War der Beamte unhöflich oder nicht unparteiisch, kann Dienstaufsichtsbeschwerde erhoben werden. Diese Beschwerde kann der Bürger formlos bei dem Dienstvorgesetzten oder der Aufsichtsbehörde erheben. Die Beschwerde hat der Dienstvorgesetzte zu prüfen.
Dienstvorgesetzter ist, wer für beamtenrechtliche Entscheidungen über die persönlichen Angelegenheiten der ihm nachgeordneten Beamten zuständig ist.
Für die Beamten, die keinen Dienstvorgesetzten haben (Bürgermeister, Stadträte, Landräte und Kreisbeigeordnete) tritt an die Stelle des Dienstvorgesetzten die Aufsichtsbehörde. (z. B. bei Bürgermeistern der Landrat, bei Landräten der Regierungspräsident)
Für die übrigen Beamten der Gemeinden ist Dienstvorgesetzter der Bürgermeister, für die Kreisbeamten der Landrat.

Im öffentlichen Dienst muß jeder Anschein von Unsauberkeit vermieden werden. Deshalb ist es nötig, jede Anschuldigung gegen einen Bediensteten, die nicht von vornherein völlig haltlos ist, sorgfältig zu prüfen. Der Dienstvorgesetzte muß daher sämtlichen Beschwerden nachgehen.
Diese Vorermittlungen sind erforderlich unabhängig davon, ob sie später zur Einleitung eines förmlichen Disziplinarverfahrens oder zu einer bloßen Disziplinarverfügung oder einer Einstellung führen. Die gerechte und vollständige Aufklärung ist auch ein Teil der Fürsorgepflicht des Dienstherren.
Im Rahmen der Vorermittlungen kann der Dienstvorgesetzte den Beschuldigten vernehmen, ihn zur schriftlichen Stellungnahme auffor-

dern, Auskünfte von anderen Behörden und Beamten anfordern usw.
Wird jemandem, der nicht Dienstvorgesetzter des Beschuldigten ist, eine
Anschuldigung mitgeteilt, so muß er die Anschuldigung so schnell wie
möglich an den zuständigen Dienstvorgesetzten weiterleiten. Er muß
dann aber auch alle entlastenden Tatsachen, die ihm später bekannt
werden, dem ermittelnden Dienstvorgesetzten zuzuleiten. Tut er das
nicht, so kann darin möglicherweise eine falsche Anschuldigung durch
Unterlassen liegen.
Hat der Dienstvorgesetzte seine Vorermittlung abgeschlossen, so hat er
dies dem Beschuldigten bekanntzugeben. Die Einstellung eines Disziplinarverfahrens braucht jedoch Dritten nicht bekanntgegeben zu werden.

**C. Rechtsbehelfe gegen Beschwerdeentscheidungen des Dienstvorge-
setzten:**
a) Gegen die ablehnende Entscheidung des Dienstvorgesetzten, keine
Maßnahmen gegen den Beschuldigten zu ergreifen, kann der Beschwerdeführer zwar erneut Beschwerde einlegen, jedoch hat er keinen Rechtsanspruch auf die Durchführung disziplinarrechtlicher Maßnahmen und
kann diese auch nicht durch Widerspruch oder Klage erzwingen. Es liegt
allein im pflichtgemäßen Ermessen des Dienstvorgesetzten, ob er eine
Disziplinarmaßnahme gegenüber einem Beamten ergreift oder nicht.
Dies gilt auch für den Fall, daß der Beamte sich nach dem allgemeinen
Strafrecht strafbar gemacht hat. Denn ob Disziplinarmaßnahmen verhängt werden, richtet sich allein danach, ob diese Maßnahme zur Erhaltung der Ordnung, der Sauberkeit und des Ansehens der Behörde erforderlich ist.

b) Der betroffene Beamte hat Anspruch auf rechtliches Gehör. Er kann
bei Erhebung einer Beschwerde eine Gegendarstellung abgeben,
Beweisanträge stellen, ein förmliches Disziplinarverfahren gegen sich
selbst beantragen und gegen die Entscheidung des Vorgesetzten
Beschwerde erheben.
Weiterhin kann er, soweit die Beschwerde des Bürgers eine strafbare
Handlung darstellt, Strafantrag stellen (z. B. wegen falscher Anschuldigung oder Beleidigung). In diesem Fall steht auch dem Vorgesetzten
dieses Recht gem. § 194 Absatz 3 StGB zu.
(Verfahren gegen Angestellte und Arbeiter sind nicht möglich, doch kann
bei diesen eine begründete Beschwerde zur fristlosen Entlassung führen).

III. Freiheitsentziehung und -verwahrung

Wir werden hin und wieder auch Insassen im Altenpflegeheim erleben,
die sich darin nicht freiwillig befinden. Sie sind vielmehr »eingewiesen«
worden. Der Pfleger muß sie verwahren und dauernd beaufsichtigen. Sie
sind in der Regel im »geschlossenen Teil« der Anstalt untergebracht.

Wie kann nun eine solche zwangsweise Einweisung erfolgen?

Eingewiesen werden kann:

wer unter Vormundschaft oder Pflegschaft steht,

auf wen die Voraussetzungen des Freiheitsentziehungsgesetzes zutreffen.

1. Unterbringung durch Vormund oder Pfleger

Ein bestellter Vormund (§§ 1773 ff. BGB), ein vorläufiger Vormund (§ 1906 BGB) oder ein Gebrechlichkeitspfleger (§ 1910 BGB) kann die Unterbringung seines Mündels in ein Altenpflegeheim durch richterliche Entscheidung veranlassen, wenn er das aus Gründen der Sorge um die Person des Mündels für nötig hält.

Beispiel: Ein älterer Mensch hat einen Schlaganfall erlitten und leidet an den Folgen. Er will zwar außerhalb des Altenpflegeheims leben, kann sich aber infolge Alter und Gebrechlichkeit nicht mehr selbst vorstehen. Er braucht dauernd Pflege und Aufsicht. Läßt man ihn für sich allein leben, so gefährdet er möglicherweise seine Gesundheit, kommt herunter, gefährdet vielleicht auch andere Personen. Hier verlangt die Personensorge die Unterbringung.

In diesen Fällen war bisher umstritten, ob die Einweisung in ein Altenpflegeheim durch den Vormund oder Gebrechlichkeitspfleger auf Grund privatrechtlicher Befugnis unmittelbar erfolgen kann oder ob hierfür eine richterliche Entscheidung notwendig ist.

Die bisherige Rechtsauffassung war, daß zwar Artikel 104 des Grundgesetzes bestimmt, daß ein Mensch nur auf Grund eines förmlichen Gesetzes oder durch richterliche Entscheidung in seiner Freiheit beschränkt werden darf, und daß auch die zwangsweise Unterbringung oder Verwahrung in ein Altenpflegeheim eine Freiheitsbeschränkung darstellt. Dennoch sah man in der Entscheidung des Vormundes oder Pflegers, einen älteren Menschen in einem Altenpflegeheim unterzubringen, keine Maßnahme, die einer richterlichen Entscheidung oder eines Gesetzes bedarf. Dies wurde damit begründet, daß der Vormund oder Pfleger keine öffentliche Gewalt ausübe und sich Artikel 104 des Grundgesetzes nur auf eine Freiheitsbeschränkung durch die öffentliche Gewalt beziehe. Es genüge daher, daß der Vormund oder Pfleger nachweise, daß seine Vormundschaft oder Pflegschaft wirksam bestellt worden sei. In diesem Falle könne er von sich aus die Unterbringung des Mündels veranlassen. Diese Rechtslage hat durch die Entscheidung des Bundesverfassungsgerichts mit Beschluß vom 10. 2. 1960 zu Artikel 2 und 104 des Grundgesetzes eine grundsätzliche Änderung erfahren.

Die Leitsätze dieser Entscheidung und die rechtlichen Ausführungen aus den Gründen sind nunmehr zu folgenden Grundsätzen zusammenzufassen:

Der Freiheitsschutz nach Artikel 104 Absatz 2 Satz 1 und 2 des Grundgesetzes umfaßt auch Freiheitsentziehungen, die fürsorgerischen Charakter haben.

Daraus folgt, daß die Unterbringung eines volljährigen Geisteskranken durch den Vormund in einer entsprechenden Anstalt und damit auch in einem Altenpflegeheim nicht mehr so erfolgen kann, daß der Vormund oder Pfleger im Rahmen seiner privatrechtlichen Befugnisse die Freiheitsentziehung anordnet.

Vielmehr ist auch in diesem Falle eine richterliche Entscheidung nach Artikel 104 Absatz 2, Satz 1 und 2 des Grundgesetzes notwendig.

Der Vormund muß daher, wenn er in Ausübung seines Aufenthaltsbestimmungsrechts einen volljährigen Entmündigten in eine geschlossene Anstalt und daher auch in einem Altenpflegeheim unterbringen will, eine Entscheidung des zuständigen Gerichts herbeiführen.

In diesem Verfahren, in welchem über die Einweisung entschieden wird, gelten auch Entmündigte und Geisteskranke zur Wahrung ihrer Rechte als prozeßfähig.

Diese Entscheidung hat für die Unterbringung von Entmündigten und Geisteskranken sowohl für Vormünder und Pfleger als auch für Fürsorgebehörden eine erhebliche Bedeutung erlangt.

Es ist nun so, daß auch der Vormund und Pfleger ohne gerichtliche Entscheidung niemanden mehr in einer geschlossenen Anstalt unterbringen kann. Es ist ebenfalls so, daß es nicht mehr zulässig ist, einen Pfleger nur zu dem Zwecke zu bestellen, eine Anstaltsunterbringung ohne ein förmliches Unterbringungsverfahren zu ermöglichen (vgl. Landgericht Bielefeld, Urteil vom 2. 2. 1959).

Die Rechtssicherheit auch eines Entmündigten oder eines Pfleglings ist daher erheblich verstärkt worden. Ungeachtet seiner Geschäftsunfähigkeit kann er entweder selbst oder durch einen Bevollmächtigten in dem notwendigen gerichtlichen Verfahren seine Rechte wahren.

In derartigen Fällen wurde in der Folge des öfteren versucht, den Mündel oder Pflegling zur Einwilligung in eine entsprechende Maßnahme des Vormundes oder Pflegers zu veranlassen. Dieses Bestreben erfolgte in der Annahme, daß eine Freiheitsentziehung, also eine Einweisung in eine geschlossene Anstalt, ja nur dann rechtswidrig sein könne, wenn der Betroffene dieser Einweisung nicht zugestimmt habe. Habe er das getan, so sei die Einweisung rechtmäßig und eine gerichtliche Entscheidung nicht notwendig.

Auch zu dieser Frage hat der Bundesgerichtshof im Urteil vom 2. 12. 1963 grundsätzliche Ausführungen gemacht. Eine Einwilligung ist nach dieser Entscheidung nur unter folgenden Voraussetzungen ausreichend:

Die Einwilligung muß die Erkenntnis des Eingriffs und das Erkennen der Sachlage voraussetzen. Dafür ist allerdings kein bestimmtes Alter erforderlich und ist es auch unerheblich, ob der Betroffene unter Vormundschaft und Pflegschaft steht. Andererseits aber muß der Betroffene die natürliche Einsichtsfähigkeit und Urteilskraft zur Erkenntnis der Tragweite des Eingriffs besitzen. Er muß also auch als Entmündigter oder Mündel verstandesmäßig, geistig und sittlich in der Lage sein, Bedeutung und Tragweite der Unterbringung zu erkennen und die Urteilskraft haben, Für und Wider der Unterbringung abzuwägen und sein Handeln nach dieser Einsicht zu bestimmen. Dies wird wohl nach allgemeiner Erfahrung nicht einmal bei den meisten Geistesschwachen und schon gar nicht bei geisteskranken älteren Personen der Fall sein.

Die Einwilligung muß freiwillig sein, sie darf also weder durch Gewalt noch durch Zwang (rechtswidrige Drohung oder arglistige Täuschung) herbeigeführt werden.

Als Sonderfall ist zu berücksichtigen, daß eine Patientin, die geglaubt hat, ohne Zustimmung der Ärzte die Anstalt nicht verlassen zu können und die diese Erlaubnis zwar erbeten, aber nicht erhalten hat, dann, wenn sie sich der ablehnenden ärztlichen Entscheidung gefügt hat, eine zwar auf Irrtum beruhende, aber die Unterbringung trotzdem noch rechtfertigende Einwilligung gegeben hat.

Die Folgen dieser Entscheidungen des Bundesverfassungsgerichts vom 10. 2. 1960 und des Bundesgerichtshofes vom 2. 12. 1963 sind die, daß nur nach einem gerichtlichen Urteil ein älterer Mensch zwangsweise untergebracht werden kann. Nur wenn ein gerichtliches Urteil vorliegt und er sich trotzdem weigert, die Anstalt oder das Altenpflegeheim aufzusuchen, kann der Vormund oder Pfleger ihn notfalls mit Gewalt und mit Hilfe eines Gerichtsvollziehers in die Anstalt verbringen lassen.

Für die Freilassung gilt folgendes:
Fordert der Vormund vom Altenpflegeheim die Entlassung des Mündels oder Pfleglings, so muß dieser sofort freigelassen werden, da jede weitere Unterbringung dann eine Freiheitsentziehung nach Artikel 2 Abs. 2 und 104 des Grundgesetzes darstellen würde. Das bedeutet faktisch: Der Vormund kann einen entmündigten älteren Menschen zwar nicht ohne richterliche Entscheidung zwangsweise unterbringen. Er muß ihn aber nicht in der geschlossenen Anstalt belassen. Er ist frei, die Unterbringung zu beenden. Will die Anstalt selbst den älteren Menschen weiter verwahren, weil sie z. B. der Meinung ist, daß er für sich und andere auch weiterhin eine Gefahr darstellt, dann muß sie Maßnahmen nach dem Freiheitsentziehungsgesetz einleiten.

2. Unterbringung nach dem Freiheitsentziehungsgesetz: Hier ist ebenso von Artikel 104 des Grundgesetzes auszugehen. Auch hier – und vor allem hier –:
kann die Freiheit der Person nur auf Grund eines förmlichen Gesetzes und nur unter Beachtung der darin vorgeschriebenen Formen beschränkt werden. Festgehaltene Personen dürfen weder seelisch noch körperlich mißhandelt werden.
Entscheidet über Zulässigkeit und Fortdauer der Freiheitsentziehung der Richter.
Bei jeder nicht auf richterlicher Anordnung beruhenden Freiheitsentziehung ist unverzüglich eine richterliche Entscheidung herbeizuführen. Die Polizei darf aus eigener Machtvollkommenheit niemanden länger als bis zum Ende des Tages nach dem Eingreifen in eigenem Gewahrsam halten. Ein längerer Gewahrsam ist durch den Richter zu regeln.

Ist von jeder richterlichen Entscheidung über die Anordnung oder Fortdauer einer Freiheitsentziehung unverzüglich ein Angehöriger des Festgehaltenen oder eine Person seines Vertrauens zu benachrichtigen. Diese sehr streng gefaßten Voraussetzungen sind aus den unerfreulichen Erfahrungen der Vergangenheit geschaffen worden. Aus allen möglichen Gründen wurden früher Personen in Verwahranstalten untergebracht. Oftmals war der Grund der Unterbringung nur der, daß sie gewissen Leuten unbequem waren, nicht nur auf politischer Ebene, sondern auch im Familienbereich. Solcher Mißbrauch soll durch die strengen Verfahrensbestimmungen unmöglich gemacht werden.

a) Wem kann nun die Freiheit entzogen werden?
Hierzu bestimmt § 1 Freiheitsentziehungsgesetz:
»Geisteskranke, geistesschwache, rauschgift- oder alkoholsüchtige Personen sind auch gegen ihren Willen in einer geschlossenen Krankenabteilung oder in einer anderen geeigneten Verwahrung unterzubringen, wenn aus ihrem Geisteszustand oder ihrer Sucht eine erhebliche Gefahr für ihre Mitmenschen oder sich selbst droht und diese nicht anders abgewendet werden kann.
Die Unterbringung dauert nur so lange, wie ihr Zweck es erfordert, die Unterbringung von Rauschgift- und Alkoholsüchtigen nicht länger als zwei Jahre.«

b) Wer ist nach dem Gesetz geisteskrank oder geistesschwach?
Geisteskrankheit und Geistesschwäche sind Störungen der Geistestätigkeit, über deren Vorliegen Sachverständige zu hören sind (ZPO §§ 655, 671). Das Gericht muß aber auf Grund der Gutachten selbst prüfen und entscheiden. Geisteskrankheit und Geistesschwäche unterscheiden sich nicht in ihrem Wesen, sondern nur dem Grad nach. Bei Geisteskrankheit ist die Störung so hochgradig, daß die Fähigkeit vernünftiger Willensbildung der eines Kindes unter 7 Jahren gleichzuachten ist, bei Geistesschwäche entspricht sie der eines Minderjährigen über 7 Jahren.

c) Wer ist rauschgiftsüchtig und alkoholsüchtig?
Trunksucht und Rauschgiftsucht liegen nicht schon dann vor, wenn jemand häufig übermäßig geistige Getränke oder Rauschgiftmittel zu sich nimmt, sondern erst dann, wenn er einen Hang dazu hat, dem zu widerstehen er nicht mehr die Kraft hat. Er muß den Rauschmitteln verfallen sein, er darf über Art und Maß ihres Genusses keine Kontrolle mehr ausüben. Die Grenze zwischen dem Trinker und dem Trunksüchtigen kann nur der Arzt und der Psychiater ziehen. Rauschgiftmißbrauch wird dem übermäßigen Alkoholgenuß gleichgestellt, eine heute sehr aktuelle Frage.

d) Wann liegt ein Gefahrenzustand vor?
Geisteskrankheit, Geistesschwäche, Trunksucht oder Rauschgiftsucht allein genügen aber nicht. Dieser Zustand muß vielmehr dazu geführt

haben, daß der Betroffene nicht mehr als »normaler Bürger« in der Öffentlichkeit sein Leben führen kann. Dies ist der Fall, wenn:
der Betroffene seine Angelegenheiten nicht mehr selbst besorgen kann oder
die Gefahr einer Notlage für ihn oder seine Familie gegeben ist oder
er eine Gefahr für die Sicherheit anderer darstellt, er z. B. zu Gewalttätigkeiten neigt oder unzurechenbar ist.

Das FEG kann also nur Anwendung finden, wenn aus dem Geisteszustand oder der Sucht einer Person eine erhebliche Gefahr für ihre Mitmenschen droht und diese Gefahr anders nicht abgewendet werden kann. Die Unterbringung muß daher zur Behebung dieser Gefahr dringend notwendig sein. Es gilt daher auch hier der Grundsatz der Verhältnismäßigkeit von Zweck und Mitteln, d. h. zunächst muß das geringste Mittel angewendet werden, welches zum Erfolg führt. So werden heute z. B. alkoholsüchtige Personen zunächst einer Entziehungskur unterzogen, wenn sie sich freiwillig dazu entschließen. Diese Kur kann auch in einer ambulanten Behandlung bestehen.
Erst wenn diese Behandlung nicht ausreicht, um die Gefahr zu beseitigen (besonders wenn der Süchtige die Kur nicht fortsetzt oder überhaupt nicht antritt), ist eine Unterbringung nötig.
Diese darf aber nur solange dauern, wie ihr Zweck es fordert, d. h. solange eine Gefahr besteht. Auch hier ist eine ärztliche Beurteilung unerläßlich.

e) Wer kann die Unterbringung veranlassen?
Nach § 2 FEG entscheidet über die Unterbringung und deren Art auf Antrag der Verwaltungsbehörde das Amtsgericht.
Nach § 2 Abs. 2 des FEG ist Verwaltungsbehörde im Sinne dieses Gesetzes in Gemeinden bis zu 10 000 Einwohner der Landrat, in den übrigen Gemeinden der Bürgermeister. Es kann also keine Privatperson den Antrag nach dem FEG stellen, sondern nur eine Verwaltungsbehörde. Diese kann natürlich nicht nur von Amts wegen, sondern auch auf Grund des Ersuchens einer Privatperson tätig werden.
Örtlich zuständig ist die Verwaltungsbehörde bzw. das Amtsgericht des Wohnsitzes des Unterzubringenden.
Der Antrag der Verwaltungsbehörde auf Unterbringung ist nach § 5 des FEG schriftlich beim Amtsgericht einzureichen. Das Zeugnis eines approbierten Arztes über den Geisteszustand oder die Süchtigkeit muß dem Antrag beiliegen. Das Zeugnis muß auf einer Untersuchung beruhen, die höchstens 14 Tage zurückliegt.

f) Wann darf eine Unterbringung angeordnet werden?
Zunächst muß der Unterzubringende persönlich durch den Richter vernommen werden, es sei denn, daß die Vernehmung mit besonderen Schwierigkeiten verbunden ist oder sie nicht ohne Nachteil für den Gesundheitszustand des Unterzubringenden ausgeführt werden kann (§ 6 FEG). Grund hierfür ist Artikel 103 des Grundgesetzes, wonach vor

Gericht jedermann Anspruch auf rechtliches Gehör hat.

Wenn ein Facharzt der Psychiatrie, der den Unterzubringenden untersucht hat, als Sachverständiger gehört worden ist und dieser kein beamteter Arzt ist, so ist zusätzlich ein Amtsarzt zu hören.

Der gesetzliche Vertreter des Unterzubringenden ist zu hören und muß Gelegenheit zur Stellungnahme erhalten. Außerdem sollen der Ehegatte und bei Minderjährigen die Eltern gehört werden, wenn deren Aufenthalt bekannt ist und die Anhörung ohne besondere Schwierigkeiten erfolgen kann.

Diese drei Voraussetzungen sind zwingend vorgeschrieben und unverzichtbar.

Für das weitere Verfahren gilt:

§ 7   Wenn dies zur Wahrnehmung seiner Rechte geboten erscheint, ordnet das Gericht dem Unterzubringenden einen Rechtsanwalt bei.

§ 8   Das Gericht kann zur Vorbereitung eines Gutachtens über den Geisteszustand oder die Süchtigkeit des Unterzubringenden bis zu 6 Wochen dessen Unterbringung und Beobachtung in einer öffentlichen Krankenanstalt anordnen.

§ 9   Auch ohne Antrag der Verwaltungsbehörde kann das Gericht die einstweilige Unterbringung anordnen, wenn
die öffentliche Sicherheit oder Ordnung oder die eigene Sicherheit des Unterzubringenden sie erfordern,
dringende Gründe für die Annahme vorhanden sind, daß sie eine erhebliche Gefahr für ihre Mitmenschen oder für sich selbst sind, und diese nicht anders abgewendet werden kann und
über die endgültige Unterbringung nicht rechtzeitig entschieden werden kann.
Aber auch hier muß der Unterzubringende persönlich durch den Richter vernommen und der gesetzliche Vertreter gehört worden sein. Ein Rechtsanwalt ist ebenfalls beizuordnen, wenn dies zur Wahrung seiner Rechte geboten erscheint.
Die einstweilige Unterbringung darf die Dauer von zwei Monaten nicht überschreiten. Sie ist aufzuheben, wenn die Voraussetzungen entfallen.

§ 10   Andererseits können diese Personen, wenn mit hoher Wahrscheinlichkeit anzunehmen ist, daß die Voraussetzungen für eine einstweilige Unterbringung erfüllt sind und Gefahr im Verzug ist, selbst auf Grund polizeilicher Anordnung in Verwahrung genommen werden. In diesen Fällen ist bis spätestens Ende des folgenden Tages eine richterliche Entscheidung herbeizuführen.

§ 11   Die Beschlüsse der Gerichte sind mit Gründen und Rechtsmittelbelehrung zu versehen.

§ 12   Die Anordnung der Unterbringung ist bekannt zu machen:
dem Unterzubringenden
der Verwaltungsbehörde
dem gesetzlichen Vertreter und dem
beigeordneten Rechtsanwalt
dem Ehegatten
den Eltern, falls der Unterzubringende
minderjährig ist.

§ 14   Die Beschlüsse des Gerichts werden mit ihrer Rechtskraft
wirksam. Das Gericht kann die sofortige Vollziehbarkeit
anordnen.

§ 15   Gegen die Beschlüsse des Gerichts findet die sofortige
Beschwerde statt.

§ 16   Die vom Gericht angeordneten Maßnahmen führt die Verwaltungsbehörde durch. Die Polizei ist verpflichtet, Amtshilfe zu leisten.

g) Wie sieht nun eine Unterbringung nach dem FEG aus.
Hier gelten:

§ 17   Die Unterbringung umfaßt auch die Behandlung mittels
eines Heil- oder Entziehungsverfahrens. Ärztliche Eingriffe,
die mit erheblicher Gefahr für Leben oder Gesundheit verbunden sind, bedürfen der Einwilligung des Untergebrachten oder seines gesetzlichen Vertreters.
Beispiel: Es sind dies alle hirnchirurgischen Eingriffe. Die
Einwilligung ist auch nötig für alle Behandlungsarten, die
sich noch in der Erprobung befinden (neue Medikamente
usw.).

§ 18   Briefe des Untergebrachten dürfen von Ärzten eingesehen
und zurückbehalten werden, wenn dies im wohlverstande-
nen Interesse des Untergebrachten, des Empfängers oder
eines Dritten liegt. Sie sind aber zu verwahren.
Beispiel: Briefe, die Beschimpfungen enthalten oder unver-
ständliche, verworrene und sinnlose Schreiben von Geisteskranken.
Briefe an die Angehörigen, an den gesetzlichen Vertreter
oder an eine Behörde dürfen nur mit Zustimmung des
Gerichts zurückbehalten werden. Briefe an den Rechtsanwalt oder die Aufsichtsbehörde der Anstalt dürfen nicht
zurückbehalten werden.
Briefe an den Untergebrachten dürfen aus den gleichen
Gründen wie Briefe des Untergebrachten ebenfalls zurückgewiesen werden nach Einsicht und Prüfung durch den
Arzt.

§ 19   Wenn vertretbar, kann der Leiter der Anstalt den Untergebrachten bis zu 3 Monaten beurlauben. Dann ist sie dem
Richter zu melden.

h) Wann ist die Unterbringung zu beenden?

§ 20   Das Gericht ordnet die Entlassung oder eine andere Art von Unterbringung an, wenn die Voraussetzungen nicht mehr vorliegen.
Süchtige sind nach 2 Jahren freizulassen, ohne daß es einer gerichtlichen Anordnung bedarf.

§ 21   Auch bei Geisteskranken und Geistesschwachen hat das Gericht jeweils spätestens vor Ablauf von 2 Jahren darüber zu entscheiden, ob die Voraussetzungen der bisherigen Unterbringung noch vorliegen. Lehnt das Gericht die Entlassung ab, so hat es nach weiteren 2 Jahren erneut zu prüfen, ob die Voraussetzungen noch vorliegen.
Aber auch während diesen 2 Jahren hat das Gericht zu prüfen, ob die Entlassung oder eine andere Art der Unterbringung anzuordnen ist, falls hierfür ein Anlaß besteht.
Auf Antrag des Untergebrachten, der Verwaltungsbehörde, des Leiters der Anstalt, gesetzl. Vertreter, Ehegatten oder Eltern bei Minderjährigen bis 14 Jahren hat das Gericht über die Entlassung oder eine andere Art der Unterbringung zu entscheiden. Das Gericht hat auch hier vorher einen Sachverständigen und die Verwaltungsbehörde zu hören.

§ 25   Gegen den Beschluß gibt es die sofortige Beschwerde.

i) Wie steht es mit den Kosten?

§ 31   Die Kosten einer Unterbringung trägt der Untergebrachte, einschließlich Überführung. Wenn er dies nicht kann, trägt der Landeswohlfahrtsverband die Kosten (§§ 90–92 Bundessozialhilfegesetz).

§ 33   In dem in diesem Gesetz bezeichneten Umfang werden die Grundrechte der Freiheit der Person, der körperlichen Unversehrtheit und der Unverletzlichkeit des Brief-, Post- und Fernmeldegeheimnisses (Art. 2 und 10 des Grundgesetzes für die Bundesrepublik Deutschland und Art. 5, 6 und 12 der Verfassung des Landes Hessen) eingeschränkt.

C) Aus dem Bürgerlichen Recht

I. Rechtsfähigkeit, Geschäftsfähigkeit

Jeder Mensch wird mit der Geburt rechtsfähig, daß heißt, er ist imstande, Träger von Rechten und Pflichten zu sein. Und zwar von allen Rechten und Pflichten, gleichgültig, ob sie im Verfassungsrecht, im Verwaltungsrecht oder im Bürgerlichen Recht ihren Ursprung haben. Nur dem Menschen, aber jedem Menschen kommt diese »Rechtspersönlichkeit« zu. Sie ist ein allgemeines und grundlegendes Menschenrecht. Damit ist aber noch nichts ausgesagt, ob er diese Rechte auch persönlich ausüben kann oder ausüben muß.

Hierzu bedarf es der Geschäftsfähigkeit, die erst in einem bestimmten Alter eintritt. Unter der Geschäftsfähigkeit versteht man die Fähigkeit, Rechtsgeschäfte im Rahmen der geltenden Rechtsordnung selbständig und rechtswirksam vorzunehmen.

Die Geschäftsfähigkeit kann beschränkt oder unbeschränkt sein. Im ersten Fall ist die Wirksamkeit des Handelns an besondere Voraussetzungen, vor allem an die Einwilligung des gesetzlichen Vertreters gebunden, im letzten Fall entscheidet der Handelnde allein.

Z. B.: Rechtsgeschäfte schließt jeder täglich ab. Er geht in eine Buchhandlung, verlangt ein bestimmtes Buch und leitet damit den Abschluß eines Kaufvertrages ein. Er bewirbt sich um eine Stellung in einer Firma und setzt durch diese Willenserklärung den Abschluß eines Arbeitsvertrages in Gang.

1. Die Rechtsfähigkeit:

a) Die Rechtsfähigkeit beginnt mit der Vollendung der Geburt; sie endet mit dem Tode.

Unter Vollendung der Geburt ist der vollständige Austritt aus dem Mutterleib zu verstehen. Das Kind muß außerdem bei der Vollendung der Geburt leben, d. h. irgendwie ein Lebenszeichen von sich gegeben haben, z. B. Einsetzen der Lungenatmung. Lebensfähigkeit, Mißbildung oder Trennung der Verbindung zur Mutter, d. h. Durchtrennen des Nabelstranges spielen keine Rolle.

Im Gegensatz zur Geburt ist eine gleich deutliche und klare Definition des Todes heute nicht mehr möglich. Hier haben medizinische Eingriffe die Grenzen des Todeseintritts verschoben und Zweifelsfragen mit sich gebracht. Wird z. B. bei einem Opfer eines Verkehrsunfalls der Kreislauf künstlich aufrechterhalten, während die Gehirntätigkeit schon erloschen ist, so kann es fraglich sein, ob wir hier einen lebenden oder schon toten Menschen vor uns haben.

Die bisherige Auffassung, daß der Tod mit dem Stillstand der Herztätigkeit und der Funktion des Kreislaufs eintritt, ist heute nicht mehr haltbar. Vielmehr gilt heute der Tod dann als eingetreten, wenn infolge nicht mehr behebbaren, irreparablen Stillstands der Hirnströme eine geistige »Existenz« des Betroffenen nicht mehr besteht und auch nicht mehr wiederhergestellt werden kann.

Für die Rechtsfähigkeit sind 2 Sonderfälle zu beachten:

1) Unter bestimmten Voraussetzungen beginnt die Rechtsfähigkeit sogar schon vor der Vollendung der Geburt. So kann ein schon Erzeugter Erbe sein (§§ 1923, 1716, 1912, 1918, 1963, 2103 BGB).

Er gilt, falls der Erblasser vor seiner Geburt stirbt, als im Zeitpunkt des Erbfalls geboren, wenn er nur später lebend geboren wird.

Ein noch nicht Erzeugter kann Nacherbe oder Vermächtnisnehmer sein (§§ 2101, 2178 BGB).

2) Manchmal kann der Tod eines Menschen nicht unmittelbar festgestellt werden. So, wenn jemand bei Kriegshandlungen umgekommen ist oder

irgendwo im Ausland verschollen ist. Solche Fälle kamen besonders im 2. Weltkrieg zu tausenden vor, als Menschen auf den Kriegsschauplätzen, auf der Vertreibung oder bei Luftangriffen einfach verschwanden und nicht zu klären war, ob und wie sie ums Leben gekommen sind. Hier gibt es das Rechtsinstitut der Todeserklärung bei Verschollenheit nach dem Verschollenheitsgesetz. Wer nach diesem Gesetz für tot erklärt wird, gilt mit dem Zeitpunkt der Todeserklärung für gestorben mit allen Rechtsfolgen.

Verfahren nach FGG (§§ 4 ff Verschollenheitsgesetz (VG), §§ 2, 5 AG zum Verschollenheitsgesetz (VAG)
– zuständig ist das Amtsgericht des letzten Wohnsitzes: §§ 14, 15 VG
– ein Antrag ist nötig: § 26 VG
– ein Aufgebot muß erfolgen und eine Frist zur Meldung angesetzt werden: § 19 VG
– das Gericht muß durch Beschluß dem Antrag auf Todeserklärung stattgeben und dabei einen Todeszeitpunkt festsetzen: § 9 VG

Wirkung: §§ 9, 10 VG, 292 ZPO
Es erlöschen mit der Todeserklärung die Rechte nach §§ 1420, 1494, 1544, 1679, 1684, 1895, 1878, 1921 BGB
Bei Rückkehr des Verschollenen und für tot Erklärten treten die Rechtswirkungen nach §§ 30 ff. VG ein

b) Wer rechtsfähig ist, ist Rechtspersönlichkeit.
1) Im Sinne verfassungsrechtlicher Vorschriften ist er grundrechtsfähig;
2) im Sinne bürgerlich-rechtlicher Vorschriften kann er Träger von Rechten und Pflichten sein.

2. Die Geschäftsfähigkeit ist die Fähigkeit, rechtswirksame Willenserklärungen abzugeben und entgegenzunehmen.

a) Voll geschäftsfähig sind alle Volljährigen, die nicht entmündigt oder geisteskrank sind.
Das bedeutet also, daß Geistesschwache, Trunksüchtige und Verschwender voll geschäftsfähig sind, solange sie nicht entmündigt worden sind (§ 144 BGG).

b) In der Geschäftsfähigkeit beschränkt sind Minderjährige nach Vollendung ihres 7. Lebensjahres.
Die wegen Geistesschwäche, Verschwendung oder Trunksucht entmündigten oder gemäß § 1906 BGB unter vorläufige Vormundschaft gestellten Personen stehen insoweit den Minderjährigen gleich (§ 144 BGB).
Die Beschränkung erstreckt sich insbesondere darauf, daß beschränkt Geschäftsfähige
1) selbständig nur Willenserklärungen abgeben können, die ihnen lediglich einen rechtlichen Vorteil bringen (§ 107 BGB), also nicht zugleich zu einer Verpflichtung führen;
2) nur Verträge abschließen können, die sie mit Mitteln erfüllen, die

ihnen zu diesem Zweck oder zur freien Verfügung überlassen worden sind (z. B. Taschengeld, § 110 BGB). Der Taschengeldparagraph gilt aber grundsätzlich nur für Barbeträge und nicht für Kauf auf Kredit. Also kein Kauf eines Fahrrades auf Ratenzahlung;

3) nur Rechtsgeschäfte vornehmen können, die in den Rahmen eines von dem Minderjährigen mit Ermächtigung des gesetzlichen Vertreters geführten Gewerbebetriebs oder eingegangenen Dienst- oder Arbeitsverhältnisses fallen (§ 112, 113 BGB); z. B.: 17jähriger wird von seinem Vater zum Führen eines Kiosks ermächtigt.

c) Geschäftsunfähig sind kraft Gesetzes nach § 104 BGB
1) alle Kinder bis zur Vollendung des 7. Lebensjahres,
2) Personen, die sich in einem die freie Willensbestimmung ausschließenden Zustand krankhafter Störung der Geistestätigkeit befinden, sofern nicht der Zustand seiner Natur nach ein vorübergehender ist und
3) schließlich die wegen Geisteskrankheit Entmündigten.
Ob die Entmündigung zu recht erfolgt ist, spielt zunächst hierbei keine Rolle. Diese Personen können keinerlei Rechtsgeschäfte vornehmen. Ihre Willenserklärungen sind ebenso nichtig (§ 105, Abs. 1 BGB), wie eine in Bewußtlosigkeit (z. B. Volltrunkenheit, Hypnose) oder vorübergehender Geistesgestörtheit (z. B. depressive Verstörtheit) abgegebene Willenserklärung (§ 105, Abs. 2). Auch Rechtsgeschäfte, die dem Geschäftsunfähigen lediglich einen Vorteil bringen, können sie nicht abschließen.

II. Vertretung, Vollmacht

1. Wer in einem Altenheim beschäftigt ist, wird oft bei seinem Beruf Handlungen vornehmen, die er nicht im eigenen Namen, sondern für das Heim erledigt. Als Altenpfleger ruft er in Notfällen den Arzt, den Rettungswagen, besorgt er Arznei und andere Hilfsmittel für die Heiminsassen. Wer in der Heimverwaltung tätig ist, besorgt für das Heim Lebensmittel, Heizmaterial, gibt Handwerkern, Monteuren, Reinigungspersonal Aufträge. Die Kosten für diese Aufträge muß er nicht selbst tragen, denn er erledigt diese Geschäfte in Vertretung und in Vollmacht des Heimes (§ 164 BGB).
Ein solcher Fall der Stellvertretung liegt vor, wenn folgende Voraussetzungen vorliegen:
Der Altenpfleger muß im fremden Namen (für das Heim!) aufgetreten sein, z. B. eine Bestellung aufgegeben haben.
Er muß über Vertretungsmacht im Sinne des § 164 BGB verfügen. Hierfür ist in der Regel eine Urkunde zu fordern. Nur in Ausnahmefällen kann eine mündliche Anweisung (z. B. des Leiters eines Altenheimes an den Pfleger) genügen. Art und Umfang der Vertretungsmacht (d. h. des Rechtes, wieweit ein Bediensteter in der Altenpflege Geschäfte auf Rechnung des Heimes besorgen darf) ergeben sich in der Regel aus dem Inhalt

des Anstellungsvertrages und schriftlicher Bestimmung seines Aufgabenbereichs (z. B. der Ernennung zum Leiter der Küche, der Beschaffung oder der Fahrzeughaltung).

2. Handeln in Vollmacht oder Vertretung eines Pfleglings:

Der Altenpfleger wird auch öfters in die Lage kommen, Rechtsgeschäfte für einen Pflegling besorgen zu müssen oder für ihn Aufträge zu erledigen. Dies ergibt sich aus seiner allgemeinen Betreuung gegenüber Menschen, die infolge Altersabbaus nicht immer die nötigen Kräfte besitzen, ihre Angelegenheiten — wenn auch nur zeitweise — selbst zu besorgen, oder die auch nur noch geringes Interesse an dem Leben »draußen« besitzen. Dem soll der Altenpfleger sicherlich entgegenwirken. Mit der Tatsache, Angelegenheiten der alten Menschen hin und wieder erledigen zu müssen, muß er rechnen. Was muß er dabei beachten?

- Wenn er Geschäfte für den Pflegling besorgt, muß er dies zu erkennen geben, er muß im fremden Namen handeln (§§ 164–166 BGB).
- Er braucht dazu eine Vollmacht, und zwar zweckmäßig in Form einer schriftlichen Urkunde (vgl. § 174 I, II BGB). Zwar kann die Befugnis zur Vertretung des Pfleglings dieser dem Pfleger auch durch eine mündliche Erklärung erteilen (§§ 167 I, 161 I, 172 BGB). Dies kann aber u. U. zu schwierigen Beweis- und Haftungsfragen führen, so daß schon im eigenen Interesse der Pfleger eine schriftliche Vollmacht fordern sollte.
- Der Vollmachtgeber, der Pflegling muß dazu voll geschäftsfähig sein. Endet dies (z. B. indem er entmündigt wird oder einer Geisteskrankheit verfällt), so erlischt grundsätzlich auch die Vollmacht; hier gelten jedoch einige Sonderregeln.
- Die Vollmacht muß genau bestimmen, was der Pfleger für den Pflegling besorgen darf. Generalvollmachten, die den Pflegling praktisch dem Pfleger ausliefern, dürfte dieser schon aus seiner Dienstpflicht heraus weder fordern noch entgegennehmen.
- Der bevollmächtigte Pfleger darf nur die Geschäfte ausführen, wozu er bevollmächtigt ist, keine anderen. Er handelt sonst als »vollmachtloser Vertreter« und kann u. U. sich schadenersatzpflichtig machen.

III. Vormundschaft und Pflegschaft

Manche älteren Menschen leiden an geistigen und körperlichen Gebrechen. Sie können ihre eigenen Angelegenheiten nicht mehr mit der nötigen Sorgfalt besorgen. Ließe man sie ohne Hilfe, dann würden sie auf vielfache Weise Schaden leiden. Sie könnten — gerade in unserer geschäftstüchtigen Zeit — zu ungünstigen Geschäften überredet werden, dabei Hab und Gut verlieren. Sie könnten ebenso ohne Aufsicht und Hilfe in ihrer Wohnung und persönlich verwahrlosen, dabei ihre Gesundheit schädigen und schließlich auch in ihrer Menschenwürde beeinträchtigt werden.

Wer nicht mehr für sich selbst sorgen kann, muß daher notfalls einer Aufsicht unterstellt werden. Diese muß ihm helfen, menschenwürdig und betreut auch im Alter, bei Krankheit und Hilflosigkeit, in der Anstalt oder in der eigenen Wohnung bis zum Lebensende zu leben. Dafür hat das bürgerliche Recht die Einrichtungen der Vormundschaft (§§ 1773 ff. BGB) und der Pflegschaft (§§ 1909 ff. BGB) geschaffen.

1. Vormundschaft (§ 1773 ff. BGB): Vormundschaft bedeutet Fürsorge in jeder Beziehung. Das heißt, daß der Vormund nicht nur einen begrenzten Kreis von Angelegenheiten für sein Mündel zu besorgen hat, sondern daß er ihn rechtlich umfassend vertritt.

a) Vormundschaft kann vom Gericht für Geschäftsunfähige und beschränkt Geschäftsfähige angeordnet werden, so auch – und das ist der bei älteren Menschen, besonders bei Insassen eines Altenpflegeheimes vor allem vorkommende Fall – bei Entmündigung wegen Geistesschwäche oder Geisteskrankheit.
Die Vormundschaft tritt nun nicht ohne weiteres dann ein, wenn zum Beispiel ein Volljähriger geisteskrank wird oder er Zeichen der Geistesschwäche zeigt oder er der Verschwendung und Trunksucht unterliegt. Vielmehr wird der Volljährige unter Vormundschaft gestellt, indem er entmündigt und die Vormundschaft von Amts wegen angeordnet wird. Dies geschieht so, daß das Vormundschaftsgericht (Amtsgericht) nach § 48 des Gesetzes über die freiwillige Gerichtsbarkeit (FGG) von Gemeinden, anderen Gerichten und Verwaltungsbehörden Nachricht über die Fälle bekommt, die ein Eingreifen erforderlich machen. Dabei ist das Gericht am Wohnsitz oder Aufenthaltsort des Mündels nach § 36 FGG zuständig. Die Entscheidung ergeht sodann durch Gerichtsbeschluß. In diesem Beschluß wird die Entmündigung ausgesprochen, die Vormundschaft angeordnet und der Vormund bestellt.
Bei der Vormundschaft gibt es die Einrichtung eines Gegenvormunds. Das bedeutet, daß, wenn bereits ein Vormund bestellt ist, das Vormundschaftsgericht auch einen Gegenvormund bestellen kann, was besonders dann geschieht, wenn ein größeres Vermögen zu verwalten und zu nutzen ist. Dies ist beispielsweise dann der Fall, wenn das Mündel Eigentümer eines Handelsunternehmens, eines größeren Handwerksbetriebs ist oder wenn er an einem größeren Unternehmen, beispielsweise einer Gesellschaft mit beschränkter Haftung oder einer offenen Handelsgesellschaft, Beteiligungen besitzt. Dann ist eine derartige zusätzliche Kontrolle und Mitarbeit erforderlich. Wenn ein Gegenvormund bestellt wird, so bedarf der Vormund zu gewissen Rechtsgeschäften der Genehmigung des Gegenvormunds. Beide müssen also zusammenwirken. Das ist besonders dann der Fall, wenn der Vormund über Forderungen oder Wertpapiere verfügen will.

b) Zum Vormund kann – neben dem Jugendamt, ein Fall, der hier unberücksichtigt bleiben kann – ein Verein (z. B. ein Wohlfahrtsverband) oder eine Einzelperson bestimmt werden.

Bei der Auswahl des Einzelvormunds muß das Gericht bestimmte Regeln beachten. Insbesondere gilt:
1) Die vorgesehene Person muß zur Übernahme einer Vormundschaft fähig sein.
Unfähig zum Vormund ist, wer geschäftsunfähig (§ 104 BGB) oder kraft endgültiger Entmündigung beschränkt geschäftsfähig ist (§ 1780 BGB).
2) Sie darf auch nicht untauglich zur Übernahme einer Vormundschaft sein.
Untauglich zum Vormund sind Minderjährige, vorläufig Entmündigte, Gemeinschuldner während des Konkursverfahrens, Personen, die einen Vermögenspfleger erhalten haben und solche, denen die bürgerlichen Ehrenrechte aberkannt worden sind. Untauglich sind auch Personen, die z. B. durch die Eltern des Mündels durch letztwillige Verfügung von der Vormundschaft ausgeschlossen worden sind (§ 1785 BGB). Andererseits können durch letztwillige Verfügung auch Personen zu Vormündern benannt werden (§ 1776 ff. BGB). Ist nun niemand benannt worden, so muß das Gericht in erster Linie Verwandte oder Verschwägerte des Mündels berücksichtigen. Es muß auch darauf Rücksicht nehmen, welcher Konfession das Mündel angehört.
Nur bestimmte Personen können nach § 1786 BGB die Berufung zum Vormund rechtswirksam ablehnen. Dieses Recht steht z. B. einer Frau zu, die zwei oder mehr noch nicht schulpflichtige Kinder hat. Das gleiche Recht haben Personen, die das 60. Lebensjahr vollendet haben, die mehr als vier minderjährige eheliche Kinder haben, die durch Krankheit oder Gebrechen keine Obsorge über das Mündel ausüben können und die ferner zu weit vom Wohnsitz des Mündels entfernt wohnen, um ihr Amt ausüben zu können. Hat der berufene Vormund ein solches Ablehnungsrecht nicht und schlägt er trotzdem seine Berufung aus, so kann er nach § 1788 BGB durch das Vormundschaftsgericht durch eine Ordnungsstrafe zur Übernahme der Vormundschaft angehalten werden. Er kann sich auch schadenersatzpflichtig machen. Andererseits wird das Vormundschaftsgericht immer daran guttun, sich vor der Berufung eines Vormunds zu vergewissern, daß dieser seine Aufgaben pflichtgemäß ausüben will, da es ja keinen Sinn hat, jemanden gegen seinen Willen zu dieser Aufgabe zu zwingen.

c) Der Vormund muß sein Amt höchstpersönlich ausüben. Er kann es nicht auf eine andere Person übertragen. Der Vormund hat, ebenso wie der Inhaber der elterlichen Gewalt, das Recht und die Pflicht, sich um die Person und das Vermögen des Mündels zu kümmern und ihn rechtlich zu vertreten. Hier ergeben sich aber einige Einschränkungen.
Der Vormund ist zwar der gesetzliche Vertreter des Mündels (§ 1793 BGB). Er kann aber Schenkungen aus dem Mündelvermögen nur dann machen, wenn sie einer sittlichen Pflicht oder Anstandsrücksicht entsprechen (§ 1804 BGB). Der Vormund hat ferner dann keine Vertretungsmacht, soweit das Mündel selbständig ist, also ein Erwerbsgeschäft betreibt oder ein Dienst- oder Arbeitsverhältnis unterhält.

Die Personensorge des Vormunds umfaßt beim Insassen eines Altenpflegeheims im wesentlichen das Recht zur Aufenthaltsbestimmung, wie dies schon ausgeführt wurde.

Die Vermögenssorge beschränkt sich auf die Vermögensverwaltung. Dem Vormund steht hingegen nicht die Nutznießung des Mündelvermögens zu. Für die Vermögensverwaltung ist er in vielfacher Hinsicht beschränkt. So muß er Geld mündelsicher anlegen, über Grundstücke oder Rechte an einem Grundstück kann er nur mit Genehmigung des Vormundschaftsgerichts verfügen. Im übrigen aber muß der Vormund nach pflichtgemäßem Ermessen handeln. Er wird dabei vom Vormundschaftsgericht beraten. Über seine Vermögensverwaltung muß er Rechnung ablegen. Er hat einen Anspruch auf Ersatz seiner Aufwendungen, hingegen nur ausnahmsweise einen Anspruch auf Vergütung.

2. Pflegschaft (§ 1909 BGB): Die Pflegschaft ist eine Obsorge, die aus anderen Gründen als wegen Fehlens der Beschränkung der Geschäftsfähigkeit angeordnet wird. Sie tritt beim älteren Menschen vor allem wegen körperlicher oder geistiger Gebrechlichkeit ein, die diesen zwar in vielfacher Hinsicht behindert, aber nicht dazu führt, daß er überhaupt seine Angelegenheiten nicht mehr in Ordnung halten kann. Der Pfleger hat daher im Gegensatz zum Vormund sich nicht um alle Angelegenheiten des Pfleglings zu kümmern, sondern nur einen ganz begrenzten Kreis von Angelegenheiten zu besorgen. Meistens geschieht dies in der Weise, daß sich der Pfleger um die Verwaltung eines Vermögens zu kümmern hat, wenn ein älterer Mensch dies nicht mehr selber besorgen kann. Zusammenfassend kann man hierzu sagen, daß die Pflegschaft dann eingeleitet werden muß, wenn ein Rechtsschutzinteresse besteht.

Die im Altenpflegeheim praktischen Fälle der Gebrechlichkeitspflegschaft (die anderen Fälle der Pflegschaft können hier nicht aktuell werden) bestehen darin, daß ältere Personen durch Blindheit, Taubheit oder Stummheit bestimmte Angelegenheiten nicht mehr besorgen können. Sie erhalten dann einen Pfleger. Sie müssen dabei stets der Bestellung dieses Pflegers auch selbst zustimmen (§ 1910 BGB). Für die Bestellung des Pflegers gilt das gleiche Verfahren wie bei der Bestellung eines Vormunds.

Die Pflegschaft ist aufzuheben wenn dafür kein Bedürfnis mehr besteht (§ 1919 BGB), also die Gebrechlichkeit entfällt oder wenn der Gebrechliche selbst die Aufhebung der Pflegschaft beantragt (§ 1920 BGB).

IV. Erbrecht

Der Altenpfleger muß über die Grundzüge des deutschen Erbrechts informiert sein. Er hat mit alten Menschen zu tun, die sich natürlich auch darüber Gedanken machen, was mit ihrem Eigentum nach ihrem Tode geschehen soll. So wie es selbstverständlich ist, daß sich der Altenpfleger hier jeder Beeinflussung zu enthalten hat, so ist es doch nützlich, wenn er z. B. anhand einer Tabelle, den alten Menschen informieren kann, wie das Gesetz die Erbfolge regelt, wer von seinen Verwandten, besonders Kindern, ihn beerbt und welche Anteile jeder Erbe bekommt. Häufig wird dann der Wunsch entstehen, die Erbfolge nach eigenen Vorstellungen anders zu regeln, ein Testament zu machen. Der Altenpfleger soll hier wissen, welche notwendigen Formerfordernisse ein Testament hat. Er soll auch erkennen, wie man hier eine klare, eindeutige Regelung treffen kann. Unklarheiten in der Abfassung von Testamenten sind nur zu oft Quelle jahrelanger Streitigkeiten der Erben untereinander. Auch eine größere Erbschaft kann so schnell durch Anwalts- und Gerichtskosten aufgezehrt werden. Die Furcht vor einer solchen Entwicklung sollte man dem alten Menschen nehmen. Natürlich wird bei komplizierten Fällen Rat und Hilfe eines Rechtsanwaltes unvermeidlich sein.

1. Grundsätze des deutschen Erbrechts: Das deutsche Erbrecht wird von zwei Grundsätzen beherrscht:
von dem römisch-rechtlichen Grundsatz der Testierfreiheit und von dem deutsch-rechtlichen Grundsatz, daß Vermögen in der Familie verbleiben soll.
Testierfreiheit bedeutet, daß, wer ein Vermögen besitzt, insbesondere, wenn er es sich selbst erarbeitet hat, auch berechtigt sein soll, das Vermögen demjenigen zu hinterlassen, den er dafür als geeignet ansieht. Demgegenüber sollen nach altem deutschen Recht die nächsten Angehörigen, insbesondere die Kinder, einen unentziehbaren Rechtsanspruch darauf haben, daß ihnen das Vermögen der Eltern nach deren Tod zufällt. Das in Deutschland geltende Erbrecht des Bürgerlichen Gesetzbuchs hat diesen Gegensatz nun in der Weise gelöst, daß zunächst jeder das Recht hat, durch Testament über sein Erbe zu verfügen. Den gesetzlichen Erben, insbesondere dem Ehegatten oder den Kindern steht jedoch ein gesetzlicher Pflichtteilsanspruch zu. Dieser beträgt die Hälfte des gesetzlichen Erbteils. Über eine Hälfte kann daher der Erblasser immer frei verfügen. Die Familie kann sich durch den Pflichtteilsanspruch aber die Hälfte des Nachlasses reservieren.
Grundsätzlich geht daher die gewillkürte oder testamentarische Erbfolge der gesetzlichen Erbfolge vor. Letztere tritt nur ein, wenn ein Testament nicht errichtet worden ist.

2. Die gesetzliche Erbfolge: Sie tritt nur ein, wenn der Erblasser über seinen Nachlaß nicht anderweitig rechtswirksam verfügt hat.
Gesetzliche Erben sind
a) die Verwandten,
b) der Ehegatte,
c) der Staat.

Zu a) Verwandte: Nach dem Grundsatz des § 1930 BGB erben die Verwandten nach Ordnungen. Der ersten Ordnung gehören die leiblichen Abkömmlinge des Erblassers an (§ 1924 I BGB), der zweiten Ordnung die Nachkommen der Eltern des Erblassers (entweder die Eltern selbst oder die Brüder und Schwestern und deren Abkömmlinge) (§ 1925 I BGB), der dritten Ordnung die Großeltern des Erblassers und deren Abkömmlinge (§ 1926 I BGB), der vierten und weiteren Ordnungen die weiteren Vorfahren des Erblassers und deren Abkömmlinge (§§ 1928, 1929 BGB).

Sind Erben einer näheren Ordnung vorhanden, so schließen diese Erben eine weitere Ordnung von der Erbfolge aus.

Zu b) Ehegatte: Die Voraussetzung, daß ein Ehegatte erben kann, ist, daß eine gültige Ehe besteht, wobei es gleichgültig ist, welches eheliche Güterrecht zwischen den Ehegatten vorhanden ist. Die gültige Ehe muß zum Zeitpunkt des Todes des Erblassers bestehen. Hat daher jemand im Verlauf seines Lebens mehrere Ehen geschlossen, sei es, daß der Ehegatte gestorben ist, sei es, daß er sich hat scheiden lassen, so erbt nur der Ehegatte, mit dem er zum Zeitpunkt des Todes verheiratet war, nicht ein früherer Ehegatte.

Kein Erbrecht des Ehegatten besteht aber, wenn der Erblasser gegen ihn begründete Scheidungsklage erhoben hat (§ 1933 BGB).

Der Ehegatte erbt

1) neben Verwandten der ersten Ordnung nach § 1931 Abs. 1 Satz 1 BGB ¼ des Erbteils,

2) neben Verwandten der zweiten Ordnung nach § 1931 Abs. 1 Satz 1 BGB die Hälfte des Erbteils zuzüglich des Verwandtenerbteils nach § 1934 BGB zuzüglich des sogenannten Voraus nach § 1932 BGB, falls der überlebende Ehegatte zu den erbberechtigten Verwandten gehört,

3) neben Verwandten der dritten Ordnung zur Hälfte des Erbteils nach § 1931 Abs. 1 Satz 1 BGB zuzüglich des Erbteils nach § 1931 Abs. 1 Satz 2 BGB zuzüglich des sogenannten Voraus nach § 1932 BGB, aber nur dann, wenn die Verwandten dritter Ordnung die Großeltern des Erblassers sind. Sind nur noch Abkömmlinge der Großeltern vorhanden, so erbt der Ehegatte alles nach § 1931 Abs. 2 BGB.

Eine besondere Regelung gilt, wenn die Ehegatten im gesetzlichen Güterstand der Zugewinngemeinschaft lebten. Stirbt hier ein Ehegatte, dann wird nach § 1371 BGB der Ausgleich des Zugewinns dadurch verwirklicht, daß sich der Erbteil des überlebenden Ehegatten um ein Viertel erhöht.

Zu c) Staat (sog. Fiskus): Hat jemand kein Testament errichtet und sind auch keine gesetzlichen Erben vorhanden, so kann die Erbschaft natürlich nicht herrenlos bleiben. Daher wurde nach § 1936 BGB ein Erbrecht des Staates begründet, dem der Erblasser bei seinem Tode angehört hat. Der Staat kann dabei weder auf sein gesetzliches Erbrecht verzichten, noch kann er es ausschlagen.

Nach deutschem Staatsrecht ist zum Erben allerdings nicht die Bundesrepublik Deutschland, sondern das jeweilige Bundesland berufen, in dem der Erblasser seinen Wohnsitz hatte. Durch Landesgesetzgebung kann aber auch eine andere öffentlich-rechtliche Körperschaft anstelle des Landes als Erbe bestimmt werden.

3. Die gewillkürte Erbfolge: Wer seine Erbfolge nach seinen privaten Vorstellungen regeln will, muß dieses schriftlich festlegen. Dies kann dadurch geschehen, daß er ein Testament errichtet oder einen Erbvertrag schließt.

a) Das ordentliche Testament: Das ordentliche Testament kann als
1) öffentliches Testament (§ 2232 BGB) oder als
2) Privattestament (§ 2247 BGB)
errichtet werden.

Zu 1): Ein öffentliches Testament wird vor dem Amtsgericht unter Hinzuziehung eines Urkundsbeamten und zweier Zeugen in besonderen Fällen (§ 2233 BBG) oder vor dem Notar errichtet. Amtsrichter und Notar dürfen bei dieser Errichtung weder unfähig noch untauglich sein (z. B. geisteskrank, geistesschwach oder betrunken). Sie müssen ferner ständig anwesend sein.
Die Form der Errichtung eines öffentlichen Testaments ist in § 2238 BGB geregelt. Hierfür gilt folgendes:
Zunächst kann der Erblasser seine Erklärung mündlich zu Protokoll geben. Sie wird dann mit dem Vermerk »vorgelesen, genehmigt und unterschrieben« versehen und von ihm selbst unterzeichnet und vom Amtsrichter oder Notar mit unterzeichnet. Diese Form der Testamenterrichtung ist die einzige, in welcher ein Minderjähriger nach Vollendung des 16. Lebensjahres ein Testament errichten kann.
Die Errichtung eines öffentlichen Testaments kann aber auch in der Weise geschehen, daß eine offene oder verschlossene Schrift überreicht wird und vor dem Amtsrichter oder Notar durch den Erblasser eine Erklärung abgegeben und protokolliert wird, daß diese Schrift den letzten Willen des Erblassers enthalte.

Zu 2): Ein Privattestament kann nur eigenhändig errichtet werden, d. h., nicht nur die Niederschrift (der Text), sondern auch die Unterschrift sowie Orts- und Zeitangabe müssen eigenhändig durch den Erblasser geschrieben werden.
Aus diesem Formerfordernis folgt, daß Minderjährige oder Analphabeten ein Privattestament nicht errichten können. Vielmehr können Minderjährige und Analphabeten nur ein öffentliches Testament in der Weise errichten, daß sie eine mündliche Erklärung zu Protokoll geben.
Ein Testament gilt als Grundlage der Regelung der Erbverhältnisse. Es hat jedoch nicht unbedingt Gültigkeit, sondern kann unter bestimmten Voraussetzungen angefochten werden.
Diese sind: 1) Ein Anfechtungsgrund muß vorliegen. 2) Eine Anfechtungserklärung muß abgegeben werden.
Damit eine Anfechtung wirksam ist, bedarf es des Vorliegens eines

Anfechtungsgrunds und der Abgabe einer Anfechtungserklärung.

Anfechtungsgründe können sein: Irrtum des Erblassers entweder über seine Erklärungshandlung oder über ein Motiv, ferner die Übergehung eines unbenannten Pflichtteilsberechtigten, schließlich die Tatsache, daß das Testament unter Drohung geschrieben worden ist.

Beispiel: So könnte ein Testament beispielsweise angefochten werden, wenn der Erblasser der Meinung war, seine schriftliche Erklärung sei gar nicht als Testament zu werten (Irrtum in der Erklärungshandlung) oder wenn er beispielsweise angenommen hat, sein einziger Sohn sei verstorben, er einen anderen Verwandten zum Erben einsetzte, sich aber nachträglich herausstellte, daß sein einziger Sohn noch lebt (Übergehung eines Pflichtteilsberechtigten) oder wenn ein Erblasser gezwungen wurde, eine bestimmte Person zum Erben einzusetzen.

Die Anfechtung kann natürlich nicht mehr durch den Erblasser erklärt werden, da dieser ja nach dem Erbfall nicht mehr lebt. Vielmehr steht das Recht, eine Anfechtungserklärung abzugeben daher jedem zu, dem die Aufhebung des Testaments zugute kommt, also demjenigen, der dann erbt, wenn das Testament beseitigt werden kann. Die Anfechtungserklärung muß spätestens ein Jahr nach dem Zeitpunkt erfolgen, in welchem der Anfechtungsberechtigte davon Kenntnis erlangt hat, daß ein Anfechtungsgrund vorliegt. Wird die Anfechtung wirksam erklärt, dann ist die angefochtene Verfügung rückwirkend nichtig. Es tritt dann in der Regel die gesetzliche Erbfolge ein.

b) Das gemeinschaftliche Testament: Gemeinschaftliche Testamente können nur Ehegatten errichten (§ 2265 BGB). Hier gelten verschiedene Besonderheiten.

Regelmäßig setzen sich bei einem solchen Testament die Ehegatten gegenseitig zu Erben ein. Sie treffen aber auch Verfügungen für den Todesfall des Überlebenden. Dabei kann es der Wille des Erblassers sein, daß entweder nach dem Tode des letztverstorbenen Ehegatten ein Dritter beide Nachlässe getrennt bekommen soll oder er beide Nachlässe als Einheit bekommen soll. Für die letzte Lösung spricht nach § 2269 Abs. 1 BGB eine gesetzliche Vermutung.

Ferner gilt die Besonderheit, daß die Nichtigkeit oder der Widerruf einer Verfügung eines Ehegatten die gleiche Folge für eine Verfügung des anderen Ehegatten hat (§ 2270 BGB).

Als Formerleichterung gilt, daß die Mitunterzeichnung des anderen Ehegatten ausreicht. Ein gemeinschaftliches Testament kann also in der Weise errichtet werden, daß ein Ehegatte es niederschreibt und unterzeichnet und der zweite Ehegatte es lediglich mitunterzeichnet. Das gemeinschaftliche Testament wird schon beim Tod des erstverstorbenen Ehegatten geöffnet (§ 2273 BGB).

Es wird in seinem ganzen Umfang unwirksam, wenn entweder die Ehe nichtig war oder wenn sie vor dem Tod eines Ehegatten aufgelöst worden ist.

c) Der Erbvertrag: Erbverträge können die Erbeinsetzung, ein Vermächtnis oder auch Auflagen zum Gegenstand haben.

Ein Erbvertrag kann entweder zweiseitig sein, d. h., wenn beide Parteien Erblasser sind oder einseitig, d. h., eine Partei ist Erblasser, die andere nimmt die Erklärung des Erblassers entgegen.

Der Erbvertrag hat die Wirkung, daß der Erblasser sein Verfügungsrecht über sein Eigentum – soweit er im Erbvertrag darüber bestimmt hat – verliert. Er kann allerdings auch weiter über sein Vermögen unter Lebenden verfügen (d. h. mit ihm Geschäfte betreiben, es nutzen und für sich verwerten).

Eine besondere Form des Erbvertrages ist der Erbverzichtsvertrag. Er liegt vor, wenn ein Erbe durch Vertrag mit dem Erblasser auf seine Erbschaft verzichtet. Diese Verzichtserklärung muß notariell beurkundet werden. Die Wirkung eines solchen Verzichtsvertrags ist, daß der Erbe von der gesetzlichen Erbfolge, und zwar auch von dem Pflichtteilsrecht, ausgeschlossen wird. Dieser Verzicht erstreckt sich auch auf die Abkömmlinge desjenigen, der auf sein Erbe verzichtet.

Ein Erbvertrag – und damit auch ein Erbverzichtsvertrag – kann in der gleichen Weise wie ein Testament nichtig oder anfechtbar sein.

Anfechtungsberechtigter ist entweder der Erblasser, solange er noch lebt, oder derjenige, der dadurch etwas erben würde, daß der Erbvertrag aufgehoben wird. Die Anfechtungserklärung ist entweder gegen den Vertragsgegner zu richten, solange dieser lebt, nach seinem Tod an das Nachlaßgericht. Die Anfechtung ist notariell zu beurkunden. Auch sie muß binnen eines Jahres erfolgen, nachdem der Berechtigte Kenntnis vom Vorliegen eines Anfechtungsgrundes erlangt hat.

d) Das Vermächtnis: Unter einem Vermächtnis versteht man, daß ein Erblasser einem anderen einen Vermögensvorteil zuwendet, ohne ihn zum Erben einzusetzen. Gegenstand des Vermächtnisses kann dabei jeder Vermögensvorteil sein. Das Vermächtnis muß in Form eines Testaments oder eines Erbvertrags erfolgen.

Beispiel: Wenn also jemand ein Haus oder sonstige Vermögenswerte einem anderen zuwendet – also die Zuwendung klar bezeichnet –, so liegt in aller Regel ein Vermächtnis vor. Anders ist es allerdings, wenn die Zuwendung, z. B. ein Haus, praktisch das gesamte Vermögen des Erblassers ausmacht. Ist dies der Fall, dann kann auch dann, wenn die Zuwendung als Vermächtnis bezeichnet worden ist, diese letztwillige Verfügung als Erbeinsetzung angesehen werden.

Beim Vermächtnis unterscheidet man den Beschwerten und den Bedachten. Beschwert ist in aller Regel der Erbe, da er ja aus seiner Erbschaft das Vermächtnis bestreiten muß. Bedachter ist der Vermächtnisnehmer.

4. Rechtslage des Nachlasses:

a) Nach einem Erbfall ist es notwendig, den Nachlaß demjenigen zuzuteilen, dem es auf Grund gesetzlicher Erbfolge, Testament oder Erbvertrag zusteht. Der Erbe kann daher, wenn ihm jemand auf Grund eines angeblichen Erbrechts die Erbschaft ganz oder teilweise vorenthält, mit der Erbschaftsklage die Herausgabe der Erbschaft verlangen.

Kläger ist dabei der wirkliche Erbe, Beklagter der Erbschaftsbesitzer, d. h., derjenige, der auf Grund eines ihm in Wirklichkeit nicht zustehenden Erbrechts etwas aus der Erbschaft bekommen hat.

Der Kläger kann dabei vom Beklagten entweder die Herausgabe der aus der Erbschaft erlangten Gegenstände (Bsp. 1) oder der aus den Mitteln der Erbschaft erworbenen Gegenstände (Bsp. 2) oder der Nutzungen (Bsp. 3) der Erbschaft verlangen.

Beispiel 1) Die Erbschaft umfaßt ein Bankkonto von 100 000 DM. Der Erbe verlangt es heraus.

Beispiel 2) Mit den 100 000 DM hat sich der Erbschaftsbesitzer ein Haus gekauft. Der Erbe verlangt das Eigentum am Haus.

Beispiel 3) Der Erbschaftsbesitzer hat das Haus vermietet. Der Erbe verlangt die Mieteinkünfte.

b) Häufig sind mehrere Erben vorhanden. Dann spricht man von einem Miterbenverhältnis. Die Miterben bilden zunächst eine Gemeinschaft. Der Nachlaß wird mit dem Erbfall ihr gemeinschaftliches Vermögen.

Das Miterbenverhältnis endet dabei mit der Auseinandersetzung.

Bis zur Auseinandersetzung steht die Verwaltung des Nachlasses den Miterben gemeinschaftlich zu. Leistungen an die Erbmasse erfolgen an alle Miterben gemeinschaftlich. Jeder Miterbe kann aber über seinen Nachlaß verfügen, wobei die Verfügung notariell beurkundet werden muß. Verkauft ein Miterbe seinen Erbteil an einen Dritten, so tritt dieser damit automatisch in die Miterbengemeinschaft ein.

Die Auseinandersetzung kann jeder Miterbe grundsätzlich jederzeit verlangen. Sie führt zu einer materiellen Teilung der Erbmasse.

5. Erbe und Testamentsvollstrecker: Die Verwaltung des Nachlasses ist grundsätzlich Sache der Erben. Der Erblasser kann aber diese Verwaltung durch letztwillige Verfügung auf einen Testamentsvollstrecker übertragen. Dessen Wirkungskreis wird in aller Regel durch den Willen des Erblassers bestimmt. Normalerweise hat er das Recht, den Nachlaß in Besitz zu nehmen. Er kann Verbindlichkeiten für den Nachlaß eingehen, soweit dies für die ordentliche Verwaltung nötig ist. Er darf Prozesse für die Erben führen.

6. Der Erbschein: Wenn wir einen Heiminsassen auf Grund dieser Darlegungen über die gesetzliche oder gewillkürte Erbfolge informieren, wird er feststellen können, ob er in einem Erbfall als Erbe in Frage kommt und wie er selbst für den Fall seines Todes die beste Regelung treffen kann. Er wird auch wissen, ob er ein Vermächtnis erhalten hat, und welcher Gegenstand (Haus, Grundstück, Wertpapier) ihm überlassen wurde. Der Heiminsasse wird auch wissen, mit wem er sich in etwaige Rechte teilt, mit wem er sich im Erbauseinandersetzungsverfahren auseinandersetzen muß.

Was unser Heiminsasse, wenn er Erbe ist, nun noch braucht, ist ein Erbschein. Diesen braucht er, um ein Zeugnis über sein Erbrecht zu besitzen (§ 2353 BGB). Nur wenn er einen Erbschein besitzt, kann er mit seiner Erbschaft frei verfahren, sie besonders verkaufen oder belasten (§ 2366 BGB). Er braucht ihn, um die Erbschaft zu sichern und nutzen zu können, um »an das Geld heranzukommen«.

a) Ein Erbschein wird auf Antrag erteilt. Dabei ist zu beachten:
1) Der Antrag muß in der Form des § 11 FGG beim richtigen Nachlaßgericht (§ 72, 73 FGG) gestellt werden.
2) Der Antrag muß vollständig sein.
Das bedeutet, daß ihm folgende Unterlagen beizufügen sind:
wenn es sich um eine gesetzliche Erbfolge handelt:
– Sterbeurkunde des Erblassers
– Geburtsurkunde des Erblassers
– Heiratsurkunde des Erblassers
– Geburtsurkunden sowie gegebenenfalls Heirats- und Sterbeurkunden von Kindern und Enkeln des Erblassers
– Eine eidesstattliche Erklärung des Antragstellers über den Todeszeitpunkt des Erblassers, das Verhältnis, auf dem das Erbrecht beruht, die Angabe über Personen, die den Antragsteller von der Erbfolge ausschließen oder sein Erbteil mindern könnten, ferner eine Erklärung darüber, ob ein Testament vorhanden ist und ein Rechtsstreit über das Erbrecht des Antragstellers anhängig ist (§ 2354 BGB);
wenn es sich um eine Erbfolge auf Grund Verfügung von Todeswegen handelt:
– Sterbeurkunde des Erblassers
– eine eidesstattliche Versicherung bei der gesetzlichen Erbfolge nach § 2354 BGB.
Hingegen braucht der Antragsteller nicht das Testament vorzulegen, da dieses zur Zeit seiner Antragstellung schon eröffnet worden sein muß. Dies ergibt sich daraus, daß jeder, der ein Testament zu einem Erbfall besitzt, es beim Erbfall herausgeben muß.
3) Der Antrag muß von einer antragsberechtigten Person gestellt worden sein.
Antragsberechtigt sind:
– der gesetzliche Erbe (§ 2354 BGB)
– der testamentarische Erbe (§ 2355 BGB)
– der Testamentsvollstrecker
– der Nachlaßgläubiger (§ 792 ZPO)
– der Erbeserbe (§ 1922 BGB).
4) Wenn es sich um eine testamentarische Erbfolge handelt, muß das Testament eröffnet worden sein.
5) Wenn ein Testament vorliegt, so muß das Nachlaßgericht dieses Testament auf seinen Inhalt hin prüfen und die Bestimmungen des Testaments werten. Oftmals aber sind besonders eigenhändige Testamente unklar abgefaßt und müssen daher inhaltlich ausgelegt werden. Bei der

Auslegung kann das Gericht folgende Beweismittel mit heranziehen:
- eidesstattliche Versicherungen dritter Personen
- eidesstattliche Versicherungen des Antragstellers
- sonstige Urkunden
- sonstige schriftliche Zeugenaussagen
- Augenschein an Ort und Stelle.

Grundsätzlich gilt, daß auch bei unklar oder ungeschickt abgefaßten Testamenten der Wille des Erblassers möglichst zur Geltung gebracht werden soll.

b) Wenn alle diese Voraussetzungen vorliegen, muß das Nachlaßgericht den geforderten Erbschein ausstellen. Je nach seinem Inhalt spricht man dann von einem:

1) Alleinerbschein (§ 2353 BGB)
Beispiel: Fritz Müller ist Alleinerbe nach dem Robert Schulze

2) Teilerbschein (§ 2353, 2357 BGB)
Beispiel: Fritz Müller ist zu ½ Anteil Erbe nach dem Robert Schulze

3) gemeinschaftlicher Erbschein (§ 2357 BGB)
Beispiel: Fritz Müller und Max Bergmann sind Erben nach dem Robert Schulze

4) gegenständlich beschränkter Erbschein (§ 2369 BGB)
Beispiel: Fritz Müller ist Erbe nach dem Robert Schulze für den Teil seines Vermögens, welches sich innerhalb der Bundesrepublik Deutschland befindet

5) Mindesterbschein
Diese Form ist dann möglich, wenn z. B. drei Erben nach dem Gesetz vorhanden sind, einer davon ist vermißt und es ist unbekannt, ob er noch lebt. In diesem Fall bekommen die zwei übrigen Erben einen Mindesterbschein für je ⅓ des Nachlasses, weil sie mindestens diesen Anteil erben. Diese Mindesterbscheine sind nach der Rechtsprechung zulässig, wenn es auch in diesen Fällen besser ist, den Vermißten für tot zu erklären. In diesem Fall würden dann die beiden überlebenden Erben die gesamte Erbschaft erben, jeder also die Hälfte.

2. Kapitel
Besondere Rechtsfragen für ältere Menschen

A) Unterhaltsansprüche

Finanzielle Fragen, insbesondere die Sicherung des Lebensunterhalts, sind für jedermann wichtig. In besonderem Maße gilt das für ältere Menschen, die sich ja in der Regel nicht mehr im Arbeits- und Wirtschaftsleben betätigen können. Sie müssen ganz besonders wissen, wo und wie sie Unterhaltsansprüche erfüllt erhalten, der Altenpfleger muß wissen, wie er sie dabei beraten kann. Es ist daher notwendig, die möglichen Arten des Unterhalts und der gegebenen Ansprüche näher darzustellen, um damit eine Durchführung auch für Laien zu ermöglichen.

I. Ansprüche aus einem bestehenden Dienst- oder Arbeitsverhältnis (Besoldung, Arbeitsentgelt)

Unser Heiminsasse kann noch in einem Arbeitsverhältnis stehen, wenn er kurzfristig pflegebedürftig geworden ist und seine Arbeit so nur unterbrochen wurde. Wenn wir ihm bei der Beschaffung seines Unterhalts helfen wollen, müssen wir zunächst fragen, ob er Beamter, Arbeiter oder Angestellter ist, ob er als Beamter Dienstbezüge oder als Arbeiter oder Angestellter Arbeitsentgelt zu beanspruchen hat.

1. Dienstbezüge: Der Beamte hat Anspruch auf die mit seinem Amt verbundenen Dienstbezüge. Rechtsgrundlage des Anspruchs des Beamten auf Dienstbezüge sind die §§ 49, 50 Absatz 1 BRRG und 83, Absatz 1 BBG. Dienstbezüge werden dabei nicht etwa durch Vertrag zwischen dem Beamten und seinem Dienstherren oder durch Tarifvertrag vereinbart, sondern stets durch ein Besoldungsgesetz geregelt. Die Dienstbezüge werden in ihrer Höhe durch Gesetz so festgelegt, daß ein »angemessener Lebensunterhalt« des Beamten gesichert ist.
Ansprüche auf Dienst- oder Versorgungsbezüge können nur insoweit abgetreten oder verpfändet werden, als sie der Pfändung unterliegen. Das gleiche gilt für eine Aufrechnung oder ein Zurückbehaltungsrecht des Dienstherren gegenüber Ansprüchen auf Dienst- oder Versorgungsbezüge. Die Rückforderung zuviel gezahlter Bezüge richtet sich nach den Vorschriften des BGB über die Herausgabe einer ungerechtfertigten Bereicherung (§§ 812 ff. BGB).
Der Anspruch auf Zahlung der Dienstbezüge muß gegen den Dienstherren erhoben werden. Beim Bundesbeamten ist das der Bund, bei Landesbeamten das jeweilige Land, sonst der Kreis, die Stadt oder die Gemeinde. Genauer Adressat ist die jeweilige Kasse der Behörde, bei Landesbeamten neuerdings in der Regel die jeweilige zentrale Besoldungs- und Versorgungsstelle.

2. Arbeitsentgelt: Das Arbeitsentgelt umfaßt den Arbeitslohn, den der Arbeiter, und das Gehalt, das der Angestellte auf Grund eines Arbeitsverhältnisses für die geleistete Arbeit zu beanspruchen hat.

Arbeiter ist, wer im wesentlichen Handarbeit (gelernte, ungelernte oder angelernte) leistet. Angestellte sind Arbeitnehmer, die überwiegend eine kaufmännische, technische oder büromäßige oder eine überwiegend leitende oder sonst gehobene Tätigkeit ausüben und von den beteiligten Berufskreisen als Angestellte angesehen werden. Der Gehaltsanspruch des Angestellten unterliegt weitgehend den gleichen Grundsätzen wie der Arbeitslohn. Interessant ist hier, daß die sog. »leitenden Angestellten«, also solche, die das Recht haben, selbst Personal einzustellen und zu entlassen, auch heute noch ein Gehalt auf Grund eines Einzelvertrages und nicht auf Grund eines Tarifvertrages bekommen. Für sie gilt i. d. R. ein erheblich geminderter Kündigungsschutz.

Für den Anspruch auf Arbeitsentgelt bedarf es nicht eines schriftlichen Arbeitsvertrages. Es genügt, wenn tatsächlich Arbeit geleistet und entgegengenommen wird; vgl. § 611 Abs. 1 BGB. Als Arbeitsvertrag galt früher meist das, was zwischen dem Arbeiter und seiner Firma vereinbart worden war. Heute gelten ganz überwiegend die Tarifverträge, die zwischen den Tarifvertragsparteien – Gewerkschaften auf der einen, Arbeitgebervereinigungen oder einzelne Firmen auf der anderen Seite – abgeschlossen werden. Auch durch Betriebsvereinbarungen (Verträge zwischen der Firmenleitung und dem Betriebsrat) können finanzielle Leistungen, meist Urlaubsgeld oder Sozialleistungen, als übertarifliche Bezahlung, vereinbart werden.

Adressat des Arbeitsentgeltanspruchs ist der jeweilige Arbeitgeber.

II. Pensions-, Renten- und Versicherungsansprüche

1. Versorgungsansprüche aus Beamten- und Soldatenverhältnissen: Diese sind im wesentlichen die Ansprüche auf Ruhegehalt und auf Hinterbliebenenversorgung.

a) Ruhegehalt nach den Beamtengesetzen: Ein Beamter erhält ein Ruhegehalt, wenn er eine Dienstzeit von mindestens zehn Jahren abgeleistet hat oder er infolge Krankheit, Verwundung oder sonstiger Dienstbeschädigung, die er ohne grobes Verschulden bei Ausübung oder aus Veranlassung des Dienstes erlitten hat, dienstunfähig geworden ist, oder wenn er in den einstweiligen oder dauernden Ruhestand versetzt worden ist. Dieses Ruhegehalt wird nach Tabellen ausgerechnet. Es beträgt mindestens $\frac{1}{3}$, höchstens $\frac{3}{4}$ der letzten Dienstbezüge. Je länger der Beamte Dienst getan hat, um so höher wird auch das Ruhegehalt.

Gesetzliche Grundlage des Ruhegehaltsanspruchs ist § 106 BBG.

Der Anspruch auf Versorgungsbezüge erlischt, wenn eine der in den §§ 162, 163 BBG aufgeführten Voraussetzungen vorliegt.

Der Anspruch muß gegen den Dienstherren erhoben werden, bei dem der Beamte zuletzt vor seiner Pensionierung tätig war.

b) Hinterbliebenenversorgung nach den Beamtengesetzen: Die Witwe eines Beamten, der zur Zeit seines Todes Ruhegehalt erhalten hätte (wenn der Beamte vor der Pensionierung stirbt) oder erhalten hat (wenn der Beamte nach seiner Pensionierung stirbt), erhält Witwengeld. (Der Witwer einer Beamtin erhält unter gleichen Voraussetzungen Witwergeld).

Witwengeld (bzw. Witwergeld) wird grundsätzlich nicht gezahlt, wenn die Ehe mit dem Verstorbenen weniger als drei Monate gedauert hat und ihr alleiniger oder überwiegender Zweck darin bestand, der Witwe eine Versorgung zu verschaffen, oder wenn die Ehe erst nach Eintritt des Beamten in den Ruhestand geschlossen wurde und der Ruhestandsbeamte schon über 65 Jahre alt war. Das gleiche gilt, wenn die Ehe zum Zeitpunkt des Todes des Ehemannes geschieden war.

Hiervon gibt es aber Ausnahmen. So bekommt die Witwe, die einen über 65 Jahre alten Beamten geheiratet hat, oder die nicht in ehelicher Gemeinschaft mit dem Beamten lebte, Witwengeld, soweit es die besonderen Umstände des Falles rechtfertigen. Witwengeld erhält auch die schuldlos oder aus überwiegendem Verschulden des Ehemannes geschiedene Ehefrau, der der Verstorbene Unterhalt zu leisten hatte (§ 125 BBG).

Der Anspruch auf Witwengeld kann nach §§ 77 BRRG, i. V. mit § 129 BBG gekürzt werden, wenn die Witwe mehr als 20 Jahre jünger ist als der Verstorbene. Heiratet die Witwe später wieder, so bekommt sie gemäß § 126 a BBG eine einmalige Witwenabfindung in Höhe des 24fachen Monatsbetrages ihres Witwengeldes.

Der Anspruch auf Witwengeld erlischt, wenn die Voraussetzungen des § 164, Absatz 1, Ziffer 4 BBG gegeben sind.

Die Witwe muß ihren Anspruch gegen den Dienstherren ihres verstorbenen Ehemannes geltend machen.

c) Die Versorgung der Berufssoldaten wird durch das Soldatenversorgungsgesetz besonders geregelt:

1) Der Berufssoldat erhält Dienstzeitversorgung (§§ 14 ff. SVG). Darunter fallen folgende Versorgungsleistungen:

Ruhegehalt (§§ 15 ff. SVG) steht dem Berufssoldaten zu, der in den Ruhestand getreten ist (§ 15 SVG). Es richtet sich in der Höhe gemäß § 16 SVG nach den ruhegehaltfähigen Dienstbezügen (§§ 17 f. SVG) und der ruhegehaltfähigen Dienstzeit (§§ 20 ff. SVG, vgl. auch § 26 SVG). Kapitalabfindung ist möglich (§§ 28 ff. SVG).

Unfallruhegehalt (§§ 27 ff. SVG) erhält der Berufssoldat, der wegen Dienstunfähigkeit infolge eines Dienstunfalls in den Ruhestand versetzt worden ist. Auch hier ist gemäß §§ 28 ff. SVG Kapitalabfindung möglich.

Unterhaltsbeitrag (§ 36 SVG) bis zur Höhe des Ruhegehalts kann bewilligt werden bei Entlassung vor Ableistung einer Dienstzeit von zehn Jahren wegen Erreichung der Altersgrenze oder Dienstunfähigkeit.

Übergangsgeld (§ 37 SVG) erhält, wer mit einer Dienstzeit von weniger als zehn Jahren wegen Dienstunfähigkeit oder mangelnder Eignung entlassen wurde. Die Höhe ist abhängig von der Wehrdienstzeit.

Einen einmaligen Ausgleich (§ 38 SVG) in Höhe des siebeneinhalbfachen der Dienstbezüge des letzten Monats (Grenze: 12 000,– DM) erhält, wer durch Erreichung der Altersgrenze in den Ruhestand tritt;

2) Die Hinterbliebenenversorgung des Berufssoldaten ist nach folgenden Bestimmungen geregelt:

Hinterbliebene von Berufssoldaten (§ 43 SVG) erhalten nach §§ 121 ff. Bundesbeamtengesetz die Dienstbezüge des Sterbemonats, Sterbegeld.

Das Witwengeld beträgt 60 % des Ruhegehalts, bei Wiederverheiratung wird die Witwenabfindung oder ein Unterhaltsbeitrag gewährt.

Waisengeld beträgt für Halbwaisen: 12 %, für Vollwaisen: 20 % des Ruhegehalts oder eines Unterhaltsbeitrags.

Bei Tod auf Grund von Dienstunfall wird Unfall-Hinterbliebenenversorgung gewährt.

Die Ansprüche sind an die örtlich zuständige Bundesverwaltung zu richten.

2. Ansprüche aus einem Arbeitsverhältnis:

a) Anspruch auf Ruhegeld: Als Ruhegeld bezeichnet man das Ruhegehalt eines Angestellten oder Arbeiters, das nach Beendigung der beruflichen Tätigkeit durch den Betrieb im Rahmen einer betrieblichen Altersfürsorge gezahlt wird.

Der Betrieb muß ein solches Ruhegeld nur dann zahlen, wenn er sich entweder durch einen Vertrag mit dem einzelnen Arbeiter oder Angestellten dazu verpflichtet hat oder mit dem Betriebsrat eine entsprechende Betriebsvereinbarung abgeschlossen worden ist. Derartige Abmachungen werden als Pensionszusage bezeichnet. Ein Anspruch besteht auch dann, wenn der Betrieb jahrelang vorbehaltlos Ruhegeld an sein Personal gezahlt hat. Dann haben die Pensionäre nach dem Gleichbehandlungsgrundsatz ein Recht darauf, auch dieses Geld zu bekommen. Hat der Betrieb bei der Zahlung von Ruhegeld sich vorbehalten, diese Zusage jederzeit zu widerrufen, so darf trotzdem nach der Entscheidung der Gerichte der Widerruf nicht willkürlich und unter Verstoß gegen das Gleichbehandlungsgebot ausgesprochen werden. Er darf nur aus triftigem Grund, beispielsweise wegen schlechter Ertragslage der Firma erfolgen.

Das Ruhegeld ist vom Arbeitgeber des Arbeiters oder Angestellten zu verlangen. Wird es durch eine Betriebs-, Unterstützungs- oder Pensionskasse, einen Verein oder ein Lebensversicherungsunternehmen gezahlt, so muß man sich an diese wenden.

Wenn die Pensionszusage der Firma das vorsieht, kann Ruhegeld auch den Hinterbliebenen des Arbeiters oder Angestellten zustehen.

b) Ansprüche bei Arbeitslosigkeit: Wer arbeitslos ist und weder Gehalt noch ein Ruhegeld bezieht, kann Arbeitslosengeld oder Arbeitslosenhilfe nach dem Arbeitsförderungsgesetz beanspruchen:

1) Arbeitslosengeld erhält auf Antrag, wer arbeitslos ist, sich beim Arbeitsamt gemeldet hat und wer bereit und auch gesundheitlich in der Lage ist, eine Beschäftigung unter den üblichen Bedingungen des Arbeitsmarkts auszuüben. Weitere Voraussetzung ist, daß er die Anwartschaftszeit von mindestens 26 Wochen versicherungspflichtiger Beschäftigung innerhalb von drei Jahren erfüllt hat.
Unter diesen Voraussetzungen besteht ein Anspruch auf Arbeitslosengeld gemäß § 100 AFG. Der auszuzahlende Betrag wird der Höhe nach auf Grund § 114 AFG begrenzt.
2) Arbeitslosenhilfe erhalten bedürftige Arbeitslose, die keinen Anspruch auf Arbeitslosengeld haben, weil sie entweder die Anwartschaftzeit nicht erfüllen oder weil sie den Anspruch auf Arbeitslosengeld bereits ausgeschöpft haben. Sie müssen aber ein Jahr vor der Meldung der Arbeitslosigkeit Arbeitslosengeld bezogen haben oder mindestens 10 Wochen gegen Entgelt beschäftigt gewesen sein.
Ansprüche auf Arbeitslosengeld oder Arbeitslosenhilfe sind beim zuständigen Arbeitsamt geltend zu machen.

3. Ansprüche auf Leistungen einer gesetzlichen Rentenversicherung:
Gesetzliche Rentenversicherungen sind:

a) Die Rentenversicherung der Arbeiter nach dem Vierten Buch der Reichsversicherungsordnung (Arbeiterrentenversicherung; RVO) sowie die Rentenversicherung der Angestellten nach dem Angestelltenversicherungsgesetz (Angestelltenversicherung; AVG). Leistungen aus diesen Versicherungen werden nach im wesentlichen wortgleichen Vorschriften gewährt; einer der wesentlichen Unterschiede besteht hinsichtlich der Versicherungträger: Träger der Arbeiterrentenversicherung sind die Landesversicherungsanstalten, Träger der Angestelltenversicherung ist die Bundesversicherungsanstalt für Angestellte. Ein weiterer wesentlicher Unterschied ist der Kreis der jeweils versicherungspflichtigen Personen;

b) die Knappschaftsversicherung als sowohl die Krankenversicherung, als auch die Rentenversicherung umfassender Versicherungszweig für die im Bergbau mit bergbaulichen Arbeiten Beschäftigten;

c) die Altershilfe für Landwirte nach dem Gesetz über eine Altershilfe für Landwirte (GAL) als spezieller Versicherungszweig für ehemalige Landwirtschaftsunternehmer, deren Witwen oder Witwer und frühere Ehegatten.

Zu **a)** Als Versorgungsleistungen werden gewährt
1) die Berufs- und Erwerbsunfähigkeitsrente: Voraussetzungen für die Erlangung der Berufsunfähigkeitsrente sind, daß die Erwerbsfähigkeit durch Krankheit, Gebrechen oder geistige Schwäche auf weniger als die Hälfte der Erwerbsfähigkeit eines gesunden Versicherten mit ähnli-

cher Ausbildung und gleichwertigen Kenntnissen und Fähigkeiten gemindert ist. Dies geht aus den Bestimmungen der §§ 1246 RVO, 23 AVG, 46 RKG hervor.

Eine Erwerbsunfähigkeitsrente bekommt man, wenn man durch Krankheit, Gebrechen oder geistige Schwäche so beeinträchtigt ist, daß man eine Erwerbstätigkeit in bestimmter Regelmäßigkeit nicht mehr ausüben oder dabei nur geringfügige Einkünfte erzielen kann. Die Rente wird jedoch nur gewährt, wenn der Betreffende eine Wartezeit von 60 Monaten aufweisen kann. Gesetzliche Grundlagen sind die §§ 1246, 1253 und 1286 RVO.

Die Rente kann auf Zeit oder auf Dauer gewährt werden. Wird der Empfänger wieder berufsfähig, dann muß ihm die Rente entzogen werden. Es kann dann von ihm gefordert werden, daß er wieder arbeitet und seinen Unterhalt selbst verdient. Er muß dann jeden Beruf übernehmen, der für ihn zumutbar ist. Es genügt daher nicht, daß der Betreffende sagt oder auch nachweist, daß er den erlernten oder bisher ausgeübten Beruf nicht mehr ausfüllen kann;

2) das Altersruhegeld: Es setzt die Erfüllung einer Wartezeit von mindestens 180 Monaten voraus. Es erhalten Versicherte

– die das 63. Lebensjahr vollendet haben, oder
– die das 62. Lebensjahr vollendet haben und in diesem Zeitpunkt anerkannte Schwerbehinderte im Sinne des Schwerbehindertengesetzes oder berufsunfähig oder erwerbsunfähig sind, wenn die gesetzliche Wartezeit erfüllt ist,
– die das 60. Lebensjahr vollendet, die gesetzliche Wartezeit erfüllt haben, und innerhalb der letzten 1½ Jahre mindestens 1 Jahr arbeitslos waren, oder
– als Frauen das 60. Lebensjahr vollendet und die gesetzliche Wartezeit erfüllt haben, wenn sie in den letzten 20 Jahren überwiegend eine rentenversicherungspflichtige Beschäftigung oder Tätigkeit ausgeübt haben.

Bis zur Vollendung des 65. Lebensjahres besteht Anspruch auf Altersruhegeld neben einer Beschäftigung gegen Entgelt oder neben einer Erwerbstätigkeit nur dann, wenn die Beschäftigung oder Erwerbstätigkeit bestimmte Grenzen nicht überschreitet (§§ 1248 RVO, 25 AVG, 48 RKG). Bei Überschreitung entfällt das Altersruhegeld.

Neben dem Altersruhegeld wird Rente wegen Berufsunfähigkeit oder wegen Erwerbsunfähigkeit nicht gewährt.

Ansprüche auf Rentenleistungen sind von in der Arbeiterrentenversicherung Versicherten an die jeweils zuständige Landesversicherungsanstalt, von in der Angestelltenversicherung versicherten an die Bundesversicherungsanstalt für Angestellte zu richten.

Zu b) Als Versorgungsleistungen werden gewährt

1) Bergmannsrente: Diese Rentenleistung wird gewährt bei Verminderung der bergmännischen Berufsfähigkeit und Erfüllung der Wartezeit von 60 Monaten oder nach Vollendung des 50. Lebensjahrs, auch ohne

Berufsminderung bei Erfüllung der Wartezeit von 300 Monaten. Der Rentenanspruch setzt voraus, daß der Bergmann in dieser Wartezeit ständig Arbeiten unter Tage oder diesen gleichgestellte Arbeiten ausgeführt hat. Verminderte bergmännische Berufsfähigkeit liegt vor, wenn der Versicherte infolge Krankheit oder Gebrechen, Körper- oder Geistesschwäche weder die knappschaftliche noch andere im wesentlichen wirtschaftlich gleichwertige Arbeit in knappschaftlich versicherten Betrieben ausüben kann.

Rechtsgrundlage sind die §§ 45, 53 RKG.

Die Bergmannsrente fällt bei Gewährung der Berufs- oder Erwerbsunfähigkeitsrente oder des Altersruhegeldes wieder weg.

2) Berufsunfähigkeits- und Erwerbsunfähigkeitsrente: Diese Rente wird bei Bergleuten unter den gleichen Voraussetzungen wie bei Arbeitern gewährt, also wenn sie nicht nur vermindert, sondern überhaupt nicht mehr einen Beruf ausüben und einem Erwerb nachgehen können.

Rechtsgrundlage sind die §§ 46, 53, 86 RKG.

3) Knappschaftsruhegeld: Voraussetzung der Gewährung dieser Rente ist die Vollendung des 65. Lebensjahrs und die Erfüllung einer Wartezeit von 300 Monaten mit ständigen Arbeiten unter Tage oder diesen gleichgestellten Arbeiten, sofern knappschaftliche Beschäftigung nicht mehr ausgeübt wird. Eine Wartezeit von 180 Monaten genügt aber bei 60jährigen Bergleuten dann, wenn sie bereits ein Jahr arbeitslos sind. Sie erhalten das Knappschaftsruhegeld dann für die weitere Dauer der Arbeitslosigkeit. Weibliche Versicherte erhalten das Ruhegeld nach 180 Monaten Wartezeit bereits nach Vollendung des 60. Lebensjahrs, wenn sie in den letzten 20 Jahren überwiegend versicherungspflichtig beschäftigt waren und eine Erwerbstätigkeit nicht mehr ausüben.

Der Anspruch auf Knappschaftsruhegeld ergibt sich aus §§ 48, 49, 53 RKG. Nebenbeschäftigungen mit Nebeneinnahmen mindern dabei den Anspruch nicht. Was der über 65. Jahre alte Bergmann nebenbei verdient, kann er auch zusätzlich behalten.

4) Hinterbliebenenrente wird in entsprechender Anwendung der Vorschriften der Arbeiterrentenversicherung gewährt. Ansprüche auf diese Rentenleistungen sind bei der Bundesknappschaft geltend zu machen.

Zu c) Altershilfe für Landwirte: An einer eigenen Altersversorgung für Landwirte fehlte es bis in die letzten Jahre fast völlig. Dies war mehr oder weniger Sache des Hoferben. Die hier eingetretenen Mißstände, die letztlich auf den Verfall der früheren bäuerlichen Großfamilie zurückzuführen sind, haben eine gesetzliche Regelung erforderlich gemacht. Ihr Ziel ist es, die soziale Alterssicherung der Landwirte der der unselbständig Beschäftigten gleichzustellen. Als Versorgungsleistungen werden gewährt:

1) Altersgeld an landwirtschaftliche Unternehmer: Ein landwirtschaftlicher Unternehmer im Sinne des § 1 GAL erhält Altersgeld, wenn er das 65. Lebensjahr vollendet hat und für mindestens 180 Kalendermonate Beiträge an die landwirtschaftliche Alterskasse gezahlt hat und das Unternehmen abgegeben hat.

Vorzeitiges Altersgeld erhält ein landwirtschaftlicher Unternehmer, wenn er erwerbsunfähig im Sinne des § 1241 RVO Abs. 2 RVO ist, mindestens für 60 Kalendermonate Beiträge an die landwirtschaftliche Alterskasse gezahlt hat und das Unternehmen abgegeben hat.

Die Rechtsgrundlage für die Zahlung von Altersgeld ist § 2 GAL;

2) Altersgeld an Witwen und Witwer landwirtschaftlicher Unternehmer: Witwen und Witwer landwirtschaftlicher Unternehmer erhalten Altersgeld, wenn sie selbst nicht landwirtschaftliche Unternehmer im Sinne des § 1 GAL sind und wenn der verstorbene Ehegatte Anspruch auf Altersgeld hatte, sowie die Ehe vor Vollendung seines 65. Lebensjahrs geschlossen worden ist oder die Witwe das 60. Lebensjahr bzw. der Witwer das 65. Lebensjahr vollendet hat. Voraussetzung für die Gewährung ist weiter, daß der verstorbene Unternehmer für mindestens 180 Kalendermonate Beiträge an die Alterskasse gezahlt hat. Auf die 180 Kalendermonate werden auch Beiträge, die die Witwe oder der Witwer nach dem Tode des Unternehmers entrichtet haben, angerechnet. Vorzeitiges Altersgeld erhalten Witwen und Witwer landwirtschaftlicher Unternehmen, wenn sie selbst nicht landwirtschaftliche Unternehmer im Sinne des § 1 GAL sind und wenn der verstorbene Ehegatte Anspruch auf vorzeitiges Altersgeld hatte und die Ehe vor Vollendung des 65. Lebensjahrs geschlossen worden ist oder die Witwe bzw. der Witwer erwerbsunfähig im Sinne des § 1247 Abs. 2 RVO ist. Voraussetzung ist hier eine Beitragszahlung von 60 Monaten. Sonst gilt das gleiche wie bei der 180monatigen Beitragspflicht.

Rechtsgrundlage für die Zahlung dieser Rente an Witwen oder Witwer ist § 3 GAL.

3) Altersgeld für mitarbeitende Familienangehörige: Mitarbeitende Familienangehörige erhalten Altersgeld oder vorzeitiges Altersgeld, wenn sie selbst nicht landwirtschaftlicher Unternehmer im Sinne des § 1 GAL sind und das 65. Lebensjahr vollendet haben oder erwerbsunfähig im Sinne des § 1247 Abs. 2 RVO sind und während der letzten 25 Jahre, die der Vollendung des 65. Lebensjahrs vorausgingen, mindestens 180 Monate oder während 10 Jahren, die dem Eintritt der Erwerbsunfähigkeit vorausgegangen sind, mindestens 60 Kalendermonate mitarbeitender Familienangehöriger waren. Sie müssen ferner vom Beginn der Tätigkeit als mitarbeitender Familienangehöriger an bis zur Vollendung des 65. Lebensjahrs oder bis zum Eintritt der Erwerbsunfähigkeit für jeden Monat, in dem sie mitarbeitender Familienangehöriger waren, Beiträge zur landwirtschaftlichen Alterskasse entrichtet haben.

Rechtsgrundlage für die Zahlung dieses Altersgeldes ist § 40 GAL;

4) Landabgaberente. Die Landabgaberente hat den Zweck, die Aufgabe unrentabler oder veralteter landwirtschaftlicher Betriebe zum Zweck der Strukturverbesserung zu erleichtern. Nur so können lebensfähige Betriebe durch Aussiedlung geschaffen werden und auch für öffentliche Zwecke benötigtes Land beschafft werden. Um dieses Ziel zu erreichen muß den früheren Bauern dafür die Sorge um den Lebensunterhalt im Alter abgenommen werden. Die Landabgaberente erhält ein Landwirt,

der für mindestens 60 Kalendermonate Beiträge an die landwirtschaftliche Alterskasse gezahlt hat, nach Vollendung des 60. Lebensjahres oder nach Eintritt der Erwerbsunfähigkeit, wenn er bis zum 31. 12. 1982 sein Anwesen zum Zweck der Strukturverbesserung verkauft oder verpachtet hat oder wenn er sein Anwesen einem anderen zu einer sonstigen Nutzung überlassen hat. Der neue Unternehmer muß mindestens ein Jahr lang schon Landwirtschaft betreiben oder er muß eine juristische Person des privaten oder des öffentlichen Rechts sein, die sich satzungsgemäß mit Strukturverbesserung befaßt. Dies darf auch eine Teilnehmergemeinschaft nach dem Flurbereinigungsgesetz, eine Gebietskörperschaft, ein Gemeindeverband oder ein kommunaler Zweckverband sein.

Bekommt der abgebende Landwirt aber schon Altersgeld, dann wird die Abgabenrente um den Betrag dieses Altersgeldes gekürzt (§ 44 GAL). Der Anspruch auf eine Landabgaberente ergibt sich aus § 41 GAL.

Auch Witwen und Witwer landwirtschaftlicher Unternehmer erhalten nach § 43 GAL eine Landabgaberente von der landwirtschaftlichen Alterskasse, wenn sie selbst nicht landwirtschaftlicher Unternehmer im Sinne des § 1 GAL sind und der verstorbene Ehegatte Anspruch auf Landabgaberente hatte. Auch diese Rente wird bei Bezug eines Altersgeldes um den Betrag des Altersgeldes gekürzt.

Ansprüche auf eine Leistung der Altershilfe für Landwirte sind an die bei jeder landwirtschaftlichen Berufsgenossenschaft bestehende landwirtschaftliche Alterskasse zu richten.

4. Ansprüche auf Leistungen der gesetzlichen Unfallversicherung: Die gesetzliche Unfallversicherung ist ein Zweig der Sozialversicherung, die den Zweck hat, Arbeitnehmer gegen die Folgen von Arbeitsunfällen und Berufskrankheiten zu schützen.

Träger sind die Berufsgenossenschaften. Von dieser Versicherung sind nur wenige Berufsgruppen befreit, z. B. Beamte, da diese ohnehin nach beamtenrechtlichen Bestimmungen Schutz gegen Unfallfolgen genießen.

Die Beiträge zur gesetzlichen Unfallversicherung werden von den Unternehmen aufgebracht, bei welchen die betreffenden Arbeitnehmer beschäftigt sind.

Die Versicherung tritt ein bei:
– Körperverletzung oder
– Tod des Versicherten infolge Arbeitsunfall.

Die Leistungen bestehen in:
– Krankenbehandlung
– Berufshilfe
– Rente oder Krankengeld
– Tage- und Familiengeld für die Dauer der Minderung der Erwerbsfähigkeit oder der Erwerbsunfähigkeit (§ 558 RVO)
– Rente an Hinterbliebene

5. Ansprüche auf Leistungen aus privatrechtlichen Versicherungen:
Heute werden, besonders bei freien Berufen, zusätzliche Sicherungen für das Alter dadurch getroffen, daß private Versicherungen abgeschlossen werden. Sie werden ausgezahlt, wenn das in den Versicherungsbedingungen dafür vorgesehene Ereignis eintritt. Man unterscheidet dabei Erlebensversicherung (der Versicherte bekommt das Geld selbst, festgesetzt für ein bestimmtes Alter) und Todesfallversicherung (die Erben bekommen das Geld, wenn der Versicherte stirbt).

a) Erlebensversicherung: Voraussetzung dieses Anspruchs ist, daß ein Versicherungsvertrag abgeschlossen worden ist, die Versicherungsprämie geleistet wurde und der Versicherungsfall eingetreten ist. In aller Regel ist dies bei Erreichen eines bestimmten Lebensjahres der Fall, da dann die Versicherungsumme zur Auszahlung ansteht.
Die Auszahlung der Versicherungssumme dabei kann erfolgen:
1) entweder durch einmalige Zahlung des gesamten Kapitalbetrags an den Bezugsberechtigten oder
2) durch die laufende Zahlung einer Rente an den Bezugsberechtigten.
Die Rechtsgrundlage des Leistungsanspruchs ergibt sich aus dem Versicherungsvertrag, hier insbesondere auch aus den §§ 1 und 166 VVG. In § 159 ff. VVG werden Sonderregelungen getroffen. Die Auszahlung muß durch die jeweilige Versicherungsgesellschaft erfolgen.

b) Todesfallversicherung: Hier sind die Voraussetzungen die gleichen wie bei der Erlebensversicherung. Der Versicherungsfall tritt jedoch erst dann ein, wenn der Versicherte stirbt.

III. Ansprüche auf Leistungen nach Kriegsfolgen- und Wiedergutmachungsrecht

Das Kriegsfolgen- und Wiedergutmachungsrecht berücksichtigt diejenigen Personengruppen, die insbesondere im Zusammenhang mit den Ereignissen des 2. Weltkriegs und der nationalsozialistischen Gewaltherrschaft Schaden erlitten haben. Gerade den Opfern dieser Ereignisse zu helfen ist eine besondere soziale Pflicht derer, die in dieser Zeit von Schaden verschont geblieben sind. Opfern des Krieges und der Verfolgung sind daher Unterhalt und Versorgung aus Staatsmitteln zu gewähren.
Unterhaltsansprüche stehen zu
den Opfern des Krieges und ihren Angehörigen und Hinterbliebenen nach den Vorschriften des Bundesversorgungsgesetzes (BVG),
denjenigen, die durch Vertreibung nach dem 2. Weltkrieg Heimat und Eigentum verloren haben, nach den Vorschriften des Lastenausgleichsgesetzes (LAG),
den Opfern der nationalsozialistischen Gewaltherrschaft nach den Vorschriften des Bundesentschädigungsgesetzes (BEG),
den Opfern politischer Verfolgung in der Nachkriegszeit nach den

Übersicht über Unterhaltsansprüche nach Kriegslasten- und Wiedergutmachungsrecht

	BVG [1]	LAG [2]	BEG [3]	HHG [4]	FlüHG [5]
Berechtigter Personenkreis	Gesundheitlich Geschädigte des 2. Weltkriegs (Kriegsbeschädigte)	Durch Vertreibungs-, Kriegs-, Ost- oder Sparerschäden Geschädigte (Kriegsgeschädigte)	Durch die nationalsozialistische Gewaltherrschaft an Beruf und Freiheit Geschädigte (Verfolgte)	Durch politische Haft gesundheitlich Geschädigte (politische Häftlinge)	Durch Flucht aus der DDR in ihrer Existenzgrundlage Geschädigte (Flüchtlinge)
Wesentliche Voraussetzungen	Kausaler Zusammenhang zwischen Schädigung und Minderung der Erwerbsfähigkeit (MdE)	1. Vorgeschrittenes Lebensalter oder Erwerbsunfähigkeit 2. Beachtung von Ausschlußfristen	Beachtung von Ausschlußfristen	Nichtvorhandensein von Ausschlußgründen	1. Durchlaufen des Notaufnahmeverfahrens 2. Vorgeschrittenes Lebensalter oder Erwerbsunfähigkeit 3. Nichtvorhandensein von Ausschlußgründen 4. Beachtung von Ausschlußfristen

1 Insbesondere §§ 30–34, 38–52 BVG, abgedruckt PSH S. III A IV/1 ff.
2 Insbesondere §§ 12–15, 246, 261–292 LAG, abgedruckt PSH III A XI/1 ff.
3 Insbesondere §§ 43, 47, 64–98, 114–126 BEG.
4 Abgedruckt PSH S. III A XI/801 ff.
5 Abgedruckt PSH S. III A XI/901 ff.

Übersicht über Unterhaltsansprüche nach Kriegslasten- und Wiedergutmachungsrecht

BVG	LAG	BEG	HHG	FlüHG
	Für Beratung und Antragstellung zuständige Behörden			
Versorgungsamt	Ausgleichsamt	Zuständige Entschädigungsbehörde	Versorgungsamt	Sozialamt

Vorschriften des Häftlingshilfegesetzes (HHG),
politischen Flüchtlingen nach den Vorschriften des Flüchtlingshilfegesetzes (FlüHG).
Diese umfangreichen und komplizierten Vorschriften können hier nicht mit allen Einzelheiten in die Darstellung aufgenommen werden. Diese muß sich im wesentlichen auf Hinweise zum berechtigten Personenkreis und zu den Voraussetzungen, die für die Unterhaltsleistung erfüllt sein müssen, beschränken. Zu eingehender Beratung sind die in der folgenden Übersicht genannten zuständigen Behörden verpflichtet.

1. Rentenleistungen nach dem BVG sind
a) die Kriegsbeschädigtenrente,
b) die Hinterbliebenenrenten.

Zu **a)**: Kriegsbeschädigtenrente wird demjenigen gewährt, der durch eine militärische oder militärähnliche Dienstverrichtung oder durch einen Unfall während der Ausübung einer solchen Dienstverrichtung eine gesundheitliche Schädigung erlitten hat, die eine Minderung der Erwerbsfähigkeit verursacht hat.
Militärischer Dienst ist jeder nach deutschem Wehrrecht geleistete Dienst als Soldat oder Wehrmachtsbeamter, der Dienst im deutschen Volkssturm, der Feldgendarmerie und in den Heimatflakbatterien. Als militärischer Dienst gelten u. a. der Dienst der zur Wehrmacht abgeordnete Reichsbahnbediensteten und Beamten der Zivilverwaltung, als Wehrmachtshelfer und -helferinnen, des Personals der freiwilligen Krankenhilfe bei der Wehrmacht im Kriege, der Reichsarbeitsdienst, der Dienst in der Organisation Todt und im Baustab Speer/Osteinsatz für Zwecke der Wehrmacht sowie der Dienst im Luftschutz.
Einer Schädigung durch militärische oder militärähnliche Dienstverrichtung stehen Schädigungen gleich, die u. a. herbeigeführt worden sind durch unmittelbare Kriegseinwirkung, durch Kriegsgefangenschaft oder Internierung im Ausland.
(Vgl. hierzu im einzelnen §§ 1–6 BVG.)
Die Minderung der Erwerbsfähigkeit ist nach der körperlichen und geistigen Beeinträchtigung im allgemeinen Erwerbsleben zu beurteilen, wobei seelische Begleiterscheinungen und Schmerzen zu berücksichtigen sind.
Vorübergehende Gesundheitsstörungen, die nicht länger als 6 Monate anhalten, bleiben dabei unbeachtlich.
Rentenleistungen im Rahmen der Kriegsbeschädigtenrente sind insbesondere
1) die Grundrente, deren Höhe sich nach dem Grad der festgesetzten Minderung der Erwerbsfähigkeit (MdE) richtet. [1] Für Schwerbeschädig-

1 Für 1974 gelten folgende Beträge: Bei MdE
    um 30 v. H.   82,– DM
    um 40 v. H.   110,– DM
    um 50 v. H.   150,– DM

te, die das 65. Lebensjahr vollendet haben, erhöht sich die Grundrente um den jeweils festgesetzten Betrag [2];

2) die Ausgleichsrente für Schwerbeschädigte, die infolge ihres Gesundheitszustandes oder hohen Alters oder aus einem von ihnen nicht zu vertretenden sonstigen Grund eine ihnen zumutbare Erwerbstätigkeit nicht oder nur in beschränktem Umfang oder nur mit überdurchschnittlichem Kräfteaufwand ausüben können [3]; diese Ausgleichsrente wird auf das Einkommen des Geschädigten angerechnet;

3) der Berufsschadensausgleich für Schwerbeschädigte, denen durch ihre Schädigung die Arbeit in einem dem früheren gleichwertigen Beruf oder der berufliche Aufstieg verwehrt ist. Sie erhalten für den erlittenen Einkommensverlust einen Ausgleich in Höhe von $4/_{10}$ des Verlustes [4]; dabei wird der Einkommensverlust in dem Unterschiedsbetrag zwischen dem Bruttoeinkommen aus gegenwärtiger oder früherer Tätigkeit, zuzüglich der Ausgleichsrente, und dem höheren Durchschnittseinkommen der Berufs- und Wirtschaftsgruppe, der der ASt. ohne die Schädigung nach seinen Lebensverhältnissen, Kenntnissen und Fähigkeiten und dem bisher gezeigten Arbeits- und Ausbildungswillen wahrscheinlich angehört hätte, gemessen, Berechnungsgrundlage für diesen Vergleich sind die amtlichen Erhebungen des Statistischen Bundesamtes;

4) die Schwerstbeschädigtenzulage für Beschädigte, deren MdE um mindestens 80 v. H. gemindert ist. Die Berechnung erfolgt nach einem Punktsystem, das im einzelnen in der DVO zu § 31 Abs. 5 BVG vom 20. 4. 1970 geregelt ist [5];

5) Zuschläge für Ehegatten und Kinder, die jedoch nur für Schwerbeschädigte vorgesehen sind;

6) Pflegezulagen für pflegebedürftige Beschädigte. [6]

Zu b): Hinterbliebenenrenten sind
1) die Witwenrente: Die Witwe erhält eine Grundrente. [7] Witwen, die 45 Jahre alt sind oder die Hälfte ihrer Erwerbsfähigkeit verloren haben,

um 60 v. H.	190,– DM
um 70 v. H.	262,– DM
um 80 v. H.	317,– DM
um 90 v. H.	380,– DM
bei Erwerbsunfähigkeit	428,– DM.

2 1974: 17,– DM.
3 1974: Bei Minderung der MdE

um 50 v. H.	190,– DM
um 60 v. H.	190,– DM
um 70 v. H.	262,– DM
um 80 v. H.	317,– DM
um 90 v. H.	380,– DM
bei Erwerbsunfähigkeit	428,– DM

4 1974: Jedoch höchstens 793,– DM monatlich.
5 Abgedruckt PSH S. III A IV/71. 1974 betragen die Sätze je nach Grad der Beschädigung von 50,– bis 304,– DM monatlich.
6 1974: Je nach Pflegebedürftigkeit 182,– bis 730,– DM monatlich.
7 1974: 256,– DM monatlich.

erhalten eine Ausgleichsrente. [8] Eine geschiedene Ehefrau erhält Witwenrente, wenn ihr der Verstorbene zum Zeitpunkt des Todes Unterhalt zu zahlen hatte. Der Witwer erhält dann Versorgung wie eine Witwe, wenn die an den Folgen einer Schädigung gestorbene Ehefrau seinen Lebensunterhalt überwiegend bestritten hat, weil seine Arbeitskraft und seine Einkünfte hierzu nicht ausreichten;

2) Waisenrente erhalten bis zu Vollendung des 18. Lebensjahres – unter bestimmten Voraussetzungen auch darüber hinaus – Grundrente [9] und ggf. Waisenrente;

3) die Elternrente: Sie wird gewährt, wenn sie erwerbsunfähig sind oder die Mutter 50 Jahre, der Vater 65 Jahre alt ist. [10]

2. Kriegsschadenrente nach dem LAG:

a) Rentenberechtigt sind Personen, die

1) einen Kriegsschaden erlitten haben. Als Kriegsschäden gelten Vertreibungsschaden (§ 12 LAG) = der Schaden, der im Zusammenhang mit den Vertreibungsmaßnahmen gegen die Betroffenen aus deutschen Ostgebieten oder anderen Gebieten nach dem Gebietsstand des deutschen Reiches vom 31. 12. 1937 an wirtschaftlichen Werten entstanden ist.

Kriegsschaden: = der Schaden, der durch unmittelbare Kriegseinwirkungen an wirtschaftlichen Gütern des Betroffenen entstanden ist.

Ostschaden (§ 14 LAG) = der Schaden, der einem Nichtvertriebenen bei der Abtrennung von den übrigen Gebieten Deutschlands dort in den abgetrennten Gebieten an wirtschaftlichen Werten entstanden ist. Voraussetzung für einen Anspruch auf Rente nach dem LAG ist aber der Verlust der Existenzgrundlage. Solche Fälle sind denkbar, wenn z. B. eine Witwe in Frankfurt/Main ihre Existenz aus Mieteinnahmen eines Wohnhauses in Breslau gedeckt hat.

Sparerschaden (§ 15 LAG) = der Schaden, der durch die Minderung des Nennbetrages von Spareinlagen auf Grund der Geldwertumstellung im Bereich des Grundgesetzes und in Berlin im Verhältnis 10 : 1 eingetreten ist;

2) Die bei Antragstellung in vorgeschrittenem Lebensalter stehen oder infolge von Krankheit oder Gebrechen dauernd erwerbsunfähig sind und denen das Bestreiten ihres Lebensunterhalts nach ihren Einkommens- und Vermögensverhältnissen nicht möglich oder zumutbar ist.

Zum Begriff des vorgeschrittenen Lebensalters vgl. im einzelnen § 264 LAG. Zum Begriff der Erwerbsunfähigkeit vgl. § 265 LAG.

Die Rente wird nur einem unmittelbar Geschädigten, falls er verstorben ist, seinem Ehegatten gewährt. Der Ehegatte ist nur anspruchsberechtigt, wenn er beim Tode des Geschädigten nicht dauernd von ihm getrennt

8 1974: Höchstens 256,– DM monatlich.
9 1974: Halbwaisen 127,– DM
  Vollwaisen 176,– DM.
10 1974 beträgt die volle Elternrente bei einem Elternpaar 317,– DM, bei einem Elternteil 215,– DM.

gelebt hat. Unter besonderen Voraussetzungen (Sorge für den Geschädigten) kann auch einer alleinstehenden Tochter die Rente zugesprochen werden, wenn sie mindestens ein Jahr im Haus des Geschädigten gelebt hat und durch die Haushaltsführung für diesen von eigener Erwerbstätigkeit abgehalten worden ist. Sonst kann der Anspruch auf Rente nach dem LAG nicht übertragen werden.

Die Antragstellung unterliegt grundsätzlich einer – allerdings durch Ausnahmen unterbrochenen – Ausschlußfrist. Vgl. hierzu § 264 Abs. 2 LAG.

b) Kriegsschadenrente wird gewährt in Form
1) einer Unterhaltsbeihilfe (§§ 267–278 LAG). Die Unterhaltsbeihilfe kann auf Lebenszeit gewährt werden, wenn durch die Schädigung die Existenzgrundlage des Geschädigten zerstört worden ist. Sie wird geleistet, wenn die Einkünfte des Berechtigten einen jeweils festgesetzten Monatsbetrag [11] nicht übersteigt; hinzu kommen können Zuschläge für Ehegatten und Kinder sowie eine Pflegezulage. Einkünfte, d. h. auch Rentenleistungen auf Grund anderer Gesetze, werden auf die Beihilfe angerechnet. Anspruch auf die Unterhaltsbeihilfe erhält nach dem Tode des Geschädigten automatisch dessen, nicht dauernd von ihm getrennt lebende Ehefrau (Ehegatte);
oder
2) einer Entschädigungsrente (§§ 279–292 LAG), wenn die Einkünfte des Beschädigten einen bestimmten Monatsbetrag [12] nicht übersteigen; auch dieser Betrag kann sich um Zuschläge für Ehegatten, Kinder, Pflegebedürftige und für ehemals Selbständige erhöhen. Die Höhe der Rente ergibt sich aus § 280, 284 LAG.

Die Rentenberechtigung geht mit dem Tod des Geschädigten auf den nicht dauernd getrennt lebenden Ehegatten über und erlischt mit dem Tod dieses Ehegatten.

c) Der Rentengrundbetrag wird nach der Höhe des festgestellten Schadens und seiner Zuordnung zu einer bestimmten Schadensgruppe berechnet. Hinzu kommen bestimmte Zuschläge.

3. Unterhalt nach dem Bundesentschädigungsgesetz erhalten Verfolgte für erlittenen Berufs- oder/und Freiheitsschaden.

a) Ein Berufsschaden liegt vor, wenn der Verfolgte in der Nutzung seiner Arbeitskraft geschädigt worden ist (§ 65). Die Nutzung der Arbeitskraft bezieht sich auf jede persönliche und selbständige Erwerbstätigkeit. Unter Erwerbstätigkeit ist eine berufsmäßig ausgeübte, auf die Erzielung von Einkünften gerichtete und nicht nur vorübergehend ausgeführte Tätigkeit zu verstehen.
Unterschiedlich geregelt ist, ob der Verfolgte aus seiner beruflichen

11 Ab 1. 10. 1974 346,– DM.
12 Ab 1. 10. 1974 672,– DM.

Tätigkeit ganz durch Verfolgung und Vertreibung verdrängt oder ob er in der Ausübung seines Berufes wesentlich beschränkt worden ist. Einen Vermögensschaden durch eine wesentliche Beschränkung nimmt das BEG dann an, wenn in der Gesamtzeit der Schädigung eine Einkommensbeschränkung von mehr als 25 % eingetreten ist (§ 66 Abs. III).

Bei einem Schaden durch Verdrängung aus der beruflichen Tätigkeit muß eine Einkommensbeschränkung in der Gesamtzeit der Schädigung von über 50 % vorliegen.

Nach dem BEG muß der Schaden im beruflichen Fortkommen in der Zeit vom 30. 1. 1933 bis zum 8. 5. 1945 durch eine Verfolgungsmaßnahme im Sinne des § 1 BEG verursacht worden sein.

Das Ende einer dafür zu gewährenden Entschädigungsleistung nimmt das BEG (§ 75 Abs. I) mit dem Zeitpunkt an, in dem der Verfolgte seine frühere oder eine gleichwertige Erwerbstätigkeit in vollem Umfang wieder aufgenommen hat. Das gleiche gilt, wenn er eine Erwerbstätigkeit aufgenommen hat, die ihm eine ausreichende Lebensgrundlage bietet. Der Zeitpunkt einer ausreichenden Lebensgrundlage wird erst mit dem 1. 1. 1947 vermutet, wenn der Verfolgte seinen dauernden Aufenthalt oder Wohnsitz im Geltungsbereich des BEG zu diesem Zeitpunkt hatte. Eine ausreichende Lebensgrundlage (§ 75 Abs. II) hat der Verfolgte dann, wenn er nachhaltige Einkünfte erzielt hat oder noch erzielt, die dem Durchschnittseinkommen von Personen mit gleicher oder ähnlicher Berufsausbildung entsprechen. Diese Einkünfte müssen nachhaltig erworben sein, d. h. über einen längeren Zeitraum hinweg und der Verfolgte muß nicht nur in der Gegenwart, sondern mit einiger Sicherheit auch in der Zukunft mit diesen Einkünften rechnen können.

Wegen Berufsschadens kann Antrag auf Kapitalentschädigung oder auf Rente gestellt werden.

Wesentliche Grundlage für die Berechnung der Kapitalentschädigung oder einer Rente sind die Einstufung in eine vergleichbare Beamtengruppe auf Grund der persönlichen Berufsausbildung und des Durchschnittsverdienstes der letzten 3 Jahre vor der Verfolgung bzw. Vertreibung. Wurde während des Entschädigungszeitraums durch eine andere als vor der Verfolgung ausgeübte Tätigkeit ein Einkommen erlangt, wird dieses bei der Berechnung berücksichtigt.

Zu den entschädigungsfähigen Berufsschäden sind auch der Berufsschaden der mithelfenden Ehefrau und der den Veräußerungswert eines Unternehmens oder einer Praxis mitbestimmende »gute Ruf« eines Unternehmens zu rechnen.

b) Ein Freiheitsschaden kann durch eine Freiheitsbeschränkung oder eine Freiheitsentziehung entstanden sein.

Eine Freiheitsbeschränkung ist gegeben, wenn der Verfolgte in der Zeit vom 30. 1. 1933 bis 8. 5. 1945 einen Judenstern tragen oder er unter menschenunwürdigen Bedingungen in der Illegalität leben mußte.

Unter den Begriff »Judenstern« fallen alle Zeichen, die an der Kleidung zu tragen und dazu bestimmt waren, den Träger als Juden kenntlich zu machen. Für die Geltendmachung eines Entschädigungsanspruchs ist jedoch Voraussetzung, daß ein solches Zeichen von dem Verfolgten auch tatsächlich getragen wurde.

Zeitpunkt der Einführung des Judenstern in Deutschland und damit der Beginn des Entschädigungszeitraums für diese Fälle war der 19. 9. 1941. In einigen Ostgebieten (z. B. Generalgouvernement) wurde das Tragen des Judensterns schon früher angeordnet.

Keinen Entschädigungsanspruch haben z. B.: Säuglinge, an deren Kinderwagen der Judenstern befestigt worden war und der nichtjüdische Ehegatte eines zum Tragen des Sterns gezwungenen Juden.

Menschenunwürdige Bedingungen werden angenommen, wenn der Verfolgte auf Grund seines Lebens in der Illegalität Bedingungen unterworfen war, die sein Leben auf oder unter die Stufe eines Häftlings brachten. Solche Bedingungen waren gegeben, wenn der Verfolgte sich schlechter als ein Häftling ernähren mußte, gezwungen war, ständig im Freien zu übernachten oder im Armenhaus mit Bettlern und Landstreichern zu leben. Immer aber sind die besondere Situation des Einzelfalles und die konkreten Lebensumstände zu prüfen und zu beachten.

Furcht vor Entdeckung und ihren Folgen (auch eine objektiv unbegründete Furcht vor Verfolgungsmaßnahmen) sind keine geeigneten Voraussetzungen für Entschädigungsansprüche.

Für den Fall, daß der Verfolgte in dem Entschädigungszeitraum einen falschen Namen führte, stellt das BEG die widerlegliche Vermutung auf, daß er ein Leben in der Illegalität unter menschenunwürdigen Bedingungen führte. Das bedeutet, daß für den illegal lebenden Verfolgten die Voraussetzungen der menschenunwürdigen Bedingung in der Illegalität einbezogen sind und er sie nicht im Einzelfall beweisen muß. Jedoch sind hier Ausnahmen möglich. So liegt z. B. kein entschädigungsfähiger Fall der Freiheitsbeschränkung vor, wenn der Verfolgte zwar unter falschem Namen, aber materiell gut versorgt gelebt hat.

Ein illegales Leben im Sinne des § 47 BEG führte der Verfolgte, der außerhalb der für ihn geltenden Rechtsordnung leben mußte, um so seine wahre Persönlichkeit vor seiner Umwelt und insbesondere vor den Behörden zu verbergen. In der Regel führten jedoch Verfolgte, die sich Partisanengruppen oder der Widerstandsbewegung angeschlossen hatten, kein illegales Leben.

Unter Freiheitsentziehung fallen insbesondere polizeiliche oder militärische Haft, ebenso Inhaftnahme durch die NSDAP, Untersuchungshaft, Strafhaft, Haft in Konzentrationslagern und Zwangsaufenthalt in einem Ghetto. Auch die behördliche Einweisung in ein sogenanntes »Judenhaus« oder eine Fürsorgeerziehungsanstalt gelten als Fälle der Freiheitsentziehung. Wesentlich ist, daß die Einweisung eine vollständige und nachhaltige Absonderung von der Umwelt bewirkt haben muß. Die Zugehörigkeit zu einer Straf- oder Bewährungseinheit der Wehrmacht begründet einen Entschädigungsanspruch ohne Rücksicht darauf, wie die Lebensbedingungen innerhalb der Einheit waren.

Entschädigungsfähiger Zeitraum ist auch bei den Freiheitsschäden die

Zeit vom 30. 1. 1933 bis zum 8. 5. 1945. Bei Deportation ist das Ende der Deportationszeit gleich dem Ende des Entschädigungszeitraums. Polen zum Beispiel wurde am 26. 1. 1945 geräumt, das ist auch das Ende der entschädigungsfähigen Zeit des Verfolgten.

Für Freiheitsschaden wird nur Kapitalentschädigung geleistet! Sie beträgt 150 DM für jeden vollen Monat der Freiheitsbeschränkung oder -entziehung. Bei Vorlage eines Erbscheins – auch ausländischer – und der Toterklärung (entbehrlich u. U.) sind die Ansprüche des Verfolgten auf Ehegatten, Kinder, Enkel oder Eltern vererblich.

4. Unterhaltsbeihilfe nach dem Häftlingshilfegesetz wird nur subsidär gewährt, d. h. nur dann, wenn der Geschädigte nicht schon Ansprüche nach dem BVG geltend machen kann oder Rente nach diesem Gesetz erhält. Das HHG gewährt Beschädigten- und Hinterbliebenenversorgung nach den Vorschriften des BVG.

a) Die Gewährung einer Unterhaltsbeihilfe nach dem HHG setzt voraus
1) Zugehörigkeit zum Personenkreis der politischen Häftlinge.
Ansprüche nach dem HHG kann geltend machen, wer deutscher Staatsangehöriger ist oder die deutsche Staatszugehörigkeit hat. Weiter muß er nach der Besetzung seines Aufenthaltsortes oder nach dem 8. 5. 1945 in der sowjetischen Besatzungszone oder im sowjetisch besetzten Sektor von Berlin oder in anderen Gebieten (in § 1 II Nr. 3 Bundesvertriebenengesetz genannt) aus politischen und nach freiheitlich-demokratischer Auffassung von ihm nicht zu vertretenden Gründen in Gewahrsam genommen worden sein, oder Angehöriger einer solchen Person oder Hinterbliebener einer solchen Person sein;
2) Fehlen von Ausschließungsgründen.
Nichtberechtigte nach dem HHG sind Personen, die dem politischen System in den Gewahrsamsgebieten erheblich Vorschub geleistet haben, zur Zeit des Nationalsozialismus gegen Gebote der Menschlichkeit verstoßen haben oder nach dem 8. 5. 1945 durch deutsche Gerichte zu Freiheitsstrafen von insgesamt mehr als 3 Jahren rechtskräftig verurteilt worden sind. Ausschlußgründe gegen den Berechtigten wirken auch gegenüber den Hinterbliebenen;
3) Vorliegen einer Gesundheitsschädigung, verursacht durch die Haft, und dadurch bedingte Minderung der Erwerbsfähigkeit. Unter Haft (Gewahrsam) im Sinne des HHG ist ein Festgehaltenwerden auf eng begrenztem Raum unter dauernder Bewachung zu verstehen. Dazu rechnet auch ein Verbringen ins Ausland, nicht aber eine lagermäßige Unterbringung als Folge von Arbeitsverpflichtung oder zum Zwecke des Abtransports von Vertriebenen oder Aussiedlern (§§ 1, 2 HHG).
Infolge des Gewahrsams muß der ASt. eine gesundheitliche Schädigung erlitten haben. Hierzu zählt auch eine Schädigung die durch eine Maßnahme der Heilbehandlung hervorgerufen wird. Zur Anerkennung einer Gesundheitsstörung als Folge einer Schädigung genügt dabei die Wahrscheinlichkeit des ursächlichen Zusammenhanges.

b) Hinterbliebenenversorgung wird, wie für den Berechtigten selbst, nach den Vorschriften des BVG geleistet und findet dort auch neben den unter 1–3 genannten Voraussetzungen ihre weiteren Grundlagen. Danach erhalten Ansprüche auf die Rente des Geschädigten nach seinem Tod die Ehefrau, die Waisen und die Erben der aufsteigenden Linie, d. h. die Eltern und Großeltern. Keinen Anspruch erhält danach die Witwe, wenn die Ehe erst nach der Schädigung geschlossen ist und nicht mindestens ein Jahr gedauert hat.

5. Unterhaltsbeihilfe nach dem Flüchtlingshilfegesetz erhalten deutsche Staatsangehörige und deutsche Volkszugehörige, die ihren Wohnsitz oder ständigen Aufenthalt in der sowjetischen Besatzungszone Deutschlands oder im sowjetisch besetzten Sektor von Berlin gehabt haben und im Zuge der Besetzung oder nach der Besetzung des Schadensgebietes in der Bundesrepublik Deutschland oder West-Berlin zugezogen sind und sich ständig hier aufhalten. Bei nach dem 26. 8. 1950 Zugezogenen ist ferner erforderlich, daß sie das Notaufnahmeverfahren oder ein vergleichbares Verfahren durchlaufen haben.

Ein Notaufnahmeverfahren haben diejenigen Personen durchgemacht, die die Notaufnahmelager Gießen oder Berlin-Marienfelde durchlaufen haben, wobei geprüft wurde, ob der Flüchtling nicht nur aus Hoffnung auf wirtschaftlichen Vorteil oder zur Vermeidung von Strafverfahren wegen Verbrechen oder Vergehen geflohen, sondern er auf Grund einer politischen oder nicht von ihm zu vertretenden Zwangslage flüchten mußte. Die Notaufnahmeverfahren führten zur Erteilung einer Aufenthaltserlaubnis in einem bestimmten Land der Bundesrepublik. Die zum antragsberechtigten Personenkreis gehörenden Antragsteller dürfen noch keine entsprechende (z. B. Rente, Beihilfe) Leistung des Staates nach anderen Gesetzen erhalten.

Darüber hinaus müssen folgende Voraussetzungen erfüllt sein:

a) Der Flüchtling muß in vorgeschrittenem Lebensalter stehen oder infolge von Krankheit oder Gebrechen dauernd erwerbsunfähig sein.
Zum Begriff des vorgeschrittenen Lebensalters und der dauernden Erwerbsunfähigkeit vgl. § 11 FlüHG.

b) Der Flüchtling muß durch das Verlassen des Schadensgebietes seine Existenzgrundlage verloren haben. Diesem Verlust gleichgeachtet werden Wegnahmeschäden durch die Besatzungsmacht und Kriegssachschäden, die vor Verlassen des Schadensgebietes eingetreten sind. Dabei muß die Existenzgrundlage auf selbständiger Erwerbstätigkeit beruht haben (andernfalls greift Sozialrente ein) und durch den Existenzverlust muß der Antragsteller einen Vermögensschaden erlitten haben.
Für den Vermögensschaden genügt es, wenn er darlegen kann, daß seine selbständige Erwerbstätigkeit ein Jahresdurchschnittseinkommen von 2000 RM erbrachte, das er durch das Verlassen des Schadensgebietes verloren hat. Wer die berufliche Existenzgrundlage und in Verbin-

dung damit aufschiebend bedingte privatrechtliche Versorgungsansprüche (z. B. eine private Werkspension) verloren hat, der erhält laufende Beihilfe auch dann, wenn die Existenzgrundlage im Schadenseintritt nicht auf selbständiger Erwerbstätigkeit beruht und er auch keinen Vermögensschaden erlitten hat.

Familienangehörige erhalten in den Fällen laufende Beihilfe, in denen sie durch den Vermögensverlust eines anderen selbst unmittelbar betroffen sind. (Z. B.: Wenn der selbständige Bauer durch Verlust seines Hofes seine Existenzgrundlage verloren hat und dadurch auch die Existenz der auf dem Hof mithelfenden Geschwister zerstört ist.)

Die Höhe der Unterhaltsbeihilfe berechnet sich nach den §§ 267 bis 270 a, 275 und 277 a LAG. Sie wird gewährt, wenn der Geschädigte seine Existenzgrundlage verloren hat und seine Einkünfte einen bestimmten Monatsbetrag [13], der sich durch Zuschläge für Ehegatten, Kinder, Pflegebedürftige und Selbständigenzuschlag erhöhen kann, nicht übersteigen.

Nach dem Tod des berechtigten Geschädigten hat nur noch die Ehefrau, sofern sie nicht dauernd vom Ehegatten getrennt gelebt hat, Anspruch auf die Beihilfe.

IV. Ansprüche nach familienrechtlichen Vorschriften

Hat jemand weder Gehalts- noch Rentenansprüche und kann er auch nicht über eine Versicherung seinen Unterhalt bestreiten, dann müssen der Ehegatte und, wenn dieser nicht leistungsfähig ist, seine Verwandten gerader Linie [14] für ihn aufkommen.

1. Die Unterhaltspflicht der Ehegatten: Nach § 1360 BGB sind sich Ehegatten gegenseitig zum Unterhalt verpflichtet. Leben die Ehegatten getrennt, so ist eine gegenseitige Unterhaltspflicht nur in den Fällen gegeben, in denen das der Billigkeit entspricht. Dabei müssen die Gründe, die zur Trennung geführt haben sowie die allgemeinen Lebensverhältnisse berücksichtigt werden.

Diese Regeln führen zu folgendem Ergebnis:

a) Wer gegen den Willen des anderen Ehegatten die Trennung verursacht hat, hat keinen Anspruch auf Unterhalt (§ 1361 Abs. 3 BGB).

b) Hat der Mann die Trennung allein oder in ganz überwiegendem Maße verschuldet, so kann die Frau nicht darauf verwiesen werden, nunmehr ihren Lebensunterhalt dadurch zu bestreiten, daß sie eine Erwerbstätigkeit aufnimmt. Da sie auch sonst nicht verpflichtet gewesen wäre, zu

---

13 Ab 1. 10. 1974 346,– DM.
14 Eltern-Kinder, Großeltern-Enkel.

arbeiten, braucht sie dies auch dann nicht zu tun, und es steht ihr ein Anspruch auf Unterhalt zu (§ 1361 Abs. 2 BGB).

Der Unterhaltsanspruch kann nur bedingt gepfändet oder übertragen werden (§§ 850 b ZBO in Verbindung mit § 400 BGB).

Ein Anspruch auf Unterhalt ist vor dem örtlich zuständigen Amtsgericht geltend zu machen.

2. Die Unterhaltspflicht der Verwandten: Ein Unterhaltsanspruch unter Verwandten setzt zunächst voraus, daß der Berechtigte bedürftig ist. Dies bedeutet, daß er nicht imstande ist, sich selbst zu unterhalten. Das ist der Fall, wenn jemand kein Vermögen hat und er auch keine Erwerbstätigkeit aufnehmen kann. Hat er Vermögen, z. B. ein Haus oder Grundbesitz, Aktien usw., so muß er dieses Vermögen zunächst verwerten, d. h., notfalls verkaufen, bevor die Verwandten einzuspringen brauchen. Zweite Voraussetzung ist, daß der Verwandte die Leistung auch tatsächlich erbringen kann (§§ 1602, 1603 BGB), und zwar ohne daß er seinen eigenen Unterhalt und den seines Ehegatten und seiner Kinder gefährdet.

Nur unter diesen Voraussetzungen kann ein Verwandter nach § 1601 BGB zum Unterhalt für einen Bedürftigen herangezogen werden.

Für die Rangfolge der Unterhaltsverpflichteten gilt, daß nicht jeder, der irgendwie mit einem Bedürftigen verwandt ist, auch notfalls für ihn aufkommen muß. Diese Pflicht trifft neben dem Ehegatten nur nahe Verwandte, da nach dem Gesetz nur dort das Familienband die Verantwortung für ein in Not geratenes Familienmitglied rechtfertigt. Sittliche Pflichten und Rechtspflichten mögen hier bisweilen auseinanderfallen.

Hier gilt folgende Reihenfolge:

Die Unterhaltspflicht des Ehegatten geht auch nach der Ehescheidung der Unterhaltspflicht unter Verwandten stets vor, wenn der Ehegatte leistungsfähig ist (§ 1608 BGB, § 63 Ehegesetz).

Unter den Verwandten haften die Abkömmlinge – also Kinder und Enkel – vor den Verwandten aufsteigender Linie – Eltern und Großeltern –.

Unter den Abkömmlingen und den Verwandten der aufsteigenden Linie haften jeweils die näheren vor den entfernteren – alsò Sohn vor dem Enkel, Vater vor dem Großvater –.

Mehrere gleichnahe Verwandte haften anteilmäßig nach ihren Erwerbs- und Vermögensverhältnissen – also zwei Kinder, wenn sie gleich leistungsfähig sind, müssen den Unterhalt des mittellosen Vaters je zur Hälfte decken –.

V. Anspruch auf Sozialhilfe nach dem Bundessozialhilfegesetz [15]

1. Grundsätze der Sozialhilfe: Die Sozialhilfe ist das letzte Mittel. Wer von nirgendwo Unterhalt bekommen kann (für den nach unserer bisherigen Prüfung der Unterhaltsansprüche nirgendwo ein Anspruch ermittelt werden kann), hat einen Anspruch gegen den Staat und damit indirekt gegen den Mitbürger. Der soziale Rechtsstaat muß aus öffentlichen Mitteln jedem Bürger das Existenzminimum in der Stunde der Not sichern.

Die verdienenden Mitbürger üben durch ihre Steuern, die auch für soziale Zwecke ausgegeben werden, gegenüber den schwächeren Gliedern unserer Gesellschaft Solidarität.

Daraus ergeben sich folgende Grundsätze der Gewährung von Sozialhilfe:

1) Die Sozialhilfe ist subsidiär (letztes Mittel, »Nachrang« der Sozialhilfe). Wie dies in § 2 des Bundessozialhilfegesetzes zum Ausdruck kommt, erhält Sozialhilfe nur der, welcher sich nicht selbst helfen kann und wer die erforderliche Hilfe nicht von anderen, insbesondere von Angehörigen oder von Trägern anderer Sozialleistungen erhält.

Sozialhilfe wird aber gewährt, wenn der Hilfesuchende zwar einen Rechtsanspruch gegen einen zur Unterhaltsleistung Verpflichteten hat, dieser aber aus irgendeinem Grund nichts leistet. Hier greift die Sozialhilfe ein. Das Bundessozialhilfegesetz gibt dann dem Träger der Sozialhilfe aber einen Ersatzanspruch gegen den Unterhaltsverpflichteten. Die Sozialhilfe entfällt natürlich, wenn und sobald dieser seine Verpflichtung gegenüber dem Hilfsbedürftigen erfüllt.

2) Die Sozialhilfe hat den Zweck, dem Empfänger der Hilfe die Führung eines Lebens zu ermöglichen, das der Würde des Menschen entspricht (§ 1 Abs. 2 BSHG). Die Lage des Sozialhilfeempfängers muß also derartig sein, daß er sich in einer verschuldeten oder unverschuldeten Notlage befindet. Diese Notlage darf es ihm nicht ermöglichen, ein menschenwürdiges Leben zu führen indem er sie mit eigenen Kräften und Mitteln behebt.

3) Die Sozialhilfe umfaßt in erster Linie Hilfe zum Lebensunterhalt (§ 1 Abs. 1 BSHG), sodann Hilfe in besonderen Lebenslagen. Auf diese Hilfen besteht dann ein einklagbarer Rechtsanspruch, wenn sie nach dem Wortlaut des BSHG zu gewähren sind (Pflicht-[Ist-]Leistung der Sozialhilfe) im Unterschied zu den Hilfen, die gewährt werden sollen (Soll-Leistung) und die gewährt werden können (Kann-Leistung). Aber über Form und Maß auch der Pflichtleistungen hat der Träger der Sozialhilfe nach pflichtgemäßem Ermessen zu entscheiden, sofern das BSHG dieses Ermessen nicht ausschließt, indem es die Leistung genau ihrer Höhe nach (beispielsweise durch bestimmte Sätze für Geldleistungen) und ihrer Art nach bestimmt.

4) Die Sozialhilfe wird von örtlichen und überörtlichen Trägern gewährt. Dies sind in der Regel die kreisfreien Städte und Landkreise oder sonstige staatliche Behörden und Selbstverwaltungskörperschaften. Der Antrag auf Gewährung von Sozialhilfe ist bei diesen Behörden zu stellen, wobei die jeweiligen Sozialämter verpflichtet sind, Antragsteller zu beraten und ihnen den richtigen Adressaten ihres Anspruchs zu benennen.

Die Hilfe in besonderen Lebenslagen, soweit sie für alte Menschen in

Frage kommt, bezieht sich nicht oder nicht in erster Linie auf deren Unterhaltssicherung; sie wird daher im folgenden Abschnitt B behandelt.

2. Hilfe zum Lebensunterhalt [16] ist dem zu gewähren, der seinen notwendigen Lebensunterhalt nicht oder nicht ausreichend aus eigenen Kräften und Mitteln beschaffen kann. Es besteht kein Antragszwang, ggf. setzt die Hilfe von Amts wegen ein (z. B. dann, wenn ein Amt beispielsweise durch den Besuch einer Fürsorgerin oder von einem Nachbarn von einer Notlage erfährt). Die Sozialhilfe soll individuell und familiengerecht sein. Der Hilfesuchende muß, soweit zumutbar, seine Verhältnisse offenbaren und alle Änderungen mitteilen. Unterhaltspflichtige, Ersatzpflichtige und Arbeitgeber sind zur Auskunft verpflichtet.

a) Der notwendige Lebensunterhalt umfaßt Ernährung, Kleidung, Körperpflege, Hausrat, Heizung, sonstige persönliche Bedürfnisse des Lebens, ferner Unterkunft, Alterssicherung und Bestattung. Hilfeformen sind persönliche Hilfe, Geld- und Sachleistungen. Der Hilfesuchende muß seine Arbeitskraft einsetzen. Wer zumutbare Arbeit verweigert, hat keinen Anspruch. Außer dem Einkommen muß das gesamte Vermögen eingesetzt werden, soweit es verwertbar ist und seine Verwertung zugemutet werden kann. Sowohl vom Einkommen als auch vom Vermögen bleiben bestimmte Teile anrechnungsfrei.

b) Laufende Leistungen zum Lebensunterhalt außerhalb von Anstalten, Heimen und gleichartigen Einrichtungen werden grundsätzlich nach Regelsätzen gewährt. Sie sind wie folgt festgesetzt:
1) Haushaltsvorstand und Alleinstehende
Die Regelsätze sind so zu bemessen, daß sie die laufenden Leistungen für den notwendigen Lebensbedarf insoweit umfassen, als dieser zur allgemeinen Haushaltsführung gehört.
2) Haushaltsangehörige bis zur Vollendung des 7. Lebensjahres:
45 % des Regelsatzes des Haushaltsvorstandes.
3) Haushaltsangehörige vom 8. bis 11. Lebensjahr:
65 % des Regelsatzes des Haushaltsvorstandes.
4. Haushaltsangehörige vom 12. bis 15. Lebensjahr:
75 % des Regelsatzes des Haushaltsvorstandes.
5) Haushaltsangehörige vom Beginn des 16. bis zur Vollendung des 21. Lebensjahres:
90 % des Regelsatzes des Haushaltsvorstandes.
6) Haushaltsangehörige vom Beginn des 21. Lebensjahres:
80 % des Regelsatzes des Haushaltsvorstandes.
Im Juni 1974 gilt z. B. folgende Regelsatztabelle:

16 §§ 11–26 i. V. m. §§ 3–5, 7, 10, 76, 77, 86, 88, 90, 91, 118, 122 BSHG.

Regelsatz-Tabelle (Stand 1. Januar 1975)

Land	Haushaltsvorstände und Alleinstehende (Eckregelsatz) DM	bis zur Vollendung des 7. Lebensjahres DM	Haushaltsangehörige				gültig ab	Art der Festsetzung
			vom Beginn des 8. bis zur Vollendung des 11. Lebensjahres DM	vom Beginn des 12. bis zur Vollendung des 15. Lebensjahres DM	vom Beginn des 16. bis zur Vollendung des 21. Lebensjahres DM	vom Beginn des 22. Lebensjahres an DM		
1	2	3	4	5	6	7	8	9
Baden-Württemberg	255	115	166	191	230	204	1.1.1975	Festsätze
Bayern	252	113	164	189	227	202	1.3.1975	Mindestsätze*)¹)
Berlin	250	113	163	188	225	200	1.1.1975	Festsätze
Bremen	245	110	159	184	221	196	1.1.1974	Festsätze
Hamburg	260	117	169	195	234	208	1.1.1975	Festsätze
Hessen	260	117	169	195	234	208	1.1.1975	Festsätze

| Land | Haushalts-vorstände und Allein-stehende (Eckregelsatz) DM | Haushaltsangehörige | | | | | gültig ab | Art der Festsetzung |
		bis zur Vollen-dung des 7. Lebens-jahres DM	vom Be-ginn des 8. bis zur Vollen-dung des 11. Lebens-jahres DM	vom Be-ginn des 12. bis zur Vollen-dung des 15. Lebens-jahres DM	vom Be-ginn des 16. bis zur Vollen-dung des 21. Lebens-jahres DM	vom Be-ginn des 22. Lebens-jahres an DM		
1	2	3	4	5	6	7	8	9
Niedersachsen	250	113	163	188	225	200	1.1.1975	Festsätze
Nordrhein-Westfalen								
Höchstbeträge	255	45 v.H.	65 v.H.	75 v.H.	90 v.H.	80 v.H.	1.1.1975	Rahmen-sätze[1]
Mindestbeträge	250	des Eckbetrages nach Spalte 2						
Rheinland-Pfalz								
Höchstbeträge	254	114	165	191	229	203	1.1.1975	Rahmen-sätze[1]
Mindestbeträge	250	113	163	188	225	200		
Saarland	240	108	156	180	216	192	1.8.1974	Festsätze
Schleswig-Holstein	254	114	165	191	229	203	1.1.1975	Festsätze

*) In Bayern betragen die Mindestsätze bis zum 28.2.1975:

Spalten	2	3	4	5	6 ·	7
	240	108	156	180	216	192

1) Die Höhe der Regelsätze wird vom örtlichen Träger der Sozialhilfe festgesetzt. Dabei sind die tatsächlichen Lebenshaltungskosten und die örtlichen Unterschiede zu berücksichtigen; Mindestbeträge dürfen nicht unterschritten werden (§ 22 Abs. 3 BSHG).

Die Regelsätze enthalten den notwendigen Lebensbedarf. Die Miete wird laufend zusätzlich zu den Regelsätzen gezahlt. Weitere Bedürfnisse werden durch einmalige Leistungen gedeckt.

Unter bestimmten Voraussetzungen wird ein Mehrbedarf anerkannt und der Regelsatz erhöht sich; so nach Vollendung des 65. Lebensjahres und bei Erwerbsunfähigkeit vor Vollendung des 65. Lebensjahres um 30 %, bei Gewährung von Tuberkulosehilfe nach dem BSHG ebenfalls um 30 %, für Behinderte um mindestens 50 %.

c) Als weitere Leistungen im Rahmen der Hilfe zum Lebensunterhalt für Alte kommen in Frage:

1) einmalige Leistungen allein oder neben den laufenden Leistungen nach Regelsätzen, insbesondere für Anschaffungen und andere nicht regelmäßig wiederkehrende Bedürfnisse;

2) die Hilfe zum Lebensunterhalt in einer Anstalt, einem Heim oder einer gleichartigen Einrichtung; sie umfaßt grundsätzlich auch ein angemessenes Taschengeld;

3) die Übernahme von Krankenversicherungsbeiträgen sowie die Gewährung von Krankenhilfe [17] grundsätzlich im Umfang der Leistungen nach RVO;

4) die erforderlichen Kosten einer Bestattung, wenn sie den hierzu Verpflichteten nicht zugemutet werden können;

5) Hilfe zur Sicherung der Unterkunft oder zur Behebung einer Notlage.

3. Kostenersatz: Eine Verpflichtung zum Ersatz der Kosten der Sozialhilfe nach dem BSHG besteht nur

a) bei schuldhaftem Verhalten,

b) für die Erben beim Tode des Hilfeempfängers.

Zu **a)**: Kostenersatzpflichtig ist, wer nach Vollendung des 18. Lebensjahres die Voraussetzungen für die Gewährung der Sozialhilfe an sich selbst oder an seine unterhaltsberechtigten Angehörigen durch vorsätzliches oder grob fahrlässiges Verhalten herbeigeführt hat.

Von der Heranziehung zum Kostenersatz kann unter bestimmten Voraussetzungen abgesehen werden, insbesondere dann, wenn dadurch die Fähigkeit des Ersatzpflichtigen beeinträchtigt wird, künftig unabhängig von Sozialhilfe am Leben der Gemeinschaft teilzunehmen.

Der Anspruch auf Kostenersatz erlischt nach 3 Jahren vom Anfang des Jahres an, in dem die Hilfe gewährt worden ist.

Zu **b)**: Der Erbe des Hilfeempfängers oder seines Ehegatten, falls dieser vor dem Hilfeempfänger stirbt, ist zum Ersatz der Kosten der Sozialhilfe mit Ausnahme der Kosten der Tuberkulosehilfe grundsätzlich verpflichtet, jedoch besteht die Ersatzpflicht nur für die Kosten, die innerhalb eines Zeitraums von 5 Jahren vor dem Erbfall aufgewendet worden sind

17 Vgl. unten S. 85.

und die das zweifache des jeweils geltenden Grundbetrags nach § 81 Abs. 1 BSHG übersteigen. Der Erbe haftet nur mit dem Nachlaß.
Der Anspruch auf Kostenersatz erlischt 3 Jahre nach dem Tode des Hilfeempfängers oder seines Ehegatten.

B) Ansprüche auf Pflege und Obsorge, rechtliche Hilfe und Schutz

I. Ansprüche auf Vorsorge, Pflege und Obsorge

Im Bedarfsfall kann entweder allein oder neben Unterhaltsleistungen nach dem Bundessozialhilfegesetz als letztes Mittel die Hilfe in besonderen Lebenslagen nach dem Bundessozialhilfegesetz in Frage kommen. [18]
Solche Hilfen sind:
1. die vorbeugende Gesundheitshilfe (§ 36 BSHG),
2. die Krankenhilfe (§ 37 BSHG),
3. die Hilfe zur Pflege (§§ 68, 69 BSHG),
4. die Hilfe zur Weiterführung des Haushalts (§§ 70, 71 BSHG),
5. die Altenhilfe (§ 75 BSHG).
Für Beratung und Antragstellung zuständig sind die örtlichen Träger der Sozialhilfe (Kreis- und Gemeindeverwaltungen).

1. Vorbeugende Gesundheitshilfe: Personen, bei denen nach ärztlichem Urteil eine Erkrankung oder ein sonstiger Gesundheitsschaden einzutreten droht, soll vorbeugende Gesundheitshilfe gewährt werden.
Zu den Maßnahmen der vorbeugenden Gesundheitshilfe gehören neben Vorsorgeuntersuchungen zur Früherkennung von Krankheiten insbesondere die nach ärztlichem Gutachten im Einzelfall erforderlichen Maßnahmen der Erholung, besonders auch für alte Menschen. Unter bestimmten Voraussetzungen können ferner auch dazu gehören [19] Badekuren, Bestrahlungen, Stärkungsmittel, Impfungen, Desinfektion, Diätzulagen.
Vorsorgeuntersuchungen zur Früherkennung von Krankheiten sind zu gewähren, soweit Versicherte nach den Vorschriften der gesetzlichen Krankenversicherungen (§§ 181, 181 b RVO) Anspruch auf diese Maßnahmen haben.

2. Krankenhilfe ist Kranken zu gewähren; auf sie besteht, wenn kein sonstiger ausreichender Krankenschutz gegeben ist, ein Rechtsanspruch der Hilfebedürftigen.
Die Krankenhilfe umfaßt ärztliche und zahnärztliche Behandlung, Versorgung mit Arzneimitteln, Verbandmitteln und Zahnersatz, Krankenhausbehandlung sowie sonstige zur Genesung, zur Besserung oder zur Linde-

18 Als Pflicht-(Ist-), Soll- oder Kann-Leistung – vgl. hierzu oben S. 79 f.
19 Nach Schellhorn/Jirasek/Seipp »Das Bundessozialhilfegesetz« Anmerkung II, 2 zu § 36.

rung der Krankheitsfolgen erforderliche Leistungen. Zu diesen sonstigen Leistungen gehören [20] u. a. Heil- und Hilfsmittel wie Brillen, Hörgeräte, orthopädische Hilfen sowie die häusliche Krankenpflege.

3. Hilfe zur Pflege ist Personen zu gewähren, die infolge Krankheit oder Behinderung so hilflos sind, daß sie nicht ohne Wartung und Pflege bleiben können.

a) Ob der im § 68 I BSHG vorausgesetzte Grund der Hilflosigkeit besteht, ist nach den Umständen des Einzelfalls und nicht nur allein nach medizinischen Gesichtspunkten zu beurteilen. Entscheidend ist immer, ob sich der Bürger in einer Situation befindet, die für den überwiegenden Teil der Bevölkerung nicht typisch ist. Er muß dafür nicht unbedingt im medizinischen Sinne »krank« sein.

Die Hilfe zur Pflege soll dem Behinderten dazu verhelfen, daß er mit den Grunderfordernissen des täglichen Lebens (Waschen, Anziehen, Essen usw.) fertig wird und damit in seiner physischen Existenz und psychischen Integrität unterstützt wird. Dabei reicht es für die Anwendung des § 68 BSHG aus, wenn nur einzelne, aber für den Ablauf des täglichen Lebens wichtige Verrichtungen nicht wahrgenommen werden können.

Zur Hilfe zur Pflege gehören auch hauswirtschaftliche Verrichtungen (z. B. Reinigung verschmutzter Wäsche), wenn sie zur Wartung und Pflege der Person des Kranken unmittelbar dient (vgl. OVG Berlin S Arb. 1964, 68).

Andererseits meint das Gesetz mit Wartung und Pflege nicht ausschließlich manuelle Hilfeleistungen. Auch eine ständige Überwachung, um zahlreiche, täglich wiederkehrende, zur Selbsterhaltung notwendige Verrichtungen auszuführen (wie es bei geistesschwachen oder hochgradig antriebsschwachen Personen erforderlich sein kann), gehört zum Bereich der Hilfe zur Pflege (vgl. BVerwG S Arb. 63, 117).

Für welche pflegerische Maßnahmen im einzelnen Hilfe gereicht wird, richtet sich letztlich nach den Notwendigkeiten des Einzelfalles (§ 3 I BSHG). Die Entscheidung trifft der Träger der Sozialhilfe nach pflichtgemäßem Ermessen (§ 4 II BSHG). So kann es sich z. B. als notwendig erweisen, einem alleinstehenden Pflegebedürftigen einen Fernsprechanschluß zur Verfügung zu stellen (ZfF 1965, 126).

Dem Pflegebedürftigen sollen auch die Hilfsmittel zur Verfügung gestellt werden, die zur Erleichterung seiner Beschwerden wirksam beitragen. Ferner sollen ihm nach Möglichkeit eine angemessene Bildung und Anregungen kultureller oder sonstiger Art vermittelt werden. Zu den Hilfsmitteln gehören z. B. Vorrichtungen, die einer besseren Bettung dienen, ein Krankenfahrstuhl, schmerzlindernde Mittel und ähnliches.

Zur Vermittlung von Anregungen kultureller oder sonstiger Art gehören:

20 Nach Schellhorn/Jirasek/Seipp »Das Bundessozialhilfegesetz« Anmerkung III, 2 Buchst. g.

Ermöglichung des Besuchs von Veranstaltungen, Überlassung von Rundfunk- und Fernsehgeräten, Tonbändern, Zeitungen, Zeitschriften, Ermöglichung von Ausflügen.

b) § 69 BSHG greift aus dem umfassenden Bereich des § 68 diejenigen Fälle heraus, in denen der Zustand des Pflegebedürftigen seine Aufnahme in eine Anstalt, ein Heim oder eine gleichartige Einrichtung nicht erfordert, in denen vielmehr die häusliche Betreuung ausreicht. Die häusliche Pflege soll durch nahestehende Personen erfolgen. Hierunter sind nicht nur Verwandte und Verschwägerte, sondern auch Nachbarn zu verstehen.

Aufwendungen, die der Pflegeperson durch die Wartung und Pflege entstehen, sind zu erstatten. Dazu gehören insbesondere: Fahrkosten, Kosten für Essen, Kosten für die Beschaffung besonderer Kleidung und für die Reinigung von Wäsche und Kleidung.

Beihilfen sind zu gewähren, wenn sie dazu beitragen, eine Person zur Pflege zu bewegen oder sie ihr zu ermöglichen. Dazu gehören insbesondere: Zahlung eines Taschengeldes, Übernahme von Beiträgen zur Aufrechterhaltung einer Kranken-, Lebens- oder Altersversicherung.

Grundsätzlich ist bei Vorliegen der Voraussetzungen ein festes Pflegegeld zu zahlen (1975: 180 DM, für Schwerbehinderte 486 DM). Wenn der Zustand des Pflegebedürftigen einer außergewöhnlichen Pflege bedarf, kann aber auch ein höherer Betrag gezahlt werden. Dies ist der Fall, wenn an die Pflegebereitschaft oder an die körperlichen Kräfte der Pflegeperson besonders hohe Anforderungen gestellt werden.

4. Hilfe zur Weiterführung des Haushalts soll gewährt werden, wenn keiner der Haushaltsangehörigen den Haushalt führen kann und die Weiterführung des Haushalts geboten ist; die Hilfe soll in der Regel nur vorübergehend gewährt werden.

a) Auf die Hilfe nach § 70 BSHG besteht kein Rechtsanspruch. Sie wird nur Personen gewährt, die einen eigenen Haushalt bisher geführt haben und mit der zu gewährenden Hilfe weiter führen wollen.

Entscheidend ist, daß der Hilfsbedürftige zwar noch einzelne, nicht aber wesentliche Tätigkeiten der Haushaltsführung mehr verrichten kann. Im Zweifel soll im Interesse des Hilfesuchenden immer § 70 BSHG angewendet werden.

Die Weiterführung muß geboten sein. Bei Alleinstehenden, die nicht nur vorübergehend pflegebedürftig sind, ist eine Weiterführung des Haushalts i. d. R. nicht als geboten anzusehen.

Aus den Worten »soll in der Regel« ist zu folgern, daß die Hilfe auch auf nicht nur vorübergehende Zeit (also dauernd) gewährt werden kann, wenn besondere Umstände dies rechtfertigen. Das kann vor allem bei alten Alleinstehenden und bei älteren Ehepaaren, die neben der Hilfe nach § 70 BSHG keiner Pflege bedürfen, der Fall sein. Zur persönlichen Betreuung gehören alle Formen persönlicher Hilfe, die im Rahmen der

Führung des Haushalts notwendig sind (Körperpflege, Gewährung regelmäßiger Mahlzeiten usw.).

Nicht dazu gehören jedoch Leistungen, für die andere Bestimmungen, gelten, insbesondere die Pflege von Personen. In der Praxis ist es jedoch so, daß die Hauspflegerin nicht nur den Haushalt führt, sondern den Alleinstehenden auch pflegt (§ 68 BSHG).

Aufwendungen und Beihilfen für die Hauspfleger können wie im § 69 BSHG gegeben werden.

b) § 71 BSHG regelt nur eine besondere Art der Durchführung der Hilfe zur Weiterführung des Haushalts.

Eine Hilfe zur Weiterführung des Haushalts sieht auch § 185 b RVO für Personen vor, die Mitglieder der gesetzlichen Krankenversicherung sind. Diese Hilfe setzt allerdings auch voraus, daß im Haushalt ein Kind lebt, das das 8. Lebensjahr noch nicht vollendet hat oder das behindert oder auf Hilfe angewiesen ist.

5. Altenhilfe soll alten Menschen neben den übrigen Hilfemöglichkeiten des BSHG gewährt werden. Sie soll dazu beitragen, Schwierigkeiten, die durch das Alter entstehen, zu verhüten, zu überwinden oder zu mildern, und alten Menschen die Möglichkeit zu erhalten, am Leben in der Gemeinschaft teilzunehmen.

Als Maßnahmen der Hilfe kommen vor allem in Betracht:

a) Hilfe bei der Beschaffung und zur Erhaltung einer Wohnung, die den Bedürfnissen des alten Menschen entspricht,

b) Hilfe in allen Fragen der Aufnahme in eine Einrichtung, die der Betreuung alter Menschen dient, insbesondere bei der Beschaffung eines geeigneten Heimplatzes,

c) Hilfe in allen Fragen der Inanspruchnahme altersgerechter Dienste,

d) Hilfe zum Besuch von Veranstaltungen oder Einrichtungen, die der Geselligkeit, der Unterhaltung, der Bildung oder den kulturellen Bedürfnissen alter Menschen dienen,

e) Hilfe, die alten Menschen die Verbindung mit nahestehenden Personen ermöglicht,

f) Hilfe zu einer Betätigung, wenn sie vom alten Menschen gewünscht wird.

Altenhilfe soll ohne Rücksicht auf vorhandenes Einkommen oder Vermögen gewährt werden, soweit im Einzelfall persönliche Hilfe erforderlich ist.

Ergänzend sei hierzu auf Schellhorn/Jirasek/Seipp, a. a. O. S. 239 f. verwiesen.

II. Ansprüche auf Rechtshilfe

Wir brauchen in allen Bereichen des Lebens rechtliche Hilfe. Niemand kann alle Vorschriften und Gesetze, die für ihn wichtig sind, die er braucht, um eigene Ansprüche durchzusetzen oder fremde Forderungen abzuwehren, selbst beherrschen. Er muß sich dafür an andere Personen und Einrichtungen wenden können. Die Hilfe, die er dabei braucht und bekommt, kann von dreifacher Art sein:

a) Rechtsauskunft, d. h. allgemeine rechtliche Hinweise und Aufklärung über Rechtsmöglichkeiten, Verfahrensfragen und rechtliche Zusammenhänge.

b) Rechtsberatung, d. h. Beratung im konkreten Fall einschließlich Hilfe beim Zusammenstellen der Unterlagen und bei der Abfassung von Schriftsätzen.

c) Rechtsvertretung, d. h. Vertretung des Rechtsuchenden im konkreten Fall vor Gerichten und Behörden etc.
Rechtshilfe kann gewährt werden von
1. Personen (besonders von solchen mit spezieller beruflicher Ausbildung),
2. Gerichten,
3. Behörden,
4. Körperschaften des öffentlichen Rechts,
5. Interessenverbänden.

1. Personen:
In erster Linie sind die Rechtsanwälte zu nennen. Sie sind gemäß § 3 Abs. 1 BRAO zur Beratung und Vertretung in allen Rechtsangelegenheiten befugt, sie können also alle drei Arten rechtlicher Hilfe gewähren. Rechtsbeistände/Prozeßagenturen dürfen, sofern sie eine Erlaubnis zur geschäftsmäßigen Besorgung fremder Rechtsangelegenheiten besitzen (Art. 1 § 1 Rechtsberatungsgesetz), zur Rechtsauskunft und Rechtsberatung tätig werden. Auch wird man ihnen die Möglichkeit einräumen müssen, Rechtssuchende bei Behörden zu vertreten. Vor Gericht in Zivilstreitigkeiten dürfen sie allerdings nur auftreten, wenn ihnen gemäß § 157 III ZPO das mündliche Verhandeln vor Gericht durch Anordnung der Justizverwaltung gestattet ist.
Patentanwälte können, obwohl sie keine Rechtsanwälte im Sinne von § 157 I ZPO sind und demgemäß zur Vertretung vor Gericht eigentlich eine Genehmigung der Justizverwaltung benötigen, wegen § 4 der Patentanwaltsordnung vertreten.
Wirtschaftsprüfer und vereidigte Buchprüfer sind beide gemäß Art. 2 § 2 RBerG i. V. und § 107 a II Nr. 2 AO zur geschäftsmäßigen Auskunft und Beratung in Steuersachen berechtigt. Gemäß § 2 II 2 und § 129 II der Wirtschaftsprüferverordnung sind sie auch befugt, ihre Auftraggeber in

steuerlichen Angelegenheiten zu beraten und zu vertreten.
Steuerberater sind ebenfalls gemäß § 1 RBerG zur Auskunft und Beratung in Steuerrechtssachen sowie zur Vertretung hierbei befugt.

2. Gerichte: Die Rechtsantragsstellen bei den Gerichten (Urkundsbeamten der Geschäftsstellen) können im Rahmen der Zuständigkeit der jeweiligen Gerichte Rechtsauskünfte erteilen und darüber hinaus in konkreten Fällen bei der Abfassung von Anträgen beratend tätig werden. Die Beratung wird jedoch auf Form- und Zuständigkeitsfragen begrenzt werden müssen.
Rechtsauskunftsstellen bei Gerichten, besetzt mit Richtern oder Rechtspflegern, dürfen nur minderbemittelten Rechtssuchenden Auskunft und Rat geben und dann nur im Rahmen der Zuständigkeit des jeweiligen Gerichts (vgl. Schorn S. 140).
Rechtsauskunftsstellen bei Gerichten, besetzt mit Rechtsanwälten, können den Rechtssuchenden in allen Rechtsangelegenheiten beraten. Allerdings wird meist gefordert, daß der Rechtssuchende dartut, daß er außerstande ist, die gewöhnlichen Anwaltskosten zu tragen.
Ein Richter darf keine entgeltliche Rechtsauskunft erteilen. Wohl aber darf er unentgeltlich beratend tätig werden. Bei Rechtsstreitigkeiten, mit denen er als Richter befaßt ist, wird sich dies allerdings gewöhnlich verbieten, da er sonst Gefahr läuft, der Befangenheit bezichtigt zu werden. Allerdings wird man gegen eine Beratung beider Teile zugleich nichts einwenden können. § 495 II ZPO fordert sogar für das Verfahren des Amtsgerichts, daß der Richter auf gütliche Beilegung des Rechtsstreits einwirken soll.

3. Behörden:

a) Kommunale Verwaltung: Eine Rechtsberatungs- und Vergleichsstelle existiert soweit ersichtlich nur in Hamburg und Lübeck. Rechtsgrundlage dieser Stelle ist § 794 ZPO, wonach vollstreckbare Vergleiche in Zivilsachen auch vor einer durch die Landesjustizverwaltung eingerichteten und anerkannten Gütestelle abgeschlossen werden können. Daraus wird man schließen können, daß wenn zwei im Rechtsstreit befindliche Parteien es wünschen, kommunale Stellen auch in zivilrechtlichen Fragen Auskunft und Rat erteilen können. Eine Vertretung durch diese Stellen vor Gericht scheidet aus (§ 157 I ZPO).
Den Gemeinden und den Landkreisen sind durch die verschiedensten Gesetze Kompetenzen im Bereich des öffentlichen Rechts zugewiesen. Innerhalb dieser Kompetenzen können sie den Bürgern rechtliche Auskünfte erteilen und sie in rechtlichen Dingen beraten. Die Beratung darf jedoch nur Fragen aus dem jeweiligen Kompetenzbereich betreffen (vgl. Schorn S. 141/142 und Art. 1 § 3 RBerG). Ein Recht oder eine Pflicht der Gemeinden bzw. Landkreise, Bürger in allen Rechtsfragen zu beraten, besteht nicht. Eine solche Kompetenz läßt sich m. E. auch nicht unmittelbar aus dem politischen Mandat der jeweiligen staatlichen Funk-

tionsträger (Landräte, Bürgermeister) ableiten. Vielmehr kann das politische Mandat nur dazu dienen, Kompetenzen, die generalklauselartig formuliert sind, entsprechend auszugestalten.

Eine Gemeinde oder ein Landkreis kann sich auch nicht in der Weise selbst eine Kompetenz für allgemeine Rechtsberatung verschaffen, in dem sie einfach in einer Satzung die allgemeine Rechtsberatung der Bürger als Gemeinde- bzw. Kreisaufgabe festlegt. Das ergibt sich daraus, daß die Kompetenz für Rechtsberatung, die gemäß Art. 74 Nr. 1 GG zur konkurrierenden Gesetzgebung gehört, vom Bund schon durch das geltende Rechtsberatungsgesetz geregelt worden ist und daher andere öffentlich-rechtliche Körperschaften hierzu keine Regelungskompetenz mehr haben (vgl. auch Schorn S. 142).

Die einzelnen Fachbehörden können Rechtsauskunft und Rechtsberatung im Rahmen ihres Arbeitsbereiches ohne weiteres erteilen (vgl. Schorn S. 141).

b) Behörden mit Sonderstatus: Das Jugendamt hat gemäß § 51 JWG einen Elternteil, dem die Sorge für die Person des Kindes allein zusteht, auf Antrag bei der Ausübung der Personensorge (insbesondere bei der Geltendmachung von Unterhaltsansprüchen des Kindes) zu beraten und zu unterstützen. Demnach ist das Jugendamt berechtigt, in Sachen der Personensorge Auskunft und Rechtsrat zu erteilen, und den Rechtssuchenden in diesen Angelegenheiten, soweit kein Anwaltszwang besteht, vor Gericht und Behörden zu vertreten. Bei anderen Ansprüchen als aus dem Bereich der Personensorge hat das Jugendamt dieses Recht nicht. Schon in Rentensachen darf es nicht mehr auftreten (vgl. LSG Baden-Württemberg, Beschluß vom 20. 4. 1971 Sozialgerichtsbarkeit 72, 153, ablehnend Müller – Jugendamt und Rechtsberatung in Der Amtsvormund 71, 387 ff.).

c) Träger der Sozialhilfe (Sozialamt): Der Träger der Sozialhilfe ist nach § 8 Abs. 2 BSHG in besonderer Weise zur »Beratung in Fragen der Sozialhilfe« und zur »Beratung in sonstigen sozialen Angelegenheiten« verpflichtet, soweit letztere nicht von anderen Stellen oder Personen wahrzunehmen sind.

Die Rechtsberatung kann sich demgemäß nicht nur auf eine Aufklärung über die verschiedenen Möglichkeiten und die Höhe der Sozialhilfe erstrecken, sie muß wegen der Verzahnung des gesamten Sozialrechts auch andere Rechtsgebiete umfassen, die Auswirkungen auf die Gewährung von Sozialhilfe haben (z. B. Durchsetzung von Unterhaltsansprüchen, Aufklärung über verwaltungsgerichtliche Zuständigkeiten etc.). Vgl. OVG Lüneburg vom 30. 4. 1963 FEVS 11, 14.

Die Beratung umfaßt auch die Hilfe beim Formulieren von schriftlichen Anfragen und Anträgen, nicht jedoch die Vertretung vor Gericht (LSG Niedersachsen vom 17. 12. 1963 FEVS § 76). Dies deshalb, weil nach Meinung des LSG der § 157 ZPO auch im Verwaltungsstreitverfahren und im Sozialgerichtsverfahren entsprechend anzuwenden ist. Daß diese

Meinung zweifelhaft ist, wurde schon oben gezeigt, so daß zumindest in Verwaltungsgerichtsverfahren ein Auftreten des Vertreters der Sozialbehörde für einen Rechtssuchenden in Sozialsachen rechtlich vertretbar erscheint.

Der Begriff »Beratung in sonstigen sozialen Fragen« ist weit auszulegen, da die gesamten Lebensverhältnisse des Rechtssuchenden berücksichtigt werden müssen. So wird auch eine Beratung in Fragen des Arbeitsrechts, des sozialen Mietrechts, des Wohngeldes, des Mieterschutzes für zulässig gehalten (vgl. G. Giese BSHG 4. Aufl. 1970 § 8 Anm. 8). In diesem Zusammenhang darf nicht unerwähnt bleiben, daß beabsichtigt ist, das Rechtsberatungsgesetz zu modernisieren. Am 24. 2. 1969 wurde zwischen dem Bundesjustizministerium und der Bundesarbeitsgemeinschaft der freien Wohlfahrtsverbände, die ebenfalls im Bereich der Sozialhilfe tätig sind, Einigkeit erzielt, daß u. a. bei der Reform von folgenden Grundsätzen auszugehen ist: In Fällen der Hilfsbedürftigkeit von Bürgern, sei es aus finanziellen Gründen, körperlichen oder geistigen Gründen oder auch sprachlichen Gründen, soll eine Rechtsberatung im Rahmen der persönlichen Hilfe dazu dienen, die anomale Lage des Bürgers bei der Wahrnehmung seiner Interessen auszugleichen. In diesem Rahmen soll auch ein Eingehen auf Rechtsfragen aus sonstigen Rechtsgebieten (wie z. B. Ehe-, Unterhalts-, Miet-, Erb-, Arbeits- oder Ausländerrecht) erlaubt sein. Im Rahmen dieser persönlichen Hilfe soll es erlaubt sein, Unterlagen zusammenzustellen, über Befugnisse und Rechtsbehelfe aufzuklären, Eingaben abzufassen und ähnliches.

Nicht erlaubt sein soll aber die Vertretung vor Gericht.

Im Hinblick auf diese rechtspolitische Tendenz und das politische Mandat von Bürgermeistern oder Landräten ist eine Erweiterung der persönlichen Hilfe für Hilfsbedürftige in obengenanntem Sinne um eine Rechtsauskunft und Rechtsberatung auch über nicht unmittelbar aus dem Sozialrecht stammende Rechtsfragen m. E. rechtlich vertretbar.

Allerdings ist Voraussetzung der Rechtsberatung immer, daß eine Hilfsbedürftigkeit vorliegt, denn die persönliche Hilfe im Sinne des Bundessozialhilfegesetzes ist, wie sich aus der Formulierung »soweit die Hilfe nicht von anderen Personen oder Stellen wahrzunehmen ist,« ergibt, subsidiär. Daraus folgt, daß die Rechtsberatung zum Schutze der Rechtssuchenden auch im Interesse der Rechtssicherheit gesetzlich in erster Linie den Angehörigen bestimmter Berufe oder bestimmter Stellen zugewiesen ist (vgl. § 3 BRAO, §§ 1, 20–24 BNO, § 1324 RVO, § 103 AVG).

4. Körperschaften des öffentlichen Rechts: Dazu gehören insbesondere die Kammern (Industrie- und Handelskammer, Handwerkskammer, Landwirtschaftskammer), die Träger der gesetzlichen Sozialversicherung (Krankenkassen, Versicherungsanstalten, Berufsgenossenschaften). Auch die Kirchen sowie die Wohlfahrtsverbände [22] sind zur Rechtsaus-

---

22 Wohlfahrtsverbände sind Arbeiterwohlfahrt, Deutscher Caritasverband, Deutscher pariätitscher Wohlfahrtsverband, Deutsches Rotes Kreuz, Diakonisches

kunft und Rechtsberatung im Rahmen ihrer Zuständigkeit befugt.

5. Interessenverbände:

a) Im besonderen sind zu nennen die Tarifvertragsparteien (Gewerkschaften und Arbeitgebervereinigungen): Sie sind berechtigt, ihren Mitgliedern im Rahmen ihres Aufgabenbereichs Rat und Hilfe zu gewähren, d. h., sie können grundsätzlich Rechtsauskunft und Rechtsrat erteilen. Zur Vertretung sind sie nur berechtigt, soweit dies in den speziellen Prozeßgesetzen ausdrücklich aufgeführt ist. § 11 ArbGG bestimmt, daß die Verbände ihre Mitglieder vor Arbeits- und Landesarbeitsgerichten vertreten können.

b) Haus- und Grundbesitzer- sowie Mietervereine: Sie können beratend tätig werden, nicht jedoch vertreten.

III. Anspruch auf polizeiliche Hilfe

»Die Polizei, Dein Freund und Helfer« lautet ein gängiges Wort. Dieses Wort hat gerade für den älteren Menschen eine besondere Bedeutung. Wenn überhaupt für jemanden, dann trifft es für ihn die Wahrheit. Der ältere Mensch gerät leichter als viele andere in Gefahren und Schwierigkeiten aller Art, die er allein nicht meistern kann. Er braucht besonders Hilfe und Schutz. Wer von den älteren Menschen hat sich nicht schon einmal plötzlich gesundheitlich unwohl gefühlt und wußte sich dann keinen Rat mehr? Wer kannte sich plötzlich nicht mehr aus – im Bahnhof, im Menschengewühl, in einer fremden Stadt? Viele hatten auch schon unter strafbaren Handlungen zu leiden – bei ihnen wurde eingebrochen, sie wurden bestohlen, sie wurden von »geschäftstüchtigen« Vertretern übervorteilt. Andere fühlen sich bedroht.
In all diesen Fällen ist für den älteren Menschen der Polizist in der Nähe der rechte Mann. An ihn kann er sich in seiner Not wenden. Der Polizist muß ihn anhören und ihm Schutz und Hilfe gewähren. Er muß im Notfall den richtigen Helfer herbeischaffen: Den Arzt, die Krankenschwester, den Pfleger. Er muß die Familie benachrichtigen. Er muß dafür sorgen, daß jedermann in Sicherheit und ohne Furcht vor Unrecht oder Mißhandlung leben kann.

1. Polizist ist derjenige, der eine Polizeiuniform trägt. Das war nicht immer so. Unter »Polizei« verstand man früher mehr oder weniger die ganze innere Verwaltung, die sich mit Sicherheit und Ordnung befaßte, also die gesamte heutige Ordnungsverwaltung, heute nur noch die uniformierte Polizei. Die Verwaltung (der Bürgermeister, der Landrat, der

Werk (Innere Mission und Hilfswerk), Evangelische Kirche, Zentrale Wohlfahrtsstelle der Juden in Deutschland.

Regierungspräsident) gibt aber der uniformierten Polizei heute weitgehend Weisungen, was sie zu tun und zu lassen hat. Die Polizei leistet der Verwaltung Vollzugshilfe. Daher gilt: Die Verwaltung ordnet an, die Polizei führt diese Anordnungen aus. Sie ist der »verlängerte Arm« der Verwaltung.

Nur im Notfall – und das sind die uns interessierenden Fälle – darf die Polizei von sich aus, ohne besondere Anweisung tätig werden. An sie wenden wir uns also immer in der akuten Notlage. Die Polizei muß die unmittelbare Not beheben. Die weiteren Maßnahmen, die noch nötig sind, trifft die Verwaltung.

Dies möge an folgendem Beispiel verdeutlicht werden:

Wenn ein älterer Mensch auf offener Straße einen Herzanfall erleidet, so ist es Sache der Polizei, Erste Hilfe zu leisten, den Krankenwagen herbeizuschaffen, den Arzt zu holen, den Transport ins Krankenhaus zu arrangieren, nahe Angehörige zu unterrichten, denn das sind Dinge, die sofort geschehen müssen, um die akute Notlage zu beheben.

Die Regelung der Transportkosten, die Bezahlung des Arztes und der sonstigen Krankenhausleistungen, vielleicht die Beschaffung von Sozialleistungen: Das ist Sache der Verwaltung, denn das sind Dinge, die zwar auch wichtig sind, aber die Zeit haben, keine Notstandsmaßnahmen.

Die Polizei gliedert sich, je nach den besonderen Aufgaben, die sie zu erfüllen hat, in Schutzpolizei, Kriminalpolizei, Bereitschaftspolizei, Wasserschutzpolizei und andere Sondergruppen. Unser Kontrahent ist in der Regel der Schutzpolizist.

2. Aufgabe der Polizei ist es, die öffentliche Sicherheit und Ordnung aufrechtzuerhalten, indem sie Gefahren von der Allgemeinheit oder einzelnen Bürgern abwehrt. Dieser Grundsatz ist in den Polizeigesetzen des Bundes und der Länder festgelegt.

a) »Öffentliche Sicherheit« ist dabei der Schutz der Rechtsordnung und des einzelnen Bürgers vor rechtswidrigen Eingriffen. Dazu gehört es, strafbare Handlungen zu verhindern oder zu bekämpfen und den Einzelnen und die Allgemeinheit vor Gefahren, die den Bestand des Lebens, der Gesundheit, der Freiheit, der Ehre und des Vermögens bedrohen, zu schützen.

Die Polizei darf z. B. Verbrecher stellen, verhaften, kampfunfähig machen. Sie darf ein brennendes Auto stoppen und löschen, wilde Tiere, die aus dem Zoo entlaufen sind, notfalls töten, einsturzgefährdete Häuser räumen, bei Unfällen die Umgebung sichern und absperren. Sie muß Verletzte bergen, für ärztliche Hilfe sorgen.

»Öffentliche Ordnung« bedeutet: jeder Bürger hat sich an die geltenden Vorschriften zu halten, die die Voraussetzung für ein geordnetes Zusammenleben in der Gemeinschaft sind (Schutz der religiösen Gefühle, Verhinderung von Lärm, Sicherung der Leichtigkeit des Straßenverkehrs, Schutz des Mitbürgers vor Belästigungen aller Art).

Die Polizei kann daher jemanden, der einen Gottesdienst stört, entfernen und vorläufig in Haft nehmen, lärmende Autoradios abstellen, falsch geparkte Fahrzeuge abschleppen lassen.

b) Diese polizeilichen Aufgaben sind jedoch durch besondere Regelungen teils eingeschränkt, teils aber auch erweitert.

Eine Einschränkung liegt vor, wenn eine andere Stelle im Einzelfall zuständig ist, z. B. der Staatsanwalt oder der Richter. Hier darf die Polizei nicht tätig werden.

Eine Erweiterung ist gegeben, wenn die Polizei über ihre grundsätzlichen Aufgaben hinaus auch besondere Befugnisse durch Sondergesetze zugewiesen erhalten hat.

Sie ist so auch zuständig im:
Paßwesen, Ausländerwesen, Versammlungswesen, Waffenwesen, soweit es Erwerb, Führung, Besitz und Einfuhr von Waffen und Munition betrifft, zur Entgegennahme der Anzeige von Sprengungen, zur Zulassung von Personen und Fahrzeugen zum Straßenverkehr, bei Angelegenheiten der Straßenverkehrsordnung (mit Ausnahme der Aufgaben der Straßenverkehrsbehörde).

Sie übt ferner die Aufsicht über die Beförderung radioaktiver Stoffe sowie in der Regel über die Beförderung und Lagerung gefährlicher Güter aus, handhabt die Polizeiaufsicht, erteilt polizeiliche Erlaubnisse nach dem StGB, kümmert sich um die Lärmbekämpfung, setzt die Polizeistunde fest, genehmigt Tanzveranstaltungen und erstellt Führungszeugnisse.

Die Polizei als Hilfsorgan der Staatsanwaltschaft (§ 152 Abs. 2 GVG) hat nach der Strafgesetzgebung insbesondere auch folgende Aufgaben:
Vernehmung (§ 163)
Durchsuchung (§ 102, 105)
Beschlagnahme (§ 94, 98)
Festnahme (§§ 127 Abs. 1, Abs. 2; 112, 113)
Anordnung körperlicher Untersuchung (§ 81 a)
Das Hessische Gesetz über Sicherheit und Ordnung (HSOG) als beispielhaft angeführtes Landesgesetz kennt folgende Befugnisse der Polizei weiter:
Feststellung der Personalien (§ 16 HSOG)
Vorladung (§ 17 HSOG)
Sicherstellung von Gegenständen
Verhängung gebührenpflichtiger Verwarnungen (§ 23 HSOG)
Die Polizeigesetze der übrigen deutschen Länder enthalten ähnliche Bestimmungen.

c) Der Schutz privater Rechte ist nicht Sache der Polizei. Wer hier Rechte hat, die seine Mitbürger nicht beachten wollen, muß sich an die Zivilgerichte wenden. Wer sich daher mit seinen Mitmenschen streitet, kann nicht die Polizei einschalten und verlangen, daß sie hier Partei ergreift. Nur ausnahmsweise darf die Polizei zum Schutz privater Rechte tätig werden, wenn gerichtlicher Schutz nicht rechtzeitig zu erlangen ist und ohne polizeiliche Hilfe die Gefahr besteht, daß die Verwirklichung des privaten Rechts vereitelt oder wesentlich erschwert wird. Die Polizei darf hier aber nur das tun, was zum Schutz des Rechts unbedingt erforderlich ist.

Hierzu ein konkreter Fall:

Herr Schulze will gerade eine kostbare Vase zerschlagen. Herr Meier steht dabei und behauptet, die Vase gehöre ihm, er habe sie Schulze nur geliehen.

Die Polizei darf hier Herrn Schulze hindern, die Vase zu zerschlagen, bis die Eigentumsfrage geklärt ist. Stellt sich heraus, daß Schulze doch Eigentümer ist, darf er die Vase zerschlagen und ihn die Polizei dabei nicht hindern.

3. Die Polizei muß gegen Störer tätig werden. Störer ist, wer für eine Gefahr verantwortlich ist, indem er sie erzeugt hat.

Störer ist z. B.
der Autofahrer, der laut hupt und dadurch die Passanten belästigt,
der Schütze, der mit einem Gewehr im Gelände herumschießt und Spaziergänger gefährdet,
der Selbstmordkanidat, der vom Dach eines Hauses auf die Straße springen will und dadurch einen Volksauflauf hervorruft.

Der Störer ist verantwortlich für:
a) eigenes Verhalten, wenn er sich selbst ordnungswidrig verhält,

b) das Verhalten anderer Personen, wenn er diese zu beaufsichtigen hat.
Wenn z. B. Kinder randalieren, ist der dabei stehende Vater verantwortlich und muß eingreifen. Stehen hingegen andere Personen bei den randalierenden Kindern, ohne einzugreifen, so sind diese Personen keine Störer, da niemand ohne besonderen Auftrag fremde Kinder zu beaufsichtigen braucht.

c) den Zustand von Sachen.
Wer z. B. einen Tiger an der Leine durch die Straße führt oder mit einem entsicherten Gewehr herumläuft, ist verantwortlich, wenn ein Passant zu Schaden kommt.

d) Nur in besonderen Notfällen können auch Personen, die keine Störer sind, von der Polizei in Anspruch genommen werden.
Ein typischer Fall dafür ist, wenn Obdachlose in freistehende Räume eines Hausbesitzers eingewiesen werden oder wenn Polizei und Feuerwehr von einem Nachbarhaus aus einen Brand bekämpfen und dieses Haus dazu betreten. Sie dürfen dies, auch wenn der Hauseigentümer das nicht erlauben will.

4. Polizeiliche Mittel: Als Mittel zur Erfüllung ihrer Aufgaben dient der Polizei insbesondere der Polizeibefehl, den es in zwei Erscheinungsformen, nämlich als Polizeiverfügung und als Polizeiverordnung gibt.

a) Polizeiverfügungen sind Gebote oder Verbote, welche die Polizei an bestimmte Personen (Einzelverfügung) oder Personenkreise (Allgemeinverfügung, z. B. Teilnehmer an einer Versammlung, Anlieger einer Straße) erläßt.

Sie dürfen nur zur Beseitigung einer Störung der öffentlichen Sicherheit und Ordnung oder zur Abwehr einer im einzelnen Falle unmittelbar bevorstehenden Gefahr für die öffentliche Sicherheit und Ordnung getroffen werden.

Sie können ferner dann erlassen werden, wenn die in einem Gesetz oder einer Polizeiverordnung für diesen Fall niedergelegten Voraussetzungen vorliegen.

Dabei muß immer der Grundsatz der Verhältnismäßigkeit gewährt sein, d. h., die Maßnahme muß notwendig sein und von mehreren möglichen Maßnahmen soll diejenige gewählt werden, die den Betroffenen und die Allgemeinheit am wenigsten beeinträchtigt. Zweck und Mittel müssen zueinander im rechten Verhältnis stehen. Es ist verboten,»mit Kanonen auf Spatzen zu schießen«.

Ein Unterfall der Polizeiverfügung ist die polizeiliche Erlaubnis. Durch sie können unter bestimmten Voraussetzungen Handlungen, die an sich verboten sind, zugelassen werden (z. B. die Erlaubnis, Glücksspiele zu veranstalten oder eine Spielbank einzurichten). Diese Erlaubnis kann zurückgenommen werden, wenn ein Antragsteller unvollständige oder falsche Angaben über seine Person und andere Umstände gemacht hat und wenn die Erlaubnis mit dem Hinweis erteilt wurde, daß sie jederzeit widerrufen werden kann.

Diese Polizeiverfügungen sind Verwaltungsakte, und können wie jeder Verwaltungsakt vom Betroffenen angefochten werden.

b) Die Polizeiverordnung ist dagegen eine Rechtsverordnung. Sie richtet sich nicht gegen einzelne Personen, sondern allgemein an die Bevölkerung. Solche Polizeiverordnungen dürfen erlassen werden, um Fälle zu regeln, aus denen sich nach allgemeiner Lebenserfahrung eine Gefahr für Personen oder Sachen entwickeln kann.

Hierzu gehören allgemeine Verbote: im Herbst Hecken abzubrennen, zur Faschingszeit Feuerwerkskörper abzufeuern, in bestimmten Gebieten, wo Explosionsgefahr besteht (z. B. in Ölraffinerien, Reifenwerken) mit dem Auto zu fahren oder zu rauchen.

Soweit solche Polizeiverordnungen erlassen werden, müssen sie von der jeweils örtlich und sachlich zuständigen Behörde der allgemeinen inneren Verwaltung erlassen werden (z. B. Minister, Landrat, Bürgermeister).

Der uniformierte Polizist kann solche Verordnungen nicht erlassen, er muß sie aber vollziehen, d. h., er muß dafür sorgen, daß der Bürger sie beachtet und Verstöße abgestellt werden.

5. Polizeilicher Zwang: Die Polizei kann notfalls mit Gewalt gegen den Bürger vorgehen, wenn sie anders nicht zum Ziel kommt. Sie hat dazu folgende Zwangsmittel zur Verfügung; die in den jeweiligen Landesgesetzen vorgesehen sind:

a) Ersatzvornahme
Hier wird die geforderte Handlung auf Kosten des Verpflichteten auf Veranlassung der Polizei durch einen Dritten ausgeführt;
Beispiel:
Die Polizei stellt fest, daß ein falsch geparktes Auto den Verkehr behindert. Der Inhaber ist nicht zu finden. Da das Fahrzeug nicht stehen bleiben kann, gibt die Polizei einer Abschleppfirma den Auftrag, den Wagen abzuschleppen. Der Inhaber des Wagens muß die Abschleppkosten tragen.

b) Zwangsgeld
Hier muß der Bürger einen Geldbetrag zahlen, wenn er eine ihm aufgetragene Handlung nicht vornimmt.
Beispiel:
Ein Bürger muß bis zum 1. Mai ein schwarz gebautes Dachgeschoß abbrechen. Tut er das bis zu diesem Zeitpunkt nicht, muß er, sozusagen als Buße, 1000,– DM Zwangsgeld zahlen.

c) Unmittelbarer Zwang
Darunter fällt die Anwendung von Polizeigriffen, der Einsatz von Polizeihunden, besonders aber der Waffengebrauch, auch die Entnahme von Blutproben bei Alkoholverdächtigen. Hier sind besonders enge Grenzen gezogen. Unmittelbarer Zwang ist das »letzte Mittel«, wenn alle anderen versagten. Hier ist der Grundsatz der Verhaltensmäßigkeit besonders zu beachten.
Der Gebrauch von Schußwaffen insbesondere ist nur dann zulässig, wenn ein Verbrechen vorliegt.

6. Die Polizei darf, wie schon ausgeführt wurde, nur handeln, wenn sie dazu gesetzlich ermächtigt ist. Diese Ermächtigung bezieht sich nicht nur darauf, ob, sondern auch darauf, wie eingeschritten werden darf. Dabei ist möglich, daß der Polizei nur eine bestimmte Maßnahme zur Verfügung steht. Sie kann auch zwischen mehreren Maßnahmen wählen. Sie hat dann eine Ermessensentscheidung zu treffen.
Beispiel:
In der Bannmeile um den Bundestag in Bonn droht eine demonstrierende Menge in das Bundeshaus einzudringen und eine Parlamentssitzung zu stören oder gar zu sprengen. Eine Polizeieinheit erhält den Auftrag, die Menge zurückzudrängen. Dabei kommt es zu schweren Schlägereien. Der Polizei stehen Wasserwerfer, Tränengas und Schußwaffen zur Verfügung. Sie muß nun entscheiden, welche Mittel sie anwendet, um ihren Auftrag, die Sicherung des Bundeshauses zu erfüllen.

Die Polizei muß in einem solchen Falle eine Abwägung aller Interessen vornehmen, das Für und Wider bei einer Maßnahme gegeneinander abwägen und schließlich den Vorzug derjenigen Entscheidung geben, die den Einzelnen und die Allgemeinheit am wenigsten beeinträchtigt. Besonders darf der Schaden, der durch die ausgewählte Maßnahme zu erwarten ist, nicht in offenbarem Mißverständnis zu dem Erfolg stehen. Für die Polizei gilt mehr als für jeden anderen, daß sie jede Maßnahme genau überprüft und das Richtige und Nötige, nicht mehr und nicht weniger tut. Bei unserer Demonstration würden Wasserwerfer, äußerstenfalls Tränengas ausreichen, um die Demonstranten zu vertreiben. Schußwaffen dürften nur angewendet werden, wenn die Demonstranten selbst von der Waffe Gebrauch machten. Besonders schwierige Entscheidungen sind zu treffen, wenn sich Geiseln in der Gewalt von Straftätern befinden. Hier gilt der Grundsatz, daß der Schutz und die Rettung der Geiseln der Festnahme der Täter vorzugehen haben.

7. Rechtsschutz des Bürgers gegen die Maßnahmen der Polizei: Mehr als irgendwo sonst muß bei Maßnahmen der Polizei der Bürger die Möglichkeit haben, sich zu beschweren. Die Polizei ist ein Machtinstrument. Es ist daher besonders wichtig, daß alles, was sie gegen den Bürger unternimmt, von einer gerichtlichen Instanz überprüft werden kann.
Gegen eine Polizeiverfügung kann der beschwerte Bürger nach den Vorschriften der Verwaltungsgerichtsordnung innerhalb eines Monats Widerspruch erheben.
Hat der Bürger keine Rechtsmittelbelehrung erhalten, so kann er innerhalb eines Jahres Widerspruch einlegen (§ 58 Abs. 2 VwGO). Welche unmittelbaren Folgen der Widerspruch hat, hängt von der beanstandeten Maßnahme ab. Angeordnete Verkehrsregelungen müssen z. B. trotz Widerspruch sofort befolgt werden, es darf nur jetzt auf Grund des vorherigen Verhaltens noch kein Bußgeld verhängt werden.
Nach erfolglosem Ablauf des Widerspruchsverfahrens kann der Betroffene bei dem Verwaltungsgericht Klage erheben. Das Gericht prüft dann alle Voraussetzungen, auf denen die ergangene polizeiliche Maßnahme beruht.

IV. Straf- und bußgeldrechtliche Vorschriften mit Bedeutung für alte Menschen

Wie die Vorschriften des Polizeirechts ist auch das Strafrecht für ältere Menschen von Bedeutung. Weniger in der Weise, daß ältere Menschen selbst straffällig werden, sondern daß diese oft Opfer von strafbaren Handlungen werden. Hier ist es wichtig, die einschlägigen Bestimmungen, ihre Bedeutung und die Strafsanktionen zu kennen.
Die Aufgliederung der einzelnen Straftaten erfolgt dabei in der Weise, daß die

- ältere Menschen
- Altenpflege und
- Unterhaltsverpflichtete

besonders interessierenden Bestimmungen getrennt dargestellt werden.

Anmerkung

Bei der Darlegung des Strafrechts wurde das Strafgesetzbuch (StGB) in der Fassung vom 2. 1. 1975 (BGBl. I Nr. 1) vom 7. 1. 1975 S. 2, veröffentlicht im Sammelblatt für Rechtsvorschriften des Bundes und der Länder Nr. 5 am 31. 1. 1975 zugrundegelegt.

A: Allgemeiner Teil

Eine Straftat liegt vor, wenn:
1) Eine Handlung begangen wird, die einen Straftatbestand verwirklicht,
2) die Handlung rechtswidrig ist,
3) der Täter schuldhaft gehandelt hat.

Dabei kann eine Tat nur bestraft werden, wenn die Strafbarkeit gesetzlich bestimmt war, bevor die Tat begangen wurde (§ 1 StGB).

Die Handlung ist das wirkliche menschliche Verhalten. Eine Handlung kann einmal in einem aktiven Tun bestehen, d. h. Eingreifen in die Außenwelt sein. Sie kann auch in dem Unterlassen eines aktiven Tuns zu sehen sein (§ 13 StGB). Sie kann auch in einem Handeln für einen anderen bestehen (§ 14 StGB).

Beispiel: Wenn ich jemanden mit einem Messer ersteche, töte ich ihn durch aktives Tun.

Verlasse ich auf einer Hochgebirgstour einen Bergkameraden nach einem Unfall und kommt er dann an Hunger und Kälte um, so töte ich ihn durch ein Unterlassen. Ich unterlasse es nämlich, ihn mitzunehmen und so zu retten.

1. Tatbestand

Der Tatbestand ist die abstrakte Beschreibung strafrechtlich wesentlicher Handlungsweisen. Tatbestandsmäßig wird eine konkrete Handlung dann, wenn sie dieser im Strafgesetzbuch stehenden abstrakten Beschreibung (Strafgesetz) entspricht. Mit dieser Entsprechung wird der Handelnde zum Täter.

Nach der Art der beschriebenen Handlung unterscheidet man verschiedene Formen von Straftaten:

a) Einmal stellt man gegenüber
- Begehungsdelikte,

d. h. solche, deren Tatbestand ein aktives Tun beschreibt, (z. B. Diebstahl, Notzucht) und
- Unterlassungsdelikte,

d. h. solche, deren Tatbestand das Abwenden eines Erfolgs beinhaltet, der zum Tatbestand eines Strafgesetzes gehört, wenn der Täter rechtlich dafür einzugestehen hat, daß der Erfolg nicht eintritt (§ 13 Abs. 1 StGB) (z. B. das Unterlassen einer Anzeige oder der Hilfeleistung bei Unglücksfällen. Eine Straftat durch Unterlassen kann aber auch so begangen werden, daß das Unterlassen der Verwirklichung des gesetzlichen Tatbestandes durch ein Tun entspricht (§ 13 StGB Abs. 1 letzter Halbsatz).

Diese Rechtspflicht, den Eintritt eines bestimmten Erfolges zu verhindern, besteht immer dann, wenn der Unterlassende ein bedrohtes Rechtsgut zu schützen hat.

Diese Stellung kann auf Gesetz (z. B. §§ 1353, 1601, 1631 BGB), Gewohnheitsrecht oder aus tatsächlichem Verhalten (wie z. B. vorausgegangenes Tun) beruhen. Sie kann sich auch aus der tatsächlichen Übernahme der Gewähr für das Rechtsgut ergeben (z. B. konkret: Der Altenpfleger übernimmt die Pflege von älteren Menschen, der Arzt die Betreuung von Kranken und die Kindergärtnerin die Aufsicht über Kinder, so RGSt. 10, 100) oder aus einem besonderen Vertrauensverhältnis, (wie es zwischen Pflegern eines Altenheims zu den Bewohnern besteht).

b) Weiter stellt man gegenüber:
Tätigkeitsdelikte,
deren Tatbestand ein schlichtes aktives Tun beschreibt, (z. B. falsches Schwören oder unbefugte Benutzung eines Kraftfahrzeugs) und andererseits
Erfolgsdelikte,
deren Tatbestand ein Tun beschreibt, das einen bestimmten Erfolg auslöst, der noch nicht in der Handlung eingeschlossen ist, (z. B. Totschlag, Körperverletzung und Sachbeschädigung).

2. Rechtswidrigkeit

Rechtswidrig ist ein Handeln, wenn es der Rechtsordnung widerspricht, d. h. wenn es gegen allgemeine Verhaltensnormen verstößt.

Die Rechtswidrigkeit kann entfallen, wenn ein Rechtfertigungsgrund vorliegt. Zu den Rechtfertigungsgründen gehören die Einwilligung des Verletzten, die behördliche und dienstrechtliche Erlaubnis, Handeln auf Befehl, wenn die befohlene Handlung rechtmäßig ist und Notrechte. Zu den Notrechten gehören außer der Notwehr nach § 32 StGB die Rechte aus §§ 228, 229 und 904 BGB sowie der übergesetzliche Notstand (wenn jemand in einer gegenwärtigen Gefahr für ein Rechtsgut eine Tat begeht, um die Gefahr von sich oder einem anderen abzuwenden, wobei bei Abwägung der widerstreitenden Interessen, namentlich der betroffenen Rechtsgüter und des Grades der ihnen drohenden Gefahren das von ihm geschützte Interesse das beeinträchtigte wesentlich überwiegt).

3. Schuld

Schuld ist Vorwerfbarkeit.
Dem Täter wird durch Verwirklichung eines gesetzlichen Tatbestands ein persönlicher Vorwurf gemacht, d. h. sein Verhalten muß ihm persönlich zurechenbar sein. Dafür ist es nötig, daß der Täter zunächst **schuldfähig** ist. Er muß dann eine der zwei möglichen Schuldformen verwirklicht haben.

a) Schuldfähig ist jeder Mensch, der nicht schuldunfähig oder vermindert schuldfähig ist. Schuldunfähig sind Kinder (§ 19 StGB) oder wer an krankhaften seelischen Störungen leidet (§ 20 StGB). Vermindert schuldfähig ist, wer wegen seelischer Störungen nur stark vermindert in der Lage ist, das Unrecht seiner Tat einzusehen und nach dieser Einsicht zu handeln (§ 21 StGB).

b) Der Täter muß vorsätzlich oder fahrlässig gehandelt haben. Vorsatz ist das Begehen der Tat mit wissen und wollen.
Merksatz:
Du hast gewußt, was du tatest und wolltest es.
Fahrlässig handelt der, den der Vorwurf trifft, daß er eine ihm persönlich obliegende Sorgfaltspflicht mißachtet und deshalb die Tat und ihre Folgen nicht vermieden hat.
Merksatz:
Du hättest wissen müssen, was du tatest und hättest anders handeln können.
Fahrlässiges Handeln ist nur strafbar, wenn das im Gesetz besonders vorgeschrieben ist.
Beispiel: Ein Autofahrer überfährt einen Fußgänger. Dieser stirbt an den Verletzungen. Er handelte vorsätzlich, wenn er mit dem Willen auf den Fußgänger losfuhr, um diesen totzufahren. Er handelte fahrlässig, wenn er den Fußgänger und die Gefahren bemerkte, aber trotzdem losfuhr und dachte: Es wird schon nichts passieren.

c) Die Schuld des Täters ist ferner ausgeschlossen bei entschuldigendem Notstand nach § 35 StGB.
Er liegt vor, wenn der Täter in einer gegenwärtigen, nicht anders abwendbaren Gefahr für Leib, Leben oder Freiheit eine rechtswidrige Tat begeht, um diese Gefahr von sich, Angehörigen oder nahestehenden Personen abzuwenden.

B. Die einzelnen Straftaten

Anschließend soll ein Überblick über diejenigen Straftaten und Ordnungswidrigkeiten gegeben werden, die für Altenpfleger, aber auch für Heiminsassen und Unterhaltsverpflichtete von besonderer Bedeutung sind.

I. Für Altenpfleger

1. § 120 Abs. 4 StGB
stellt denjenigen unter Strafe, der (z. B. als Pfleger in einer Heil- oder Pflegeanstalt – dies kann unter Umständen auch eine Altenpflegeanstalt sein –) jemanden, der in dieser Anstalt untergebracht ist, befreit oder ihm beim Entweichen hilft. Wesentlich für die Erfüllung des Tatbestands ist, daß der Untergebrachte auf Grund behördlicher Anordnung in der Anstalt »verwahrt« wird.

2. § 174 StGB
Diese Vorschrift will die sexuelle Freiheit Verwahrter und Kranker in Anstalten, also auch der Aufsicht und Obsorge unterstellter älterer Menschen schützen und bestimmte Abhängigkeitsverhältnisse von sexuellen Störungen freihalten.
Für einen Krankenpfleger kann nur von Bedeutung § 174 a Ziffer 1 (2) und Ziffer 2 StGB sein.
Nach Ziff. 1 ist strafbar, wer unter Mißbrauch seiner Aufsichts- oder Betreuungsstellung in einer Anstalt für Kranke und Hilfsbedürftige einen anderen mißbraucht, d. h. sexuelle Handlungen vornimmt oder an sich vornehmen läßt. § 174 a Ziff. 2 StGB erfaßt alle Personen, die ein gewisses Über- Unterordnungsverhältnis zu den Betreuten haben. In Betracht kommen Ärzte, Krankenwärter, Anstaltspfleger (BGHSt. 1, 122) in einem Heil- und Pflegeheim und Altersheim, die auf Grund ihrer Stellung Vertrauen und Ansehen genießen und dieses ausnutzen. Opfer kann nur ein Insasse der Anstalt sein. Besucher scheiden aus (RGZ 76, 150).
Sexuelle Handlungen sind alles, was das allgemeine Scham- und Sittlichkeitsgefühl in geschlechtlicher Beziehung erheblich verletzt, und/oder der Erregung oder Befriedigung der Geschlechtslust dient. Hierüber gibt es eine Fülle von Entscheidungen.
§ 174 b StGB stellt den sexuellen Mißbrauch unter Ausnutzung einer Amtsstellung unter Strafe.

3. § 202 StGB
bestraft die Verletzung des Briefgeheimnisses. Danach wird bestraft, wer einen geschlossenen Brief öffnet oder sich sonst von seinem Inhalt Kenntnis verschafft.
Der Altenpfleger muß daher Briefe von Untergebrachten oder Briefe, die für Untergebrachte bestimmt sind, ordnungsgemäß absenden oder übergeben.
Altenpfleger dürfen auch Geheimnisse, die sie bei ihrer Tätigkeit über Untergebrachte erfahren (z. B. deren Krankheiten, finanzielle Verhältnisse, sonstige Leiden usw.) niemandem offenbaren (§ 203 StGB).

4. § 216 StGB
bestraft den, der einen anderen auf ausdrückliches und ernsthaftes Verlangen hin tötet. Erforderlich ist hierbei das ausdrückliche Verlangen

des Getöteten. Eine einfache Einwilligung genügt nicht, auch nicht, wenn das Opfer sich in einer Augenblicksstimmung befindet oder erkennbar geisteskrank ist.

Schwierig kann die Abgrenzung zur Beihilfe zum Selbstmord sein, die straflos ist, da der Selbstmord in Deutschland nicht unter Strafe gestellt ist, daher auch die Beteiligung daran straffrei ist. Selbstmord und keine Tötung auf Verlangen liegt immer dann vor, wenn der »Getötete« die Handlung letztlich selbst vornimmt, und der Täter den Selbstmord ermöglicht (z. B. durch Beschaffung von Gift).

Wenn aber das Opfer die Entscheidung über Leben und Tod (nach dem Selbstmord) nicht mehr inne hat, weil es z. B. nach der Einnahme des Giftes bewußtlos geworden ist, kann sich im Anschluß daran eine Rechtspflicht für einen anwesenden Pfleger ergeben, das Opfer zu retten, da er für Heiminsassen eine Fürsorgepflicht hat (vgl. Anstaltsverhältnis).

Im Ergebnis ergibt sich dann möglicherweise, wenn feststeht, daß das Opfer nach Einnahme des Giftes noch hätte gerettet werden können, ein Totschlag durch Unterlassen (§ 212 StGB).

5. § 221 StGB
bestraft den, der eine gebrechliche oder kranke und daher hilflose Person aussetzt oder wer eine solche Person, die unter seiner Obhut steht oder für deren Unterbringung, Fortschaffung oder Aufnahme er zu sorgen hat, in hilfloser Lage verläßt.

a) Zunächst muß für das Opfer eine Lebensgefahr bestehen, in die es durch das Verhalten des Täters geraten ist.

b) Es werden dann im Gesetz zwei Fälle unterschieden:
Das Aussetzen und das Verlassen. Aussetzen bedeutet das räumliche Verbringen des Hilflosen aus der bisherigen gesicherten Lage in eine ihn gefährdende neue Lage, aus der er sich nicht selbst helfen kann. Täter kann im Fall des Aussetzens jedermann sein.
Im Fall des Verlassens kann aber nur Täter sein, wer den Schutzbedürftigen unter seiner Obhut hat (z. B. der Pfleger gegenüber dem Insassen eines Altenheims). Dies deshalb, weil der Pfleger ein allgemeines Schutzpflichtverhältnis zu den Bewohnern eines Altenheims hat.

c) Der Täter muß den Schutzbedürftigen in hilfloser Lage verlassen, d. h. sich räumlich von ihm trennen. Hierbei reicht es nach der Rechtsprechung aus, wenn der Schutzpflichtige (Pfleger) den Zugang zum Schützling abschneidet oder wesentlich erschwert (z. B. wenn er den Schützling einschließt und den Schlüssel mitnimmt). Jedoch reicht es für § 221 StGB nicht aus, wenn sich der Schutzpflichtige auf andere Weise zur Hilfe unfähig macht (z. B. wenn er einschläft). Kein Verlassen wird auch durch untätiges Sitzen am Bett des Patienten angenommen.

6. § 222 StGB
bestraft denjenigen, der durch Fahrlässigkeit den Tod eines Menschen verursacht.

Hier muß zunächst durch eine Handlung der Tod eines Menschen verursacht worden sein.

Weiter muß der Täter pflichtwidrig und fahrlässig gehandelt haben.

Dabei richtet sich das Maß der Sorgfalt objektiv nach den Umständen und subjektiv nach den persönlichen Kenntnissen und Fähigkeiten des Täters. Aus diesen entspringt die Pflicht zur Sorgfalt. So begründet auch der Beruf wie der spezielle des Kranken- oder Altenpflegers eine gesteigerte Sorgfaltspflicht in seinem Bereich. Daraus folgt auch, daß ein Unkundiger nicht die Aufgabe eines mit einer speziellen Tätigkeit Betrauten übernehmen darf, wenn er dieser nicht gewachsen ist, so dürfen Krankenpfleger, die sich nebenher mit der Heilkunde beschäftigt haben, nicht gegen die Regeln der Heilkunde verstoßen. Sie müssen einen Arzt hinzuziehen, falls sie sehen, daß ihre Kenntnisse und Fähigkeiten für die Pflege und Behandlung der festgestellten Krankheiten nicht ausreichen; z. B. bei Diphterie oder anderen lebensgefährlichen Erkrankungen besteht sogar die Pflicht, den Kranken umgehend in ein Krankenhaus zu bringen. Bei unklarem Krankenbild muß der Pfleger für genügende Überwachung sorgen.

Zur Fahrlässigkeit (= pflichtwidriges Verhalten) muß außerdem noch hinzukommen, daß der Täter den Erfolg voraussehen konnte. Alle konkreten Einzelheiten brauchen nicht voraussehbar sein (z. B. Pfleger bringt einen Gestürzten trotz heftiger Kopfschmerzen nicht zum Arzt, dann kann nach der Lebenserfahrung bei einem alten Menschen der Tod eintreten).

7. § 223 b StGB
bestraft den, der wegen Gebrechlichkeit oder Krankheit Wehrlose, die seiner Fürsorge oder Obhut unterstehen, quält oder roh mißhandelt oder wer durch böswillige Vernachlässigung seiner Pflicht, für sie zu sorgen, an der Gesundheit schädigt.

Wehrlos muß das Opfer sein, d. h. es kann sich nicht zur Wehr setzen.

Die Wehrlosigkeit muß auf der Gebrechlichkeit oder Krankheit beruhen.

Weiterhin muß für Altenpfleger ein Fürsorgeverhältnis (z. B. aus dem Altenheimvertrag) bestehen. Daraus fließt dann die Pflicht, für das leibliche und geistige Wohl des Verletzten zu sorgen. Der Pfleger in einem Altenheim hat – wie schon erwähnt – eine solche Fürsorgestelle inne.

Der Verletzte muß entweder
a) roh mißhandelt worden sein oder
b) gequält oder
c) einen Gesundheitsschaden
durch böswillige Vernachlässigung der Sorgepflicht erlitten haben.

Quälen ist das Verursachen länger dauernder Schmerzen.

Roh ist eine Mißhandlung, wenn sie aus einer gefühllosen Gesinnung unter Erregung erheblicher Schmerzen erfolgt.

Eine böswillige Sorgepflichtvernachlässigung liegt vor, wenn sie aus verwerflichen eigensüchtigen Beweggründen erfolgt, wie Haß, Sadismus, Geiz und Rache.

8. § 229 StGB
bestraft den, der einem anderen Gift verabreicht, um ihn an der Gesundheit zu schädigen oder diesem andere Stoffe beibringt, die seine Gesundheit zerstören können. Es genügt das Beibringen des Gifts. Der erwartete Erfolg, die Körperverletzung, braucht nicht einzutreten, um den Tatbestand zu erfüllen.
Gift sind Substanzen, die nach ihrer Beschaffenheit und Menge den lebenden Körper zerstören können.
Das Beibringen des Gifts kann erfolgen durch Verschlucken, Einspritzungen, Auftragen auf die Haut und Einatmenlassen.
Der Vorsatz des Täters muß sich auf die Gesundheitszerstörung richten. Er muß das Beibringen wollen und wissen, daß der Stoff geeignet ist, die Gesundheit zu beschädigen. Eine vorübergehende Ohnmacht fällt hier noch darunter.

9. § 239 StGB
bestraft den, der einen Menschen einsperrt oder auf andere Weise des Gebrauchs seiner persönlichen Freiheit beraubt. Der Freiheit kann nur ein Mensch beraubt werden. Es muß ihm die Möglichkeit genommen werden, nach seinem Willen den Raum zu verlassen. So liegt Freiheitsberaubung auch vor, wenn ein Kranker (Gelähmter) von seinen Pflegern getrennt wird oder bei einem Geisteskranken, soweit die Art der vorgenommenen Freiheitsbeschränkung nicht durch die Art seiner Krankheit geboten ist, z. B. Anketten im Zimmer. Die Freiheitsberaubung muß immer vorsätzlich geschehen; eine fahrlässige Freiheitsberaubung ist nicht strafbar.

10. § 258 StGB
bestraft den, der die Vollstreckung einer gegen einen anderen angeordneten Maßregelung der Sicherung und Besserung ganz oder zum Teil vereitelt. Maßregelungen der Sicherung und Besserung (§ 11 Abs. 1 Nr. 8 StGB), die immer von einem Strafgericht angeordnet werden müssen, sind z. B. die Unterbringung in einem psychiatrischen Krankenhaus (§ 63 StGB), in einer Entziehungsanstalt (§ 64 StGB) oder in einer sozialtherapeutischen Anstalt (§ 65 StGB). Die Handlung besteht in der tatsächlichen Vereitelung der Vollstreckung, z. B. auch durch Hinausschieben des Vollzugs – Verstecken des Täters –. Wird der Zweck hintertrieben (Verabreichung von Alkohol in einer Entziehungsanstalt) so liegt § 330 b vor (s. u.). Straffreiheit tritt ein, wenn die Tat zugunsten eines Angehörigen begangen wird.

11. § 277 StGB
bestraft den, der unter der ihm nicht zustehenden Bezeichnung entweder

als Arzt oder unberechtigt als eine andere approbierte Medizinalperson oder auch unter dem Namen einer solchen Person (als Laie) ein Zeugnis über seinen oder den Gesundheitszustand eines anderen ausstellt. Weiterhin wird bestraft, wer ein derartiges ausgestelltes, echtes Zeugnis verfälscht und davon zur Täuschung von Behörden oder Versicherungsgesellschaften Gebrauch macht.

§ 277 betrifft sonach drei Fälle der Fälschung:

Die Ausstellung eines Zeugnisses mit der nicht zutreffenden Bezeichnung als Arzt oder als eine andere approbierte Medizinalperson (z. B. nach § 1 Krankenpflegergesetz) oder

die unberechtigte Ausstellung eines solchen Zeugnisses unter dem Namen einer solchen eben erwähnten Person,

außerdem die Verfälschung eines von den soeben aufgezählten Personen ausgestellten echten Zeugnisses. (Daten- oder Befundänderung)

Nötig ist ein Gebrauchmachen der Zeugnisse, z. B. Vorlage eines solchen Gesundheitszeugnisses (Krankenschein, Bescheinigung über überstandene Krankheiten, Impfscheine, Arbeitsfähigkeitsbescheinigung, Blutalkoholuntersuchung) zum Zwecke der Täuschung von Behörden, wie Schulen oder Ortskrankenkassen.

12. § 278 StGB

bestraft Ärzte oder approbierte Medizinalpersonen, die ein unrichtiges Zeugnis über den Gesundheitszustand eines Menschen zum Gebrauch bei einer Behörde oder Versicherungsgesellschaft wider besseres Wissen ausstellen. Täter kann hier nur ein Arzt oder eine approbierte Medizinalperson sein, nicht z. B. ein (einfacher) Kranken- oder Altenpfleger, der nicht unter § 1 KrankenpflG fällt. Ist der Aussteller des Zeugnisses nicht approbiert, kommt nur § 277 StGB in Betracht.

Das Zeugnis muß, um zu einer Bestrafung zu kommen, wider »besseres Wissen« ausgestellt sein, d. h. es muß eine »schriftliche Lüge« vorliegen (z. B. es wird ein Zeugnis über einen Befund ausgestellt, ohne daß eine Untersuchung stattgefunden hat).

Zur Verwirklichung des Tatbestands genügt, daß das Zeugnis zum Zweck des Gebrauchs ausgestellt wurde. Nicht erforderlich ist, daß der, dem das Zeugnis ausgestellt wurde, wirklich davon Gebrauch gemacht hat, d. h. es der Behörde oder der Versicherung vorgelegt hat.

13. § 330 b StGB

bestraft den, der einer Person, die auf Grund behördlicher Anordnung oder ohne ihre Einwilligung zu einer Entziehungskur in einer Anstalt untergebracht ist, alkoholische Getränke oder andere Rauschmittel ohne Erlaubnis des Anstaltsleiters verschafft. Entziehungskuren können auch in geschlossenen Bereichen von Altenheimen oder Altenpflegeheimen durchgeführt werden.

14. § 330 c StGB

bestraft den, der bei Unglücksfällen oder gemeiner Gefahr oder Not keine Hilfe leistet, obwohl dies erforderlich und ihm dies nach den Umständen zuzumuten ist und ohne erhebliche eigene Gefahr und ohne Verletzung ander Pflichten möglich ist. Ein Unglücksfall ist ein plötzliches Ereignis, das erhebliche Gefahr für Menschen oder Sachen mit sich bringt (z. B. Zusammenbrechen eines Bewohners in einem Altenheim oder eines Betrunkenen auf der Straße usw.). Dabei ist gleichgültig, ob der Betroffene das Unglück selbst herbeigeführt hat.

Eine schwere Krankheit ist kein Unglücksfall. Auch begründet § 330 c StGB ohne weiteres keine Sonderpflicht für einen Arzt, einen schwer Erkrankten zu besuchen. Bei Unfällen hingegen ist der Arzt oder auch ein ausgebildeter Krankenpfleger am besten zur Hilfeleistung geeignet und kann daher nach § 330 c zur Hilfe verpflichtet sein.

Ein Arzt, Pfleger oder Laie kann auch durch die plötzliche Wendung einer Krankheit — dies reicht zur Annahme eines »Unglücksfalls« aus — zur Hilfeleistung gezwungen sein (Verbringen ins Krankenhaus, Pflicht des Arztes, eine Operation bei Verschlechterung des Gesundheitszustands einzuleiten). Jedoch kann ein Pfleger in einem Altenpflegeheim auf Grund seiner Garantenstellung (siehe oben!), falls er keine Hilfe leistet u. U. auch aus § 212 StGB (Totschlag durch Unterlassen) bestraft werden. Dieser Tatbestand geht aus Konkurrenzgründen dem des § 330 c StGB vor.

Eine gemeine Gefahr besteht, wenn eine Vielzahl von Personen betroffen sind (z. B. Waldbrand, Hausbrand, Explosion, Betrunkener liegt mit dem Fahrrad bei Dunkelheit auf der Straße). Die Pflicht, zu helfen, besteht, wenn Hilfe erforderlich ist, d. h., wenn anderweitig sofort keine Hilfe erlangt werden kann. Die Pflicht zu helfen entfällt, wenn die Hilfe aussichtslos, d. h. der Verunglückte tot ist.

Erforderlich ist auch eine räumliche Nähe zu dem Verunglückten. Die zu leistende Hilfe muß dem Täter ferner auch zuzumuten sein, wobei es auf seine physischen und geistigen Kräfte ankommt sowie auf die Vorbildung und Lebenserfahrung. So wird von einem Arzt oder Pfleger ein geeigneter Beistand verlangt als von einem Laien.

Ein durch § 330 c StGB zur Hilfe Verpflichteter muß möglichst schnell Hilfe leisten.

15. Straftaten im Amte

Amtsträger im Sinne des Strafrechts sind nicht nur die Personen, die durch Aushändigung einer Urkunde zu Beamten ernannt worden sind. Vielmehr fallen unter diesen Begriff auch alle für den öffentlichen Dienst besonders Verpflichteten.

Alle Beamten, Angestellten und Arbeiter in einem Altenheim oder Altenpflegeheim, also natürlich auch alle Pfleger und sonstiges Verwaltungspersonal sind Amtsträger im Sinne des Strafrechts.

Ausgenommen sind nur die Personen, die keinerlei »amtliche« Funktionen haben (z. B. Putzfrauen, Fahrer, Gärtner u. ä. Personen).

§ 331 StGB bestraft den, der als Amtsträger einen Vorteil als Gegenleistung dafür fordert, sich versprechen läßt oder annimmt, daß er eine

Diensthandlung vorgenommen hat oder künftig vornimmt. Der Amtsträger darf also auch für seine normalen Verpflichtungen und Handlungen keine Belohnungen verlangen oder annehmen.

§ 332 StGB bestraft den, der als Amtsträger für eine Handlung, die eine Dienstpflichtverletzung enthält, Vorteile annimmt, fordert oder sich versprechen läßt.

§ 333 StGB bestraft, wer als Amtsträger Vorteile gegen Entgelt anbietet, verspricht oder gewährt. Altenpfleger müssen daher jedermann gleich und gerecht behandeln.

Der »Vorteil« muß bei beiden Straftaten immer für eine Amtshandlung gewährt werden; ein Zusammenhang fehlt, wenn ein Geschenk nur aus Anlaß oder bei Gelegenheit einer amtlichen Handlung, nicht aber für sie erfolgt, (z. B. wenn ein Altenpfleger ein Trinkgeld dafür bekommt, daß er dem alten Menschen einen Brief zur Post bringt oder eine Flasche Bier besorgt).

Der Zusammenhang fehlt auch, wenn sich der Vorteilsgeber lediglich das Wohlwollen des Beamten sichern will, d. h., wenn er ihm kleinere »Aufmerksamkeiten« gewährt, die nicht in unmittelbarem Zusammenhang mit seiner Amtstätigkeit stehen, so unerwünscht solche Vorgänge auch sein mögen.

§ 340 StGB bestraft mit besonderer Schwere, wer im Dienst eine Körperverletzung begeht oder begehen läßt.

16. In Anführung an die Straftaten im Amte ist erwähnenswert, daß nach § 130 des Gesetzes über Ordnungswidrigkeiten mit Bußgeld bedroht wird, wer als Leiter eines Altenheims oder Aufsichtsperson seine Aufsichtspflicht verletzt (z. B. sich um defekte Anlagen, Bauschäden, Ausstattungsschäden u. ä. nicht kümmert).

II. Für Untergebrachte

1. § 183 a StGB ahndet die öffentliche Vornahme sexueller Handlungen. Eine solche Handlung liegt i. d. R. dann vor, wenn sie vom objektiven Standpunkt aus gesehen sexualbezogen ist und das Scham- und Sittlichkeitsgefühl gröblich verletzt. Danach scheiden Handlungen, die nicht sexualbezogen sind, aus, wie z. B. Küsse, Umarmungen oder auch öffentliches Urinieren, wenn dadurch keine sexuellen Vorstellungen bei anderen erweckt werden sollen. Öffentlich ist eine solche Handlung immer (schon) dann, wenn sie nach den örtlichen Verhältnissen von unbestimmten vielen Personen wahrgenommen werden könnte. Erforderlich ist allerdings, daß mindestens ein Beobachter Anstoß unmittelbar während der Handlung genommen hat. Es reicht nicht aus, wenn man erst durch späteres Nachdenken sich in seinem »sittlichen Gefühl« verletzt fühlt. Beim »Sittlichen Gefühl« ist nicht das überspannte Gefühl des einzelnen maßgebend. Hauptfall des § 183 StGB ist in der Praxis der Exhibitionismus, d. h. das Sichentblößen vor Frauen und Kindern.

§ 119 des Gesetzes über Ordnungswidrigkeiten ahndet grob anstößige und belästigende Handlungen, auch hier besonders aus dem sexuellen Bereich.

§ 122 des Gesetzes über Ordnungswidrigkeiten ahndet als Ordnungswidrigkeit, wenn sich jemand durch alkoholische Getränke und sonstige Rauschmittel in einen Rausch versetzt und in diesem Zustand mit Geldbuße bedrohte Handlungen begeht.

2 § 185 StGB
bestraft den, der einen anderen beleidigt. Beleidigung ist ein rechtswidriger Angriff auf die Ehre eines anderen durch vorsätzliche Kundgebung der Mißachtung. Die Ehre ist zunächst die Würde des Menschen, die auch grundsätzlich geschützt ist, aber auch der Ruf eines Menschen (äußere Ehre), d. h. seine Geltung innerhalb der menschlichen Gesellschaft. Ob und wann eine Ehrverletzung vorliegt ist u. U. eine schwierige Tatfrage des Einzelfalls. Maßgebend sind die Anschauung und die Gebräuche sowie der Umgang der Beteiligten miteinander. So stellt die Bezeichnung »du Trottel« einem etwas persönlich entfernt Stehenden gegenüber eine Beleidigung dar, während die Äußerung im engen Freundeskreis in einer Bierrunde nicht als Beleidigung aufgefaßt wird.
Festzustellen bleibt aber, daß Unhöflichkeiten wie Nichtgrüßen, Weglassen der Anrede Herr usw. noch keine Beleidigungen sind. Eine Beleidigung ist in der Regel aber bei Anrede eines Fremden mit »Du« gegeben.
Beleidigung liegt auch vor bei unzüchtiger Entblößung vor Frauen (Exhibitionist), kurz bei allen Handlungen, die die Geschlechtsehre eines anderen verletzen.
Auch Personengruppen können, wenn sie nach außen hin eine abgegrenzte Mehrheit darstellen, beleidigt werden, wie z. B. der Ausruf eines Heiminsassen: Ihr Mistpfleger usw.
Keine Beleidigung liegt vor, wenn der Täter unter Wahrnehmung berechtigter Interessen handelt (z. B. ein Heiminsasse verständigt die Zeitung um auf untragbare Heimzustände hinzuweisen und benennt einzelne Personen, die trotz mehrfacher Bitte die Zustände nicht abgestellt haben).

3. § 186 StGB
bestraft die üble Nachrede. Üble Nachrede begeht, wer über einen anderen einen Tatsache behauptet oder verbreitet, die ihn verächtlich machen oder in der öffentlichen Meinung herabwürdigen kann, wenn diese Tatsache nicht erweislich wahr ist. Die Behauptung kann dabei auch durch die Verbreitung von Schriften, Tonträgern und Bildern sowie sonstigen Abbildungen und Darstellungen begangen werden.
Nach § 186 StGB wird nur bestraft, wenn eine verbreitete »wirklich wahre« Tatsache nicht bewiesen werden kann, d. h. auch wenn der Täter über einen anderen eine Tatsache verbreitet, die diesen verächtlich machen kann, bleibt er straffrei, wenn ihm der Wahrheitsbeweis seiner behaupteten »Tatsache« gelingt. Die Tatsachenbehauptung muß in Beziehung auf einen anderen geschehen, d. h. nach § 186 dürfen der Beleidigte und der Empfänger der Mitteilung nicht personengleich sein.

Wird die »Tatsache« gegenüber dem Beleidigten selbst behauptet, ist § 185 StGB anwendbar.

Die Beleidigung muß geeignet sein, einen anderen verächtlich zu machen oder in der öffentlichen Meinung herabzuwürdigen.

Verächtlichmachen bedeutet, den anderen als eine Person hinstellen, die ihren sittlichen Pflichten nicht gerecht wird.

Herabwürdigen ist, den Ruf eines anderen zu schmälern, z. B. Behauptung eines Untergebrachten, der Pfleger habe im Gefängnis gesessen oder jemand sei impotent oder unfruchtbar gewesen oder dessen Eltern seien in einer Heilanstalt gewesen. Hier kann auch eine Mißachtung i. S. d. § 185 StGB vorliegen.

Wichtig für § 186 StGB ist, daß der Täter nicht die Nichterweislichkeit kennen muß, d. h. er wird auch bestraft, wenn er vorher nicht weiß, daß er die behauptete Tatsache nicht werde beweisen können.

4. § 187 StGB
bestraft die Verleumdung. Verleumdung begeht, wer wider besseres Wissen auf einen anderen eine unwahre Tatsache behauptet oder verbreitet, die geeignet ist, diesen verächtlich zu machen oder in der öffentlichen Meinung herabzuwürdigen oder dessen Kredit zu gefährden. Im Unterschied zu § 186 StGB verlangt dieser Tatbestand die Behauptung einer unwahren Tatsache und daß der Täter die Unwahrheit kennen muß. (Für § 186 genügte auch eine nicht erweislich wahre Tatsache, der Täter wurde auch bestraft, wenn er die Unerweislichkeit nicht kennt.)

Daß die Tatsache unwahr ist, muß bewiesen werden, und auch, daß der Täter »wider besseres Wissen« gehandelt hat.

§ 187 erfaßt auch die Kreditgefährdung. Kredit ist das Vertrauen, das jemand hinsichtlich der Erfüllung seiner vermögensrechtlichen Verbindlichkeiten genießt. Es genügt, den Kredit zu gefährden (z. B. ein Heiminsasse erzählt herum, daß ein anderer oder ein Pfleger Schulden habe und diese nicht zurückzahlen könne, obwohl es nicht stimmt).

Der Vorsatz des Täters muß allerdings – das kommt zu dem des nach § 186 StGB hinzu – das bestimmte Wissen von der Unwahrheit umfassen.

5. § 333 StGB
bestraft den, der einem Amtsträger Geschenke oder andere Vorteile anbietet, verspricht oder gewährt, um ihn zu einer Handlung zu bestimmen, die eine Verletzung der Amts- oder Dienstpflicht enthält.

Die Bestechung muß zu dem Zweck geschehen, einen Amtsträger zu einer Diensthandlung (keiner Privathandlung!) zu bestimmen. Gemeint sind nur zukünftige Handlungen.

Beispiel: ein älterer Mensch möchte in einem Altenheim aufgenommen werden und verspricht oder gewährt der Heimleitung Geschenke oder andere Vorteile wie Geld, nur damit er bei der Auswahl der Bewerber bevorzugt behandelt wird.

Der Täter muß also wollen, daß sich der Amtsträger bei der Entscheidung von dem Vorteil beeinflussen lassen wird. Voraussetzung ist allerdings, daß die Bestechung zwecks Vornahme einer Amtspflichtverletzung geschieht. Straflos ist sie, wenn sie zur Vornahme einer nicht pflichtwidrigen Handlung geschieht (z. B., daß der Beamte seine Dienstpflicht gegenüber einem Heimuntergebrachten sorgsam erfüllt).

Der Täter muß wissen, daß die von dem Beamten verlangte Handlung eine Amtspflichtverletzung ist.

III. Für Unterhaltsverpflichtete

1. § 170 b StGB

bestraft den, der sich seiner gesetzlichen Unterhaltspflicht entzieht, so daß der Lebensbedarf des Unterhaltsberechtigten gefährdet ist oder ohne die Hilfe anderer gefährdet wäre.

Diese Vorschrift dient dem Schutz gesetzlich Unterhaltsberechtigter vor wirtschaftlicher Gefährdung.

Die Hauptfälle der gesetzlichen Unterhaltspflicht sind die Unterhaltspflicht gegenüber dem Ehegatten (auch dem geschiedenen), den Eltern und den ehelichen, unehelichen und adoptierten Kindern.

Die Art des Unterhalts sowie die Berechtigung ergibt sich aus den Vorschriften des BGB. Hierbei genügt zur Tatbestandsverwirklichung nicht schon das reine Nichtzahlen. Dadurch muß die Gefährdung des Lebensbedarfs des Unterhaltsberechtigten eingetreten sein, so daß fremde oder öffentliche Hilfe notwendig geworden ist. In erster Linie ist dies die Sozialhilfe nach dem Bundessozialhilfegesetz. (Z. B. ein reicher Sohn, der seinem Vater unterhaltsverpflichtet ist, zahlt nichts oder umgekehrt: Ein reicher Vater im Altenheim zahlt keinen Unterhalt an seinen Sohn, so daß in beiden Fällen fremde Hilfe nötig geworden ist, um den Lebensbedarf zu sichern.)

In diesen Fällen erfolgt in der Regel durch das Gericht die Auflage, den Unterhaltszahlungen — soweit dies nach den persönlichen Verhältnissen des Täters möglich ist — nachzukommen.

3. Kapitel
Der Altenpfleger

A) Ausbildung, Staatliche Anerkennung

1. Noch vor wenigen Jahren konnte im gesamten Bereich der Bundesrepublik Deutschland jeder, der glaubte, die erforderliche Eignung und Neigung zu besitzen, sich im Altenpflegebereich betätigen. Diese Regelung wurde der hohen sozialen Aufgabe der Betreuung älterer Menschen in keiner Weise gerecht. Die Altenhilfe hat sich heute infolge des wachsenden Anteils der älteren Menschen an der Gesamtbevölkerung, der Veränderung der Familienstruktur (Kleinfamilie) und des Ausbaues des gesetzlichen Sozialleistungssystems das materiell die alten Menschen weitgehend sichert, stark geändert. An die Stelle der Betreuung älterer Menschen in der eigenen Familie ist weitgehend die Anstaltsfürsorge getreten. Noch größere Bedeutung wird die Betreuung isolierter und vereinsamt lebender älterer Menschen im eigenen Heim gewinnen. Diese Aufgaben können nur durch immer zahlreichere qualifizierte Altenpfleger erfüllt werden. Vom Betreuer sind daher nicht nur fundierte Kenntnisse, sondern auch charakterliche Werte zu verlangen, die nur in einer längeren intensiven Ausbildung erworben und begründet werden können. Es ist daher eigentlich verwunderlich, daß erst jetzt das Landesrecht dem altenpflegerischen Beruf die Bedeutung beimißt, die ihm zukommt. Ausbildung und staatliche Anerkennung des sozialen Berufes »Altenpfleger« ist erst in einigen Bundesländern durch landesrechtliche Vorschriften geregelt, wobei hinsichtlich der Dauer, des Studienganges usw. Unterschiede vorhanden sind. In weiteren Bundesländern wird die staatliche Regelung dieses Berufszweiges vorbereitet, im ganzen wird eine möglichst weitgehende Abstimmung und Vereinheitlichung angestrebt. Soweit ersichtlich, enthält der Erlaß des Hessischen Sozialministers vom 4. Oktober 1972 (StAnz. S. 1888) über staatliche Anerkennung, Ausbildung und Prüfung von Altenpflegern die bisher umfassendste Regelung, weshalb sie nachstehend im Wortlaut wiedergegeben sei:

I.	Allgemeines	§§ 1, 2
II.	Staatliche Anerkennung	§§ 3–5
III.	Lehranstalten	§ 6
IV.	Lehrgang	§§ 7, 8
V.	Berufsbegleitende Ausbildung oder Teilzeit-Ausbildung	§ 9
VI.	Prüfung	10–21
VII.	Praktikum	§ 22
VIII.	Übergangs-, Zuständigkeits- und Schlußbestimmungen	§§ 23–25

I. Allgemeines

§ 1

Für die staatliche Anerkennung von Altenpflegern und Altenpflegerinnen, im folgenden einheitlich Altenpfleger genannt, gelten die nachstehenden Vorschriften.

§ 2

(1) Dem Altenpfleger obliegt die selbständige und verantwortliche Betreuung und Pflege alter Menschen in allen Bereichen der Altenhilfe.

(2) Durch seine Ausbildung soll der Altenpfleger insbesondere befähigt werden zur

1. Betreuung alter Menschen in ihren persönlichen und sozialen Angelegenheiten,
2. Pflege alter Menschen,
3. Mitwirkung in der Gesundheitspflege und Ausführung ärztlicher Verordnungen,
4. Anregung von familiärer und nachbarschaftlicher Hilfe jeder Art,
5. Anleitung zu einer altersgemäßen Tätigkeit,
6. Mitwirkung bei Altenbegegnungen in Altentagesstätten, in Altenkreisen, bei Altenfreizeiten und anderen geselligen Veranstaltungen für alte Menschen,
7. Mithilfe bei Maßnahmen der Altersrehabilitation.

II. Staatliche Anerkennung

§ 3

(1) Als Altenpfleger ist auf Antrag staatlich anzuerkennen wer
1. am Lehrgang nach §§ 7 und 8 teilgenommen,
2. die Prüfung nach §§ 10 bis 21 bestanden und
3. das Praktikum nach § 22 erfolgreich abgeleistet hat.

(2) Als Altenpfleger kann auf Antrag staatlich anerkannt werden, wer
1. an einer berufsbegleitenden Ausbildung oder Teilzeitausbildung nach § 9 teilgenommen und
2. die Voraussetzungen des Abs.‹1 Nr. 2 und 3 erfüllt.

(3) Die staatliche Anerkennung kann auf Antrag auch Personen erteilt werden, die außerhalb des Landes Hessen eine gleichwertige Ausbildung erhalten haben. Über die Gleichwertigkeit der Ausbildung entscheidet die zuständige Behörde.

(4) Der Antrag nach Abs. 1 und 2 ist über den Leiter der besuchten Lehranstalt an die zuständige Behörde zu richten. Dem Antrag sind beizufügen
1. von dem Antragsteller je eine amtlich beglaubigte Ablichtung oder Abschrift des Zeugnisses nach § 20 Abs. 1 und der Bescheinigung nach § 22 Abs. 4 und
2. vom Leiter der Lehranstalt eine Beurteilung der Eignung des Antragstellers für den Beruf als Altenpfleger.

114

(5) Der Antrag nach Abs. 3 Satz 1 ist unmittelbar an die zuständige Behörde zu richten.

(6) Über die staatliche Anerkennung erteilt die zuständige Behörde eine Urkunde nach dem Muster der Anlage 1. [1]

§ 4

(1) Die staatliche Anerkennung ist von der zuständigen Behörde zu versagen, wenn der Antragsteller

1. nicht im Besitz der bürgerlichen Ehrenrechte ist,
2. sich schwerer Verfehlungen schuldig gemacht hat, aus denen sich sine Unzuverlässigkeit zur Ausübung des Berufs ergibt,
3. wegen eines körperlichen Gebrechens, wegen Schwäche der körperlichen oder geistigen Kräfte oder wegen einer Sucht, die für die Ausübung des Berufs erforderliche Eignung nicht besitzt.

(2) In den Fällen des Abs. 1 Nr. 2 und 3 ist der Antragsteller vorher zu hören. Ist er nicht voll geschäftsfähig, so ist auch der gesetzliche Vertreter zu hören.

§ 5

(1) Die staatliche Anerkennung ist von der zuständigen Behörde zurückzunehmen, wenn eine Voraussetzung für die Erteilung irrtümlich als gegeben angenommen worden ist, oder zu widerrufen, wenn nachträglich Umstände im Sinne des § 4 Abs. 1 eintreten.

(2) § 4 Abs. 2 gilt entsprechend.

(3) Die staatliche Anerkennung kann von der zuständigen Behörde wiedererteilt werden, wenn nachträglich Tatsachen eingetreten sind, die die Wiedererteilung unbedenklich erscheinen lassen.

III. Lehranstalten

§ 6

(1) Der Lehrgang wird an Lehranstalten abgehalten, die vom Hessischen Sozialminister hierfür anerkannt worden sind.

(2) Die Anerkennung setzt voraus, daß

1. die Lehranstalt einer geeigneten Altenheimeinrichtung angegliedert ist,
2. Leiter der Lehranstalt eine staatlich anerkannte Fachkraft mit mehrjähriger Berufserfahrung auf dem Gebiet der Altenhilfe ist,
3. die erforderliche Anzahl von geeigneten Lehrkräften, darunter ein Arzt, für den theoretischen und praktischen Unterricht zur Verfügung steht und
4. die Lehranstalt über die für eine geordnete Ausbildung erforderlichen Räume, Einrichtungen, Lehr- und Lernmittel verfügt.

(3) Die Anerkennung kann zurückgenommen werden, wenn eine Voraussetzung für die Erteilung irrtümlich als gegeben angenommen worden ist, oder widerrufen werden, wenn eine Voraussetzung nicht mehr gegeben ist.

1 Hier nicht abgedruckt.

IV. Lehrgang

§ 7

(1) Über die Aufnahme in die Lehranstalt entscheidet der Leiter der Lehranstalt.

(2) Dem Aufnahmeantrag sind beizufügen

1. eine amtlich beglaubigte Ablichtung oder Abschrift der Geburtsurkunde,

2. ein selbstverfaßter, eigenhändig geschriebener Lebenslauf mit Lichtbild aus neuerer Zeit,

3. eine amtlich beglaubigte Ablichtung oder Abschrift eines Zeugnisses als Nachweis über eine abgeschlossene Hauptschulbildung oder eine gleichwertige Schulbildung,

4. jeweils eine amtlich beglaubigte Ablichtung oder Abschrift von Zeugnissen über Tätigkeiten im Beruf,

5. ein ärztliches Zeugnis, dessen Ausstellung nicht mehr als drei Monate zurückliegt und aus dem hervorgeht, daß der Antragsteller gesundheitlich zur Ausübung des Berufs des Altenpflegers geeignet ist,

6. ein polizeiliches Führungszeugnis, dessen Ausstellung nicht mehr als drei Monate zurückliegt und

7. bei Minderjährigen die Einwilligungserklärung des gesetzlichen Vertreters.

(3) Der Antragsteller soll das 18. Lebensjahr vollendet haben.

(4) Zwischen dem Träger der Lehranstalt und dem zugelassenen Bewerber wird ein schriftlicher Ausbildungsvertrag geschlossen.

§ 8

(1) Der Lehrgang dauert mindestens ein Jahr. Er umfaßt

a) mindestens 700 Stunden theoretischen Unterricht und

b) etwa 1200 Stunden praktische Ausbildung.

(2) Der theoretische Unterricht erstreckt sich regelmäßig auf folgende Lehrfächer:

a) geistig-kulturelle Bildung

1. Grundfragen des Lebens einschließlich Berufsethik   45 Stunden

2. Ergänzung der Allgemeinbildung   30 Stunden   75

b) soziale und pädagogische Ausbildung

3. Soziologie, besonders Alterssoziologie   45 Stunden

4. Psychologie, besonders angewandte Alterspsychologie und Alterspsychiatrie   90 Stunden 135

116

c) pflegerische Ausbildung
5. Gesundheitslehre
einschließlich
Ernährungslehre 80 Stunden
6. Krankheitslehre 100 Stunden
7. Alten- und
Krankenpflege 100 Stunden
8. Arzneimittellehre 20 Stunden 300
d) staats- und rechtskundliche Ausbildung
9. Staatsbürgerkunde 25 Stunden
10. Rechtskunde und
Rechtsfragen des täglichen
Lebens, besonders für alte
Menschen 45 Stunden
11. Sozialrecht und
Sozialhilfe 45 Stunden‹115
e) berufsspezifische Ergänzung
12. Berufskunde 30 Stunden
13. Schrift- und
Behördenverkehr für
alte Menschen 15 Stunden
14. Anleitung alter
Menschen zur Beschäfti-
gung, Hinweise für
gesellige Veranstal-
tungen mit alten
Menschen 30 Stunden 75

Führungen und Besichtigungen, die den Unterricht ergänzen, können nicht auf den theoretischen Unterricht angerechnet werden.

(3) Die zuständige Behörde kann eine begonnene Ausbildung in der Krankenpflege oder Krankenpflegehilfe ganz oder teilweise anrechnen.

(4) Die praktische Ausbildung erfolgt in einem Altenheim mit Pflegestation oder einem·Altenkranken-/Altenpflegeheim und in Einrichtungen der halboffenen und offenen Altenpflege sowie mindestens sechs Wochen in einem Krankenhaus. Durch die praktische Ausbildung soll der Auszubildende lernen, die im Unterricht erworbenen Kenntnisse in der Arbeit an und mit den alten Menschen anzuwenden. Er soll zu allen Tätigkeiten herangezogen werden, die in unmittelbarem Zusammenhang mit dem zu erlernenden Beruf stehen und die die Erreichung des Ausbildungszieles fördern. Einsatz und Art der Tätigkeit werden von der Leitung der Lehranstalt überwacht.

(5) Gegen Ende des Lehrgangs erhält der Auszubildende bis zu vier Wochen Zeit, um unter Anleitung das Gelernte in größeren Zusammenhängen durchzuarbeiten. Er soll dabei die Möglichkeit haben, in Arbeitskreisen und Diskussionen mit den Lehrkräften das Gelernte zu vertiefen und für die spätere Berufstätigkeit anwendbar zu gestalten.

(6) Auf die Dauer des Lehrgangs werden angerechnet

1. Unterbrechungen durch Ferien bis zu sechs Wochen und

2. Unterbrechungen wegen Erkrankung oder aus sonstigen Gründen bis zur Gesamtdauer von vier Wochen.

(7) Die ersten drei Monate des Lehrgangs gelten als Probezeit.

V. Berufsbegleitende Ausbildung oder Teilzeit-Ausbildung

§ 9

(1) Unter Berücksichtigung besonderer Verhältnisse kann an die Stelle des Lehrgangs eine berufsbegleitende Ausbildung oder eine Teilzeit-Ausbildung treten.

(2) Voraussetzungen für die Zulassung zur berufsbegleitenden Ausbildung oder zur Teilzeit-Ausbildung sind

1. die Vollendung des 25. Lebensjahres

2. a) eine mindestens fünfjährige Tätigkeit als Helfer in der Pflege alter Menschen in einem Heim oder einem Krankenhaus

oder

b) eine mindestens fünfjährige Tätigkeit in einem Beruf oder im Familienhaushalt

und

3. das Vorliegen persönlicher oder familiärer Umstände, durch welche die Teilnahme an dem Lehrgang nicht zumutbar ist.

(3) § 7 Abs. 1, Abs. 2 Nr. 1 bis 6 und Abs. 4 sowie § 8 Abs. 1 Satz 2 und Abs. 2 bis 6 gelten entsprechend.

(4) Die berufsbegleitende Ausbildung oder Teilzeit-Ausbildung dauert mindestens 18 Monate.

VI. Prüfung

§ 10

(1) Bei jeder Lehranstalt ist ein Prüfungsausschuß zu bilden.

(2) Der Prüfungsausschuß besteht aus:

1. einem Vertreter der zuständigen Behörde (Vorsitzender),

2. dem Leiter der Lehranstalt (stellvertretender Vorsitzender),

3. drei weiteren an der Lehranstalt tätigen Lehrkräften, die von dem Leiter der Lehranstalt vorgeschlagen werden.

Ein Mitglied des Prüfungsausschusses muß Arzt sein. Jedes Mitglied des Prüfungsausschusses hat einen Stellvertreter. Ein Vertreter des Trägers der Lehranstalt kann als beratendes Mitglied ohne Stimmrecht an der Prüfung teilnehmen. Gäste können vom Vorsitzenden des Prüfungsausschusses zugelassen werden; an den Beratungen des Prüfungsausschusses nehmen sie nicht teil.

(3) Die zuständige Behörde bestellt den Vorsitzenden, die nach Abs. 2 Satz 1 Nr. 3 vorzuschlagenden Mitglieder des Prüfungsausschusses und die Vertreter der Mitglieder des Prüfungsausschusses für vier Jahre.

(4) Der Prüfungsausschuß ist beschlußfähig, wenn wenigstens drei Mitglieder, darunter der Vorsitzende oder sein Stellvertreter, anwesend sind.

Er faßt seine Beschlüsse mit Stimmenmehrheit. Bei Stimmengleichheit entscheidet die Stimme des Vorsitzenden, in seiner Abwesenheit, die seines Stellvertreters. Stimmenthaltung ist unzulässig.

(5) Der Prüfungsausschuß und andere bei der Prüfung anwesende Personen sind zur Verschwiegenheit über den Prüfungsablauf verpflichtet.

§ 11

Die Prüfung ist vor dem Prüfungsausschuß derjenigen Lehranstalt abzulegen, in der der Lehrgang oder die berufsbegleitende Ausbildung oder Teilzeit-Ausbildung beendet wurde.

§ 12

(1) Der Prüfling hat das Gesuch um Zulassung zur Prüfung an den Vorsitzenden des Prüfungsausschusses zu richten. Er soll das Gesuch acht Wochen vor Beendigung des Lehrgangs über den Leiter der Lehranstalt einreichen.

(2) Dem Antrag auf Zulassung zur Prüfung sind von dem Leiter der Lehranstalt beizufügen

1. die in § 7 Abs. 2 aufgeführten Nachweise,

2. eine Bescheinigung darüber, daß der Prüfling an dem Lehrgang nach §§ 7 und 8 oder der berufsbegleitenden Ausbildung oder Teilzeit-Ausbildung nach § 9 teilgenommen hat,

3. eine Beurteilung der theoretischen und praktischen Leistungen, die der Prüfling während seiner Ausbildung gezeigt hat, wobei die Bewertungsmaßstäbe des § 17 anzuwenden sind, und

4. eine Beurteilung der körperlichen, geistigen und charakterlichen Berufseignung des Prüflings.

(3) Im Fall der Wiederholungsprüfung hat der Prüfling außerdem nachzuweisen, daß er die Auflagen nach § 20 Abs. 2 Satz 2 erfüllt hat.

(4) Über die Zulassung zur Prüfung entscheidet der Vorsitzende des Prüfungsausschusses, über die Versagung der Prüfungsausschuß. Die Zulassung kann versagt werden, wenn keine Aussicht auf Bestehen der Prüfung besteht oder Tatsachen bekannt sind, die der Eignung als Altenpfleger entgegenstehen.

(5) Die Entscheidung über das Zulassungsgesuch ist dem Antragsteller spätestens zwei Wochen vor Beginn der Prüfung schriftlich bekanntzugeben.

§ 13

(1) Die Prüfung besteht aus einem schriftlichen, einem praktischen und einem mündlichen Teil. Der schriftliche Teil der Prüfung muß mindestens eine Woche vor dem mündlichen Teil der Prüfung stattfinden. Der praktische und der mündliche Teil der Prüfung sind an einem oder an mehreren aufeinanderfolgenden Tagen durchzuführen.

(2) Der Vorsitzende des Prüfungsausschusses setzt die Termine für die Prüfung im Benehmen mit dem Leiter der Lehranstalt fest. Die Termine

sind den Prüflingen mindestens zwei Wochen vor Prüfungsbeginn mitzuteilen.

§ 14

(1) Der schriftliche Teil der Prüfung besteht aus einer Aufsichtsarbeit, bei der aus den in § 8 Abs. 2 Buchst. b und d genannten ehrfächern entweder einzelne Fragen zu beantworten sind oder eines aus drei zur Auswahl gestellten Themen abzuhandeln ist; beide Formen der Bearbeitung können miteinander verbunden werden. Für die Aufsichtsarbeit stehen vier Zeitstunden zur Verfügung.

(2) Der Vorsitzende des Prüfungsausschusses stellt die Aufgaben nach Vorschlägen des Leiters der Lehranstalt. Er bestimmt auch, welche Hilfsmittel benutzt werden dürfen. Die Aufgaben sind in einem verschlossenen Umschlag aufzubewahren, der erst am Prüfungstag in Gegenwart der Prüflinge zu öffnen ist.

(3) Die aufsichtsführende Lehrkraft bezeichnet in einer Niederschrift den Zeitpunkt des Beginns der Bearbeitungsfrist und auf jeder Arbeit den Zeitpunkt ihrer Abgabe.

(4) Arbeiten, die ohne ausreichende Entschuldigung nicht fristgerecht abgeliefert werden, sind mit »ungenügend« zu bewerten.

(5) Die Aufsichtsarbeiten sind von zwei Mitgliedern des Lehrkörpers, von denen mindestens eines dem Prüfungsausschuß angehören muß, mit einer Note gemäß § 17 Satz 1 zu bewerten. Bei nicht einheitlicher Bewertung entscheidet der Vorsitzende des Prüfungsausschusses.

§ 15

(1) Der praktische Teil der Prüfung erstreckt sich auf die verschiedenen Aufgaben in der Altenhilfe. Die Prüfungszeit ist der gestellten Aufgabe anzupassen.

(2) Der mündliche Teil der Prüfung erstreckt sich auf die unter § 8 Abs. 2 Buchst. b bis e genannten Lehrfächer, wobei jeder Prüfling in der Regel in drei Fächern geprüft wird.

(3) Der mündliche und der praktische Teil der Prüfung werden vor dem Prüfungsausschuß abgelegt. Es sollen nicht mehr als fünf Prüflinge gleichzeitig geprüft werden. Die Dauer des mündlichen Teils der Prüfung soll für den einzelnen Prüfling nicht mehr als 30 Minuten betragen.

(4) In dem mündlichen Teil der Prüfung wird die Leistung in jedem einzelnen Prüfungsfach mit einer Note gemäß § 17 Satz 1 bewertet, die vom Prüfungsausschuß auf Vorschlag des Prüfenden festgelegt wird.

§ 16

Bei ordnungswidrigem Verhalten während der Prüfung, insbesondere bei Täuschungsversuchen, kann der Prüfungsausschuß den Prüfling von der weiteren Teilnahme an der Prüfung ausschließen. Die Prüfung gilt in diesem Falle als nicht bestanden.

§ 17

Die einzelnen Prüfungsleistungen und das Gesamtergebnis sind wie folgt zu bewerten:

1. Sehr gut (1)

Die Note »sehr gut« soll erteilt werden, wenn die Leistung den Anforderungen in besonderem Maße entspricht.

2. Gut (2)

Die Note »gut« soll erteilt werden, wenn die Leistung den Anforderungen voll entspricht.

(3. Befriedigend (3)

Die Note »befriedigend« soll erteilt werden, wenn die Leistung im allgemeinen den Anforderungen entspricht.

4. Ausreichend (4)

Die Note »ausreichend« soll erteilt werden, wenn die Leistung zwar Mängel aufweist, aber im ganzen den Anforderungen noch entspricht.

5. Mangelhaft (5)

Die Note »mangelhaft« soll erteilt werden, wenn die Leistung den Anforderungen nicht entspricht, jedoch erkennen läßt, daß die notwendigen Grundkenntnisse vorhanden sind und die Mängel in absehbarer Zeit behoben werden könnten.

6. Ungenügend (6)

Die Note »ungenügend« soll erteilt werden, wenn die Leistung den Anforderungen nicht entspricht und selbst die Grundkenntnisse so lückenhaft sind, daß die Mängel in absehbarer Zeit nicht behoben werden könnten.

Bei der Bewertung der Leistungen ist der Eigenart der Ausbildung und des Faches sowie dem Alter des Prüflings Rechnung zu tragen.

§ 18

(1) Nach den Ergebnissen des schriftlichen, praktischen und mündlichen Teils der Prüfung ermittelt der Prüfungsausschuß unter angemessener Berücksichtigung der während des Lehrgangs gezeigten Leistungen das Gesamtergebnis der Prüfung.

(2) Die Prüfung ist bestanden, wenn das Gesamtergebnis mindestens mit »ausreichend« zu bewerten ist. Sie ist nicht bestanden, wenn das Gesamtergebnis mit der Note »mangelhaft« oder »ungenügend« bewertet wird.

(3) Die Prüfung gilt als nicht bestanden, wenn der Prüfling ohne ausreichende Entschuldigung an der Prüfung nicht teilnimmt. Die Entscheidung, ob eine Entschuldigung ausreichend ist, trifft der Prüfungsausschuß.

(4) Im Anschluß an die Beratung des Prüfungsausschusses teilt der Vorsitzende den Prüflingen das Gesamtergebnis mit.

§ 19

(1) Über den praktischen und mündlichen Teil der Prüfung ist eine Niederschrift mit folgenden Angaben zu fertigen:

a) Ort, Tag und Dauer,

b) Namen der Mitglieder des Prüfungsausschusses und der Lehrkräfte, die bei der Prüfung mitgewirkt haben,

c) die Gegenstände des praktischen und mündlichen Teils der Prüfung und die für die einzelnen Prüfungsfächer erteilten Noten,

d) die Gesamtnote des einzelnen Prüflings,

e) die sonstigen Entscheidungen des Prüfungsausschusses,

f) etwaige außergewöhnliche Vorkommnisse.

(2) Die Niederschrift ist von dem Vorsitzenden des Prüfungsausschusses und den Prüfern zu unterzeichnen.

(3) Die schriftliche Aufsichtsarbeit nach § 14 ist der Niederschrift beizufügen.

§ 20

(1) Der Prüfungsausschuß erteilt dem Prüfling über die bestandene Prüfung und ihr Gesamtergebnis ein Zeugnis nach dem Muster der Anlage 2. [1]

(2) Ist die Prüfung nicht bestanden, so hat der Vorsitzende des Prüfungsausschusses dies dem Prüfling mit dem Hinweis auf die Möglichkeit einer Wiederholung der Prüfung (§ 21) mündlich und schriftlich bekanntzugeben. Außerdem ist dem Prüfling mitzuteilen, wie er seine Ausbildung ergänzen muß, wenn er die Prüfung wiederholen will.

§ 21

(1) Hat der Prüfling die Prüfung nicht bestanden, so darf er sie einmal wiederholen.

(2) Der Prüfling kann nur innerhalb eines Jahres und frühestens nach erneutem mindestens dreimonatigem Besuch der Lehranstalt zur Wiederholungsprüfung zugelassen werden. Die zuständige Behörde kann diese Frist aus zwingenden Gründen verlängern.

(3) Die Prüfung kann nur vor dem Prüfungsausschuß derselben Lehranstalt wiederholt werden. Ausnahmen können durch die zuständige Behörde, in deren Bereich die Prüfung wiederholt werden soll, zugelassen werden.

VII. Praktikum

§ 22

(1) Das Praktikum dauert ein Jahr. Es soll im Anschluß an die Prüfung, spätestens aber innerhalb von drei Monaten nach der Ablegung der Prüfung begonnen werden. Die zuständige Behörde kann Ausnahmen aus Gründen, die der Praktikant nicht selbst zu vertreten hat, zulassen.

(2) Unterbrechungen des Praktikums sind nachzuholen, soweit sie insgesamt vier Wochen überschreiten.

(3) Das Praktikum ist in Einrichtungen und bei Maßnahmen der Altenhilfe abzuleisten. Die Lehranstalt, bei der die Prüfung abgelegt worden ist,

1 Hier nicht abgedruckt.

hat dafür Sorge zu tragen, daß der Praktikant in die vielseitige Tätigkeit eines Altenpflegers gut eingeführt und entsprechend angeleitet wird. Wenigstens einmal während und einmal am Ende des Praktikums ist der Praktikant von seiner Lehranstalt zum Erfahrungsaustausch und zur Vertiefung seiner Kenntnisse und Erfahrungen in die Lehranstalt einzuberufen.

(4) Die Lehranstalt stellt unter Zusammenfassung von Bescheinigungen der Stellen, bei denen das Praktikum abgeleistet worden ist, über die abgeleistete praktische Tätigkeit eine Bescheinigung nach dem Muster der Anlage 3 aus.

(5) Die Ableistung des Praktikums kann bei Nachweis einer vor der Ausbildung zum Altenpfleger erfolgten pflegerischen Tätigkeit in einem Alten-, Altenkranken-/Altenpflegeheim oder Krankenhaus bis zu sechs Monaten auf Antrag erlassen werden. Der Antrag ist über die Lehranstalt an die zuständige Behörde zu richten.

VIII. Übergangs-, Zuständigkeits- und Schlußbestimmungen

§ 23

(1) Wer bei Inkrafttreten dieser Vorschriften mindestens ein Jahr als Altenpfleger hauptberuflich tätig gewesen ist und bereits an einem gleichwertigen Lehrgang für Altenpflege teilgenommen und die Prüfung erfolgreich abgelegt hat, kann auf Antrag die staatliche Anerkennung als Altenpfleger erhalten. Der Antrag ist über die Lehranstalt, bei der die Prüfung abgelegt wurde, an die zuständige Behörde zu richten. Dem Antrag sind beizufügen
1. von dem Antragsteller je eine amtlich beglaubigte Ablichtung oder Abschrift des Prüfungszeugnisses und der Zeugnisse über seine Tätigkeit als Altenpfleger und
2. von der Lehranstalt eine Beurteilung der Eignung des Antragstellers für den Beruf des Altenpflegers.

(2) Wer bei Inkrafttreten dieser Vorschriften mindestens vier Jahre hauptberuflich als Altenpfleger tätig gewesen ist und die Voraussetzungen für diese Tätigkeit durch einen früheren Lehrgang an einer jetzt nach § 6 anerkannten Lehranstalt erworben hat, kann auf Antrag die staatliche Anerkennung als Altenpfleger erhalten. Der Antrag ist über die besuchte Lehranstalt an die zuständige Behörde zu richten. Dem Antrag sind die Unterlagen nach Abs. 1 Satz 3 beizufügen.

(3) Wer bei Inkrafttreten dieser Vorschriften für die Dauer von mindestens zehn Jahren vorwiegend als Altenpfleger tätig gewesen ist und nach dem Inkrafttreten dieser Vorschriften an einem wenigstens einmonatigen Fortbildungslehrgang für Altenpfleger bei einer nach § 6 anerkannten Lehranstalt teilgenommen hat, kann auf Antrag die staatliche Anerkennung als Altenpfleger erhalten. Der Antrag kann nur bis zum 31. Dezember 1974 gestellt werden. Er ist über die besuchte Lehranstalt an die zuständige Behörde zu richten. Dem Antrag sind beizufügen

1. von dem Antragsteller je eine amtlich beglaubigte Ablichtung oder Abschrift der Zeugnisse über seine Tätigkeit als Altenpfleger und
2. von dem Leiter der Lehranstalt eine Befürwortung der Erteilung der staatlichen Anerkennung.

§ 24
Zuständige Behörde im Sinne dieser Vorschriften ist der für den Sitz der jeweiligen Lehranstalt zuständige Regierungspräsident.

§ 25
(1) Diese Vorschriften treten mit Wirkung vom 1. Januar 1973 in Kraft.
(2) Ausbildungen, die vor dem Inkrafttreten dieser Vorschriften begonnen worden sind, aber erst nach Inkrafttreten dieser Vorschriften abgeschlossen werden, werden noch nach dem bisher üblichen Verfahren abgewickelt. § 23 Abs. 1 gilt entsprechend.

2. Aus den Hessischen Vorschriften, die in diesen Grundzügen mit den Vorschriften der anderen Bundesländer übereinstimmen, sei zusammenfassend hervorgehoben:

a) Zur staatlichen Anerkennung: sie ist Voraussetzung zur Ausübung des Berufes. Sie wird erteilt, wenn
1) der Altenpfleger an einem Lehrgang teilgenommen hat (§ 3 Abs. 1 i. V. mit Abschnitt IV)
2) er eine Prüfung bestanden hat (§ 3 Abs. 1 i. V. Abschnitt VI)
3) er ein Praktikum erfolgreich abgeleistet hat (§ 3 Abs. 1 i. V. Abschnitt VII).
Wer die Prüfung bestanden und das anschließende Praktikum erfolgreich abgeleistet hat, erhält eine Urkunde über die staatliche Anerkennung als Altenpflegerin oder Altenpfleger. Seine Berufsbezeichnung ist gesetzlich geschützt, d. h. niemand darf sich ohne eine vergleichbare Urkunde als Altenpflegerin oder Altenpfleger bezeichnen.

b) Zum Lehrgang: Die Durchführung des Lehrganges kann nur an Lehranstalten erfolgen, die vom zuständigen Minister dafür anerkannt worden sind. Die Anerkennung erfolgt nur, wenn die Lehranstalt an ein geeignetes Altenheim angegliedert ist und wenn es einen fachkundigen Leiter, qualifizierte Lehrkräfte und geeignete Räume und Einrichtungen besitzt. Damit ist die Sicherheit gegeben, daß auch die Ausbildung qualitativ hochwertig und sachlich fundiert ist.
Während des Lehrganges, der mindestens ein Jahr dauert, sind mindestens 700 Stunden theoretischer Unterricht und 1200 Stunden praktische Ausbildung zu gewähren.
Der theoretische Unterricht erstreckt sich dabei auf die Bereiche der geistig-kulturellen Bildung, der sozialen, pädagogischen, pflegerischen sowie staats- und rechtskundlichen Ausbildung und eine berufsspezifische Ergänzung.

Die Praxis wird in einem Pflegeheim, einem Altenheim oder auch in einem Krankenhaus abgeleistet.

c) Zur Prüfung: Die Prüfung ist nach Abschluß des Lehrganges vor einem Prüfungsausschuß abzulegen, der aus einem Vertreter der zuständigen Behörde (in der Regel des Landes-Sozialministeriums) als Vorsitzendem, dem Leiter der Lehranstalt und drei weiteren qualifizierten Beisitzern besteht. Ein Mitglied muß Arzt sein.

Die Prüfung erstreckt sich auf einen schriftlichen Teil und eine mündliche Prüfung sowie praktische Aufgaben. Die Prüfungsleistungen werden nach dem herkömmlichen Notenschema benotet. Die Prüfung ist bestanden, wenn mindestens die Prüfungsnote »ausreichend« erzielt wurde.

d) Zum Praktikum: Wurde die Prüfung erfolgreich abgelegt, so schließt sich ein einjähriges Praktikum an. Dieses Praktikum ist an einer Einrichtung der Altenhilfe (z. B. in einem Altenpflegeheim) oder bei Maßnahmen der Altenhilfe (z. B. bei der Altenbetreuung eines Sozialamtes) abzuleisten.

Anhang: Beispiel eines Ausbildungsplans

Altenpflegeschule des Landkreises Hanau
Terminplan für den Lehrgang II, 1973/74

Beginn: 1. 10. 1973		Ende: 30. 9. 1974
1. 10. 1973 bis 26. 10. 1973	Einführungslehrgang	4 Wochen
29. 10. 1973 bis 8. 12. 1973	Praktikum:	
	Krankenhaus	6 Wochen
10. 12. 1973 bis 22. 12. 1973	Theorie	2 Wochen
23. 12. 1973 bis 1. 1. 1974	Urlaub	
2. 1. 1974 bis 19. 1. 1974	Praktikum:	
	Altenpflegeheim	3 Wochen
21. 1. 1974 bis 25. 1. 1974	Theorie	1 Woche
28. 1. 1974 bis 9. 2. 1974	Praktikum:	
	Altenpflegeheim	2 Wochen
11. 2. 1974 bis 15. 2. 1974	Theorie	1 Woche
18. 2. 1974 bis 1. 3. 1974	Praktikum:	
	1. Gruppe:	
	Gemeindekrankenpflege	
	2. Gruppe:	
	Altenpflegeheim	2 Wochen
4. 3. 1974 bis 8. 3. 1974	Theorie	1 Woche
11. 3. 1974 bis 23. 3. 1974	Praktikum:	
	2. Gruppe:	
	Gemeindekrankenpflege	
	1. Gruppe:	
	Altenpflegeheim	2 Wochen
25. 3. 1974 bis 29. 3. 1974	Theorie	1 Woche
1. 4. 1974 bis 13. 4. 1974	Praktikum:	
	1. Gruppe:	
	Gemeindekrankenpflege	
	2. Gruppe:	
	Altenpflegeheim	2 Wochen
16. 4. 1974 bis 20. 4. 1974	Praktikum:	
	Altenpflegeheim	1 Woche
22. 4. 1974 bis 26. 4. 1974	Theorie	1 Woche
29. 4. 1974 bis 10. 5. 1974	Praktikum:	
	2. Gruppe:	
	Gemeindekrankenpflege	
	1. Gruppe:	
	Altenpflegeheim	2 Wochen
13. 5. 1974 bis 24. 5. 1974	Theorie	2 Wochen

Beginn: 1. 10. 1973   Ende: 30. 9. 1974

27. 5. 1974 bis 22. 6. 1974	Praktikum:	
	1. Gruppe:	
	Psychiatrie	
	2. Gruppe:	
	Altenpflegeheim	4 Wochen
24. 6. 1974 bis 28. 6. 1974	Theorie	1 Woche
1. 7. 1974 bis 26. 7. 1974	Praktikum:	
	2. Gruppe:	
	Psychiatrie	
	1. Gruppe:	
	Altenpflegeheim	4 Wochen
29. 7. 1974 bis 16. 8. 1974	Urlaub	
19. 8. 1974 bis 23. 8. 1974	Theorie	1 Woche
26. 8. 1974 bis 6. 9. 1974	Praktikum:	
	Altenpflegeheim	2 Wochen
9. 9. 1974 bis 27. 9. 1974	Theorie – Prüfung	3 Wochen

Insgesamt: 18 Wochen Theorie   40 Std./Woche = 720 Stunden
      6 Wochen Krankenhaus
      4 Wochen Gemeindekrankenpflege
      4 Wochen Psychiatrie   42 Std./Woche = 1260 Stunden
   16 Wochen Alten- und Pflegeheim
     davon:
     10 Tage offene Altenhilfe
     (Altenclub, Altentagesstätte,
     Essen auf Rädern u. a.)

                                                 1980 Stunden

B) Dienst- und arbeitsrechtliche Stellung

I. Beamter oder Angestellter

1. Mit der Ausbildung und staatlichen Anerkennung ist noch nichts darüber ausgesagt, ob Altenpfleger in ihren Heimen als Angestellte oder als Beamte beschäftigt werden sollen. Was hier zweckmäßig und möglich ist, beurteilt sich nach folgenden Erwägungen: Immer wieder steht die Verwaltung bei der Schaffung neuer Arbeitsplätze im öffentlichen Dienst vor der Frage, ob die Stelle mit einem Beamten oder mit einem Angestellten zu besetzen ist. Rechtlich gelten für diese Entscheidung klare Bestimmungen. Grundlage ist hierfür Art 33 IV GG:
»Die Ausübung hoheitsrechtlicher Befugnisse ist als ständige Aufgabe in der Regel Angehörigen des öffentlichen Dienstes zu übertragen, die in einem öffentlich-rechtlichen Dienst- und Treueverhältnis stehen.«
Hierzu bestimmt ferner 2 I BRRG:
»Der Beamte steht zu seinem Dienstherrn in einem öffentlich-rechtlichen Dienst- und Treueverhältnis (Beamtenverhältnis).«
Und schließlich § 4 BGB: »Die Berufung in das Beamtenverhältnis ist nur zulässig zur Wahrnehmung
1. hoheitsrechtlicher Aufgaben oder
2. solcher Aufgaben, die aus Gründen der Sicherung des Staates oder des öffentlichen Lebens nicht ausschließlich Personen übertragen werden dürfen, die in einem privatrechtlichen Arbeitsverhältnis stehen.«
Aus diesen Bestimmungen ergibt sich, daß es zur Entscheidung der Frage, ob eine Stelle mit Beamten oder anderen Angehörigen des öffentlichen Dienstes zu besetzen ist, auf die Funktion des Verwaltungsbediensteten ankommt. Wir haben gehört, daß sich die Verwaltung in die beiden großen Bereiche der Ordnungs- und der Leistungsverwaltung gliedert. Erstere ist naturgemäß die Domäne der Beamten, die durch staatlichen Hoheitsakt berufen werden, die letztere die der Angestellten des öffentlichen Dienstes, die durch privatrechtlichen Anstellungsvertrag eingestellt werden.
So logisch und juristisch sauber diese Trennung theoretisch durchführbar ist, so unpraktisch schwierig gestaltet sie sich oft am konkreten Fall. Insbesondere die Definition der hoheitsrechtlichen Aufgaben ist zwar viel versucht, aber nie ganz erreicht worden; selbst auf negative Abgrenzungen hat man sich nicht verständigen können.
Die traditionelle, weitgehend vom Berufsbeamtentum beeinflußte Lehre versteht unter hoheitsrechtlichen Aufgaben jede Tätigkeit von staatlichen Bediensteten aufgrund öffentlich-rechtlicher Regelungen und läßt deshalb nur im fiskalischen und im untergeordneten mechanischen Bereich Raum für die Beschäftigung von Nichtbeamten. Unter Hoheitsverwaltung in diesem Sinne müßte dann auch ein großer Teil der Leistungsverwaltung verstanden werden. Andererseits fällt nur ein geringer Teil dieser Hoheitsaufgaben wirklich in den Bereich zwangsweiser, freiheitseinschränkender Betätigung.

Vor allem die weite Palette von Maßnahmen moderner sozialer Daseinsvorsorge wird heute von Nichtbeamten ausgefüllt. Es wäre anachronistisch, den vielen Versuchen einer Begriffsbestimmung dessen, was hoheitlich ist, eine weitere verunglückte Definition hinzuzufügen. Einzig sinnvoller Weg zu Bestimmung der notwendigen Beamtenpositionen aus der Masse der im öffentlichen Dienst Beschäftigten ist deshalb eine spezielle Untersuchung von Funktion und Tätigkeit des einzelnen Stelleninhabers, wobei ex ante bereits verschiedene Gruppen aus der Palette öffentlicher Dienstleistungen ausgeschieden werden. So dürfen die Bediensteten öffentlicher Unternehmen, sei es auf kommunaler, Landes- oder Bundesebene, keine Beamten sein. Hier verhält sich der Staat – auch wenn er ebenfalls der Gemeinwohlverpflichtung unterliegt – wie ein sonstiges privates Wirtschaftsunternehmen, und deshalb ist eine besondere Dienst- und Treueverpflichtung seiner Angestellten nicht nötig. Ebenso verhält es sich nach übereinstimmender Ansicht mit dem vorwiegend manuell- technisch beschäftigten Personal des nach dienstlichen Weisungen arbeitenden Büroapparates. Seine Tätigkeit unterscheidet sich in nichts von dem in sonstigen Wirtschaftsbetrieben; es werden weder Entscheidungen gefällt noch vorbereitet, eine hoheitliche, offizielle Tätigkeit nach außen zum gewaltunterworfenen Bürger erfolgt nicht.

Auf der anderen Seite besteht Einigkeit, daß Entscheidungen, in die Freiheitssphäre eines Bürgers einzugreifen, also traditionell »obrigkeitliche« Tätigkeit, nur von den, dem Staat besonders verpflichteten Beamten getroffen werden dürfen. Dies trifft für Eingriffsverwaltung und Rechtsprechung zu.

2. Auch die dienstrechtliche Stellung des im pflegerischen Bereich des Altenzentrums beschäftigten Personals – Ärzte, Krankenpfleger, Altenpfleger, Schwestern – ist nach den oben aufgestellten Grundsätzen zu beurteilen. Ist das Benutzungsverhältnis rein privatrechtlich geregelt, dann steht dem Personal auch kein staatliches Zwangsmittel zur Verfügung, das seine Berufung in das Beamtenverhältnis notwendig machen würde. Problematisch wird die Bewertung nur, wenn das Benutzungsverhältnis öffentlich-rechtlich geregelt ist und außerdem ein Recht zu irgendwelchen Eingriffen in die Freiheitssphäre der Heimbewohner zulassen würde (zwangsweise Unterbringung, Zwangsbehandlung, Isolierung, Meldepflichten etc.). M. E. kommt es dann auf die Organisation der Verantwortlichkeit innerhalb des Zentrums an. Wenn für derartige Zwangsmaßnahmen alleine die Ärzte oder leitende Verwaltungsmitglieder befugt und verantwortlich wären, würde es durchaus genügen, nur diese zu Beamten zu ernennen.

Das untergeordnete Personal, das dann nur auf deren Weisung hin tätig wird, unterscheidet sich nicht von dem in anderen privaten Anstalten und Heimen beschäftigten Personal. Pfleger und Schwestern können deshalb ohne weiteres nur als Angestellte beschäftigt werden, wenn ihnen die Entscheidung über hoheitsrechtliche Maßnahmen von den übergeordneten beamteten Ärzten abgenommen wird.

Die konkrete Beurteilung des dienstrechtlichen Status des Personals des Altenzentrums hängt also von der Gestaltung der Benutzungsart und der inneren Organisation der Institution ab.

II. Altenpfleger im Beamtenverhältnis

Grundlage des in der Bundesrepublik geltenden Beamtenrechts ist, wie schon ausgeführt, Art. 33 Abs. 4 des Grundgesetzes, der die Ausübung hoheitlicher Befugnisse Personen vorbehält, die in einem öffentlich-rechtlichen Dienst- und Treueverhältnis zum Staat stehen. Dies sind die Beamten, da nach Art. 33 Abs. 5 GG das Recht des öffentlichen Dienstes unter Berücksichtigung der hergebrachten Grundsätze des Berufsbeamtentums zu regeln ist. Art. 75 Nr. 1 GG ermächtigt schließlich den Bundesgesetzgeber, Rahmenvorschriften zur Ordnung des Rechtsverhältnisses im öffentlichen Dienst zu erlassen. Neuerdings wurde das Recht der Beamtenbesoldung der konkurrierenden Gesetzgebung des Bundes zugewiesen, um hier eine gewisse Einheitlichkeit der Einkommensverhältnisse der Beamten zu bewahren oder wieder zu schaffen, die durch eine – auch politisch motivierte – Besoldungspolitik einiger Bundesländer zum Teil beseitigt worden ist.

Hieraus ergibt sich folgende Rechtsordnung:

1. Das Recht seiner eigenen Beamten hat der Bund im Bundesbeamtengesetz vom 18. 9. 1957 und der Bundesdisziplinarordnung vom 14. 7. 1953 umfassend geregelt.

2. Rahmenvorschriften für die Rechtsverhältnisse der Beamten der Länder, Gemeinden, Gemeindeverbände und sonstigen öffentlich-rechtlichen Körperschaften wurden im Bundesbeamtenrechtsrahmengesetz vom 1. 7. 1957 festgelegt.

3. Im übrigen haben die Länder eigene Beamtengesetze erlassen, die, wenn auch bei einheitlichen Grundlagen und Grundbegriffen, in vielen Sondergebieten durchaus auch differierende Bestimmungen enthalten.

1. Begründung des Beamtenverhältnisses : Hierunter versteht man die Einstellung in den Beamtendienst, d. h. die Schaffung eines öffentlich-rechtlichen Treueverhältnisses zum Staat.

a) Voraussetzungen in der Person des Bewerbers:

1. Nach dem Leistungsprinzip ist nach Eignung, Befähigung und fachlicher Leistung ohne Rücksicht auf Geschlecht, Abstammung, Rasse, Glauben, religiöse oder politische Anschauungen, Herkunft oder Beziehung der Bewerber auszulesen (Art. 33 Abs. 2 GG §§ 7 BRRG, 8 Abs. 1 S. 2 BBG). Eignung = körperliche und geistige Gesundheit, durch amtsärztliches Zeugnis nachzuweisen. Befähigung = Schulbildung oder bisherige Tätigkeit, erreichter Kenntnis- und Erfahrungsstand.

2. Deutsche Staatsangehörigkeit i. S. d. Art. 116 GG (§§ 4 Abs. 1 Nr. 1 BRRG, 7 Abs. 1 Nr. 1 BBG). Ausnahmen nach §§ 4 Abs. 2 BRRG, 7 Abs. 2 BBG.

3. Der Bewerber muß die Gewähr dafür bieten, jederzeit für die freiheit-lich-demokratische Grundordnung i. S. d. Verfassung einzutreten (§§ 4 Abs. 1 Nr. 2 BRRG, 7 Abs. 1 Nr. 2 BBG.

Im Falle der Versagung der Einstellung aus diesem Grunde trägt jedoch der Staat die Beweislast.

b) Besondere Laufbahnvoraussetzungen:

1. Der Bewerber muß die für seine Laufbahn vorgeschriebene oder – mangels solcher Vorschriften – übliche Vorbildung besitzen (§§ 4 Abs. 1 Nr. 3 BRRG, 7 Abs. 1 Nr. 3 a BBG). Die einzelnen Voraussetzungen sind in den Laufbahnvorschriften für den einfachen, mittleren, gehobenen und höheren Dienst in Verbindung mit den Ausbildungs- und Prüfungsordnungen für die betreffenden Laufbahnen festgelegt.

2. Bestimmte Altersgrenzen sind einzuhalten, z. B. Höchstalter für den Eintritt in den Beamtendienst regelmäßig 32 Jahre (§§ 12 Abs. 3, 21 Abs. 4, 26 Abs. 4, 31 Abs. 4, 32 Abs. 3 BLV, 9 Abs. 1 Nr. 1 BBG).

c) Form der Einstellung: Notwendig ist immer die Aushändigung einer Urkunde mit den Worten »unter Berufung in das Beamtenverhältnis« (§§ 5 Abs. 2 BRRG, 6 Abs. 2 BBG).

d) Art der Beamtenverhältnisse: Eine Berufung zum Beamten ist möglich als

1. Beamter auf Widerruf (z. B. im Vorbereitungsdienst oder bei vorübergehender Wahrnehmung hoheitsrechtlicher Aufgaben),

2. Beamter auf Probe (z. B. nach Abschluß der Ausbildung),

3. Beamter auf Zeit (z. B. Wahlbeamter),

4. Beamter auf Lebenszeit (Regelfall).

2. Beförderung und Aufstufung: Bei Verleihung eines anderen Amtes mit einem anderen Endgrundgehalt und einer anderen Amtsbezeichnung ist die Aushändigung einer neuen Ernennungsurkunde erforderlich.

Für die Reihenfolge der Beamten bei der Beförderung gelten dieselben Grundsätze wie bei der Auslese von Beamtenanwärtern (§§ 23 BBG). Zulässig sind allein sachliche Überlegungen (hier sind jedoch Ausnahmen möglich). Deshalb ist z. B. folgendes verboten: Beförderung während der Probezeit, vor Ablauf eines Jahres nach Anstellung oder letzter Beförderung, innerhalb von 2 Jahren vor Erreichung der Altersgrenze; Überspringen einer Beförderungsstufe (§§ 12 BRRG, 24 BBG).

3. Versetzung: Eine Versetzung nach § 18 BRRG liegt vor, wenn ein Beamter innerhalb des Bereichs seines Dienstherrn (z. B. Bund oder Land) an eine andere Dienststelle oder in den Bereich eines anderen Dienstherrn versetzt wird. Voraussetzung ist also ein Wechsel der Behörde. Eine innerbehördliche Neuverteilung von Ämtern und Zuweisung des Beamten zu einem anderen Amt reichen nicht aus. Dies ist jederzeit möglich.

a) Versetzung innerhalb des Dienstbereichs: Ein Beamter kann versetzt werden, wenn er es beantragt oder die Behörde im Rahmen ihres pflichtgemäßen Ermessens ein dienstliches Bedürfnis bejaht.

Eine Versetzung gegen den Willen des Beamten ist nur in ein Amt derselben oder einer gleichwertigen Laufbahn zulässig. Der Beamte ist vor jeder Versetzung zu hören, der Personalrat ist zu beteiligen.
b) Versetzung in den Dienstbereich eines anderen Dienstherrn: Diese Versetzung ist nur mit Zustimmung des Beamten zulässig (§ 18 Abs. 2 BRRG). Ausnahmen sind bei Auflösung, Änderung oder Verschmelzung einer Behörde möglich (§ 19 BRRG), allerdings auch nur bei Wahrung des besoldungsrechtlichen Besitzstandes (§§ 26 Abs. 2 BBG).

4. Abordnung: Bei der Abordnung gehört der Beamte weiterhin seiner Stammbehörde an. Nur seine dienstliche Tätigkeit findet außerhalb derselben statt.
a) Abordnung innerhalb des Bereichs eines Dienstherrn. Bei Vorliegen eines dienstlichen Bedürfnisses ist die vorübergehende Abordnung bei gleichwertiger Tätigkeit ohne Zustimmung des Beamten zulässig. Liegen diese Voraussetzungen allerdings nicht vor, muß der Beamte zustimmen (§ 17 Abs. 1 BRRG, 27 Abs. 1 BBG).
b) Abordnung in den Bereich eines anderen Dienstherrn. Hier ist regelmäßig die Zustimmung des Beamten erforderlich (§ 17 Abs. 1 S. 2 BRRG). Durch Gesetz kann die Abordnung für die Dauer eines Jahres (während der Probezeit 2 Jahre) ohne Zustimmung des Beamten gestattet werden (§§ 17 Abs. 1 S. 2 BBG).

5. Beendigung des Beamtenverhältnisses: Das Beamtenverhältnis endet durch
a) Tod mit der Folge der Hinterbliebenenversorgung,
b) Eintritt in den Ruhestand. Dies tritt ein durch:
1. Versetzung in den einstweiligen Ruhestand. Dies kann durch Gesetz bei Auflösung einer Behörde etc. ohne Weiterverwendungsmöglichkeit des Beamten zugelassen werden (§ 20 BRRG). Außerdem ist diese Versetzung bei bestimmten politischen Wahlbeamten sowie einigen Berufsbeamten in hervorgehobenen Ämtern (z. B. Staatssekretär) zulässig (§ 21 BRRG, 36 BBG). Sie erfolgt ferner mit Ablauf der Amtszeit beim Beamten auf Zeit; anderenfalls muß er entlassen werden (§ 96 BRRG), sowie bei Annahme der Wahl zum Mitglied einer Volksvertretung. Unvereinbarkeit von Amt und Mandat (Inkompatibilität) (§§ 33 BRRG, 57 BBG). Hier fehlt eine einheitliche Regelung in Bund und Ländern (z. T. Beurlaubung, z. T. sogar überhaupt keine Beschränkung).
2. Kraft Gesetzes wegen Erreichung der Altersgrenze; mit Ende des Monats, in dem das 65. Lebensjahr vollendet wird (§§ 25 BRRG, 41 BBG). Für besondere Berufsgruppen gelten andere Altersgrenzen (z. B. für Richter an obersten Bundesgerichten, Polizeivollzugsbeamte, Offiziere, Berufssoldaten).
Wegen Dienstunfähigkeit kann sie auf Antrag des Beamten oder auch gegen dessen Willen bei Dienstunfähigkeit infolge körperlicher oder geistiger Gebrechen erfolgen (§§ 26 BRRG, 42 BBG).
Auf Antrag ohne Nachweis der Dienstunfähigkeit. Diese Möglichkeit steht

einem Beamten auf Lebenszeit offen, der das 62. Lebensjahr vollendet hat (§§ 26 Abs. 3 BRRG, 42 Abs. 3 BBG). Die Behörde kann stattgeben, wenn nicht zwingende dienstliche Gründe entgegenstehen. Rechtsfolgen des Ruhestandes. Im wesentlichen endet die Dienstpflicht, während ein Anspruch auf Versorgung entsteht (§§ 30 BRRG, 47 Abs. 3 BBG).

c) Entfernung aus dem Dienst durch Urteil eines Disziplinargerichts. Bei aktiven Beamten auf Zeit oder Lebenszeit ist dies die schwerste Disziplinarmaßnahme, die nur in einem förmlichen Verfahren durch Disziplinarurteil verhängt werden kann (§§ 29 Abs. 1, 11 BDO). Rechtsfolgen: Verlust des Anspruchs auf Dienstbezüge und Amtsbezeichnung, u. U. Entzug der Versorgung.

d) Verlust der Beamtenrechte durch Strafurteil

1. bei Verurteilung wegen einer vorsätzlichen Tat zur Freiheitsstrafe von mindestens einem Jahr oder wegen einer vorsätzlichen Tat, die nach den Vorschriften über Friedensverrat, Hochverrat etc. strafbar ist, zu Freiheitsstrafe von mindestens 6 Monaten (§§ 24 Abs. 1 BRRG, 48 BBG),

2. wenn dem Beamten die Fähigkeit zur Bekleidung öffentlicher Ämter aberkannt wird, oder wenn der Beamte aufgrund einer Entscheidung des Bundesverfassungsgerichts gemäß Art. 18 GG seine Grundrechte wegen Mißbrauchs zum Kampf gegen die freiheitlich-demokratische Grundordnung verwirkt hat (§§ 24 Abs. 1 S. 1 BRRG, 48 S. 2 BBG). Rechtsfolgen: wie beim Disziplinarurteil.

e) Entlassung

1. kraft Gesetzes

1.1 bei Verlust der Eigenschaft als Deutscher, z. B. bei Annahme einer fremden Staatsangehörigkeit,

1.2 wenn der Beamte ohne Zustimmung der obersten Dienstbehörde seinen Wohnsitz oder dauernden Aufenthalt im Ausland nimmt,

1.3 bei Erreichen der Altersgrenze ohne Eintritt in den Ruhestand,

1.4 bei Wechsel zu einem anderen Dienstherrn, soweit nicht gesetzlich etwas anderes bestimmt ist.

(§§ 22 BRRG, 29, 31 Abs. 5, 32 Abs. 1 S. 2 BBG)

2. durch Verwaltungsakt

2.1 wenn der Beamte sich weigert, den Diensteid oder ein entsprechendes Gelöbnis abzulegen,

2.2 bei Dienstunfähigkeit ohne Folge des Ruhestandes,

2.3 wenn der Beamte zur Zeit der Ernennung Mitglied des Bundestages war und nicht innerhalb der ihm bestimmten Frist sein Mandat niederlegt (§§ 23 BRRG, 28, 31, 32 BBG),

2.4 beim Beamten auf Probe, wenn er ein Disziplinarvergehen begeht, das bei einem Beamten auf Lebenszeit eine Disziplinarmaßnahme zur Folge hätte und wenn er sich in der Probezeit nicht bewährt.

2.5 Bei Beamten auf Widerruf kann jederzeit eine Entlassung ausgesprochen werden (§§ 23 Abs. 1 BRRG, 32 Abs. 1 BBG). Dieses Recht erfährt allerdings eine Einschränkung durch die Fürsorgepflicht des Dienstherrn; dem Beamten soll i. d. R. Gelegenheit gegeben werden, die Prüfung abzulegen.

3. auf Antrag. Auf seinen schriftlichen Antrag hin muß der Beamte jederzeit entlassen werden (§§ 23 Abs. 1 BRRG, 30 BBG).

6. Die Pflichten des Beamten: Die Dienstpflichten des Beamten sind in den Beamtengesetzen nur unvollständig aufgezählt, sie sind vor allem durch Dienstanweisungen geregelt. Sie erwachsen aus der allgemeinen Treuepflicht nach Art. 33 Abs. 4 GG. Hier seien nur einige Grundpflichten stichwortartig aufgeführt:

a) Treuepflicht: Grundpflicht und zentraler Begriff des Beamtenrechts ist die Treuepflicht, über deren Inhalt allerdings die Meinungen auseinandergehen. Grundidee ist auch dabei die Bindung der Beamten an Recht und Gesetz, der Einsatz für den Staat und das öffentliche Wohl der Bürger.

b) Pflicht, dem ganzen Volke zu dienen (§§ 35 Abs. 1 A. 1 BRRG, 52 Abs. 1 S. 1 BBG).

c) Pflicht zum Eintreten für die freiheitlich-demokratische Grundordnung (§§ 35 Abs. 1 S. 2 BRRG, 52 Abs. 2 BBG).

d) Pflicht zur unparteiischen und gerechten Amtsführung (§§ 35 Abs. 1 S. 2 BRRG, 52 Abs. 1 S. 2 BBG).

e) Pflicht zur Zurückhaltung bei politischer Betätigung (§§ 35 Abs. 2 BRRG).

f) Pflicht zur uneigennützigen Amtsführung (§§ 36 S. 1 BRRG, 54 S. 1 BBG).

h) Gehorsamspflicht bei rechtmäßigen dienstlichen Anweisungen (§§ 37 S. 2 BRRG, 55 S. 2 BBG).

j) Beratungs- und Unterstützungspflicht (§§ 37 S. 1 BRRG, 55 S. 1 BBG).

k) Pflicht zum rechtmäßigen Handeln (§§ 38 BRRG, 56 BBG). Der Beamte ist verpflichtet, bei Bedenken gegen die Ausführung dienstlicher Anordnungen diese seinem Vorgesetzten geltend zu machen.

l) Pflicht zur Amtsverschwiegenheit (§§ 39 BRRG, 61 BBG). Ausnahmen bei Kollision mit dem Recht auf freie Meinungsäußerung!

m) Pflicht zum achtungswürdigen Verhalten (§§ 36 S. 3 BRRG, 54 S. 3 BBG).

n) Eidespflicht (§§ 40 BRRG, 58 BBG).

7. Laufbahn, Eingruppierung:

a) Beamte sind gemäß §§ 13 BRRG, 2 BLV in Laufbahngruppen eingeteilt, für die nach Ausbildung und fachlichen Eignungen besonders und zwar verschiedene Voraussetzungen festgelegt sind. Der diesen Voraussetzungen entsprechende Bewerber wird zum Beamten in seiner Laufbahngruppe ernannt. Mit der Ernennung erhält er Anspruch auf die mit seinem Amt verbundenen Dienstbezüge gemäß §§ 49 BRRG, 82 BBG. Diese sollen ihm einen Lebensstandard ermöglichen, der seinem Amt angepaßt ist, in dem er sich kraft seiner persönlichen Fähigkeiten befindet.

Ausgehend von § 15 BBG werden z. B. nach dem HBG, dem HBesG und der BesOHes folgende persönliche Voraussetzungen gefordert und folgende Tätigkeitsbereiche aufgestellt. Dabei werden die Tätigkeitsbereiche genau durch die Ämter- und Dienstpostenbewertung abgegrenzt. Hier lassen sich nur Ergebnisse der Bewertung beispielhaft anhand der speziellen Gruppe der krankenpflegenden Berufe aufzeigen, wobei hier die Rechtslage im Lande Hessen zugrunde gelegt wird:

Einfacher Dienst: (§§ 20ff. HPG, 5 HBesG)
Abgeschlossene Hauptschule oder ein entsprechender Bildungsstand.
Einstellungsmindestalter: 15; Höchstalter: 40 Jahre.
6 Monate Vorbereitungsdienst, 6 Monate Probezeit.
Besoldungsgruppe: A 1 – A 5.
A 1 = Eingangsamt; bis A 5 = Beförderungsämter. Den Besoldungsgruppen entsprechen folgende Berufsbezeichnungen:
A 1 = Amtsgehilfe
A 2 = Oberamtsgehilfe
A 3 = Hauptamtsgehilfe – Krankenhausgehilfe
A 4 = Amtsmeister
A 5 = Oberamtsmeister
Mittlerer Dienst:
Abgeschlossene Hauptschule oder ein entsprechender Bildungsstand.
Einstellungsmindestalter: 16 Jahre; Höchstalter: 35 Jahre.
Vorbereitungsdienst: mindestens 2 Jahre, sodann Prüfung für den mittleren Dienst. Probezeit: 1 Jahr.
Besoldungsgruppe: A 5 – A 9.
A 5 = Assistent – Krankenpfleger/Krankenschwester
A 6 = Sekretär – Krankenpfleger/Krankenschwester
A 7 = Obersekretär – Krankenpfleger/Krankenschwester
A 8 = Hauptsekretär – Abteilungspfleger/Abteilungsschwester
A 9 = Amtsinspektor – Erster Oberpfleger/Erste Oberschwester
Gehobener Dienst:
Abgeschlossene Realschule oder ein entsprechender Bildungsstand.
Einstellungsmindestalter: 18 Jahre; Höchstalter: 35 Jahre.
Vorbereitungszeit: 3 Jahre, sodann Prüfung für den gehobenen Dienst.
Probezeit: 2 Jahre.
Besoldungsgruppe: A 9 – A 13
A 9 = Inspektor – Oberpfleger/Oberschwester
A 10 = Oberinspektor – Pflegevorsteher/Oberin
A 11 = Amtmann
A 12 = Oberamtmann/Amtsrat
A 13 = Oberamtsrat

Höherer Dienst:
Abgeschlossenes Studium an einer Universität oder anderer Hochschule.
1. Staatsprüfung. Vorbereitungsdienst: 2 Jahre (als Referendar)
2. Staatsprüfung. Probezeit: 3 Jahre (als Assessor)
Einstellungsmindestalter: 21 Jahre; Höchstalter: 35 Jahre
Besoldungsgruppe: A 13 – A 16 sowie (für höhere Positionen) B1 – B12
Berufsbezeichnungen:
A 13/13 a = Regierungsrat – Assistenzarzt/Medizinalrat

A 14/14 a = Oberregierungsrat – Oberarzt/Obermedizinalrat
A 15   = Regierungsdirektor – Chefarzt-Vertreter
             Medizinaldirektor
A 16/16 a = Leitender Regierungsdirektor – Chefarzt

II. Bezüglich des beamteten Pflegepersonals zeigt die Aufstellung, daß:

1. Krankenhausgehilfen der Besoldungsgruppe A 3 zuzuordnen sind.
2. Krankenschwestern in der Besoldungsgruppe A 5 eingestellt werden und je nach Steigerung der Aufgaben und der Verantwortlichkeit, gemessen an der Anzahl der zu pflegenden Menschen, bis A 9 aufsteigen.
2 a) Krankenschwestern, die im Eingangsamt A 9 eingestellt werden, bis in das Beförderungsamt A 13 aufrücken können.
2 b) Ärzte bei A 13 eingestellt werden und je nach Verantwortungsbereich bis A 16 aufrücken können.

III. Der Altenpfleger als Angestellter im öffentlichen Dienst

1. Einstellung: Der Angestellte schließt mit dem Träger des Altenheims (z. B. einem Landkreis oder einer kreisfreien Stadt) nach arbeitsrechtlichen Gesichtspunkten einen privatrechtlichen Vertrag ab, dessen wesentliche Merkmale nach dem Bundesangestelltentarifvertrag (BAT) festgelegt sind § 4 Abs. 1 BAT);
a) Voraussetzungen in der Person des Bewerbers:
1 a) körperliche Eignung (§ 7 BAT)
1 b) Eintreten für die freiheitlich-demokratische Grundordnung (§ 8 Abs. 1 Satz 2 BAT)
b) Besondere Laufbahnvoraussetzungen:
Die Tätigkeit der Angestellten im öffentlichen Dienst ist in einer Vielzahl von Vergütungsgruppen des BAT im einzelnen beschrieben. Die Eingruppierung in diese Vergütungsgruppen erfolgt dann anhand der Stellenbeschreibung, die auch die Voraussetzungen aufführen (§ 22 BAT).
c) Als Form der Einstellung ist der schriftliche Abschluß eines Arbeitsvertrages notwendig (§ 4 Abs. 1 BAT)

2. Beförderung. Aufstufung. Übt ein Angestellter überwiegend und nicht nur vorübergehend eine Tätigkeit aus, die den Merkmalen einer höheren Vergütungsgruppe entspricht, so hat er nach 6 Monaten einen Anspruch darauf, entsprechend höhergruppiert zu werden (§ 23 Abs. 1 BAT).
Wird dem Angestellten die höherwertige Tätigkeit ausdrücklich übertragen (z. B. durch Verfügung der Leitung eines Altenzentrums), dann hat er sofort einen Anspruch auf Höhergruppierung und entsprechende Vergütung (§ 23 Abs. 2 BAT)

3. Versetzung, Abordnung: Eine Versetzung oder Abordnung eines angestellten Altenpflegers ist jederzeit aus dienstlichen Gründen zulässig (§ 12 Abs. 1 Satz 1 BAT). Der Angestellte ist aber bei einer Versetzung oder Abordnung, die länger als 3 Monate dauert, zu hören (§ 12 Abs. 1 Satz 2 BAT).

4. Beendigung des Angestelltenverhältnisses: Das Angestelltenverhältnis erlischt durch

a) Tod,

b) ordentliche Kündigung: Einem Angestellten kann bis zu einer Beschäftigungszeit von 15 Jahren (frühestens 40. Lebensjahr) jederzeit mit allerdings steigenden Kündigungsfristen gekündigt werden. Ab diesem Zeitpunkt ist dann auch der Angestellte unkündbar (§ 53 BAT), steht also insoweit einen Beamten auf Lebenszeit rechtlich gleich,

c) außerordentliche Kündigung: Aus wichtigen Gründen kann eine fristlose Kündigung bei den kündbaren Angestellten erfolgen (§ 54 BAT). Wichtig ist ein Grund, wenn er die Fortsetzung des Arbeitsverhältnisses bis zum Ablauf der ordentlichen Kündigungsfrist als nicht zumutbar erscheinen läßt.

Dies ist besonders bei schweren Verstößen gegen seine Dienstpflicht der Fall, aber auch z. B., wenn er sich persönlich nicht in die Betriebsgemeinschaft einordnet und das der Heimleitung die ordnungsmäßige Betreuung der Heiminsassen unmöglich macht oder erschwert.

Dem unkündbaren Angestellten kann aus in seiner Person oder in seinem Verhalten liegenden wichtigen Gründen fristlos gekündigt werden, allerdings auch nur mit einer sozialen Auslauffrist (§ 55 Abs. 1 BAT). Wichtige Gründe sind z. B.: Häufige Erkrankung oder anhaltende Krankheit, grobe Beleidigung des Arbeitgebers, begründeter Verdacht der Untreue oder einer strafbaren Handlung.

Beim Vorliegen wichtiger dienstlicher Gründe kann eine Kündigung zum Zwecke der Herabgruppierung in eine niedere Vergütungsgruppe erfolgen, so z. B. wenn eine Weiterbeschäftigung zu den bisherigen Vertragsbedingungen nachweisbar nicht möglich ist oder der Angestellte aufgrund seines persönlichen Zustands nicht mehr zur Erfüllung der Tätigkeitsvoraussetzungen in der Lage ist (§ 55 Abs. 2 BAT). Dies gilt allerdings nicht bei durch die Arbeit verursachtem Unfall oder Berufskrankheit.

d) Auflösungsvertrag: Im gegenseitigen Einvernehmen kann das Arbeitsverhältnis jederzeit beendet werden (§ 58 BAT).

e) Berufsunfähigkeit oder Erwerbsunfähigkeit: Mit Ablauf des Monats, in dem der Angestellte einen Bescheid eines Rentenversicherungsträgers zugestellt erhält, in dem eine Berufs- oder Erwerbsunfähigkeit festgestellt wird, endet das Angestelltenverhältnis, wenn neben der Rente eine sonstige Versorgung mit Beteiligung des Arbeitgebers geleistet wird (§ 59 BAT).

f) Erreichung der Altersgrenze: Mit der Vollendung des 65. Lebensjahrs endet das Arbeitsverhältnis (§ 60 Abs. 1 BAT).

g) Ablauf der vereinbarten Arbeitszeit bei befristeten Arbeitsverhältnissen: Bei Zeitangestellten endet mit Ablauf der vereinbarten Zeit das Arbeitsverhältnis.

5. Die Pflichten des Angestellten: Die Pflichten des Angestellten gegenüber seinem Dienstherren sind von dem arbeitsrechtlichen und personenrechtlichen Charakter des Arbeitsverhältnisses geprägt. So existieren auch hier eine ganze Reihe von Pflichten, die auch nur zum Teil normiert sind.

Aus Beispiele werden genannt:

1. Arbeitspflicht
Dies ist die Hauptpflicht des Angestellten (§ 611 Abs. BGB).

2. Gehorsamspflicht
Diese konkretisiert sich vor allem in dem Direktionsrecht des Arbeitgebers, dessen Umfang ebenfalls im Arbeits- oder Tarifvertrag festgelegt ist.

3. Treuepflicht
Ergibt sich aus § 242 BGB wonach Leistungen nach Treu und Glauben und gemäß der Verkehrssitte zu bewirken sind, ferner aus dem Wesen des Vertrages als personenrechtliches Verhältnis.

4. Pflicht, für die freiheitlich-demokratische Grundordnung einzutreten (§ 8 Abs. 1 S. 2 BAT).

5. Weitere Handlungspflichten
Die Handlungspflichten entsprechen im wesentlichen denen der Beamten. So hat auch der Angestellte seine Arbeit unparteiisch und zum Wohl des ganzen Volkes zu verrichten. sich bei seiner politischen Betätigung besonders bei Äußerungen im Dienst zu mäßigen und sein Verhalten innerhalb und außerhalb des Dienstes seiner Stellung anzupassen. An das außerdienstliche Verhalten dürfen jedoch keine übertriebenen Anforderungen gestellt werden. Auch der Angestellte im öffentlichen Dienst gestaltet sein Privatleben grundsätzlich nach eigenem Gutdünken.

6. Unterlassungspflichten
Der Angestellte hat alles zu unterlassen, was den Vertragszweck gefährden und dem Arbeitgeber schaden könnte.

7. Schweigepflicht (§ 9 BAT).

8. Verbot der Annahme von Belohnungen und Geschenken in Zusammenhang mit seiner beruflichen Tätigkeit.

9. Weitere Pflichten
sind oft in den Arbeits- und Tarifverträgen für den einzelnen Angestellten vereinbar.

6. Laufbahnen, Eingruppierung:

a) Bei den Angestellten richtet sich im Gegensatz zu den Beamten die Vergütung gemäß §§ 26 ff. BAT nicht nach dem bekleideten Amt, sondern nach der tatsächlich ausgeführten Tätigkeit. Die Tätigkeit wird im Arbeitsvertrag genauer bestimmt. Rechte und Pflichten gegenüber dem Arbeitgeber (hier: Staat, Gemeinde, Anstalt) bestimmen sich nach allgemeinen arbeitsrechtlichen Vorschriften und den darauf aufbauenden Tarifverträgen auf Bundes- (BAT), Landes- (TdL) oder kommunaler Ebene (VKA).

Nach ihrem Tätigkeitsbereich sind die Angestellten in Vergütungsgruppen eingeteilt. Gemäß § 22 BAT legt dabei die Vergütungsordnung die Tätigkeitsmerkmale fest, die für das Krankenpflegepersonal besonders aus Anlage 1 b zum BAT ersichtlich sind und bestimmt als Folge dieser Tätigkeit eine festgesetzte Vergütung. So erhalten die Angestellten vom Beginn des 20. Lebensjahres an die Anfangsgrundvergütung ihrer Gruppe, die dann alle 2 Jahre automatisch in die Grundvergütung der nächsthöheren Stufe steigt, bis die Endvergütung ihrer Vergütungsgruppe erreicht ist.

Bei der Aufstellung der Vergütungsgruppen I – XII ist zu beachten, daß für Angestellte = Pflegepersonal in Kranken-, Heil-, Pflege- und Entbindungsanstalten sowie in sonstigen Anstalten und Heimen, in denen die betreuten Personen in regelmäßiger ärztlicher Behandlung stehen, Sonderregelungen gelten, die in Anlage 2 a zum BAT gefaßt sind.

Weiterhin enthält Anlage 2 c zum BAT eine besondere Regelung für Ärzte, die in Einrichtungen beschäftigt sind, die in Anlage 2 a zum BAT genannt sind.

Für die Tätigkeitsmerkmale der Vergütungsgruppen im Krankenpflegedienst spielen die Sonderregelungen jedoch keine Rolle. Das gilt auch in bezug auf die abschließende Vergleichstabelle der Beamten- und Angestelltenentlohnung.

b) Eingruppierung: Für die Vergütungsgruppen der Angestellten im öffentlichen Dienst, besonders des Krankenpflegepersonals im Sinne der Anlage 1 b zum BAT unter Berücksichtigung der Sonderregelung 2 a zum BAT gilt folgende Regelung:

Gruppe	Tätigkeit
I	– Pflegehelfer.
II	– Krankenpflegehelfer / Pflegehelfer mit mindestens einjähriger Ausbildung und Abschlußprüfung.
III	– Krankenschwester: bis 6 Monate nach der Prüfung / Krankenpflegehelfer mit staatlicher Erlaubnis und dreijähriger Bewährung.
IV	– Krankenschwester mit besonderem Aufgabenbereich.
V	– Krankenschwester mit 1 Jahr Tätigkeit nach erlangter Erlaubnis für besonderen Aufgabenbereich. / Krankenschwester mit mindestens 2 Personen unterstelltem Pflegepersonal.
VI	– Krankenschwestern, denen mindestens 2 Stationsschwestern unterstellt sind.
VII	– Krankenschwestern, denen mindestens 4 Stationsschwestern unterstellt sind.
VIII	– Krankenschwestern, die zur ständigen Vertreterin der leitenden Krankenschwester berufen sind.
IX	– Leitende Krankenschwestern mit einem Pflegebereich von mindestens 150 Pflegepersonen.
X	– wie IX, nur mit Pflegebereich von mindestens 300 Pflegepersonen.
XI	– wie IX, nur mit Pflegebereich von mindestens 600 Pflegepersonen.
XII	– wie IX, nur mit Pflegebereich von mindestens 900 Pflegepersonen.

Für angestellte Ärzte gilt die Einteilung in Vergütungsgruppen gemäß der Anlage 1 a zum BAT:

Gruppe	Tätigkeit

I — Ärzte in Pflegeheimen (gemäß Anlage und Sonderregelung 2 a zum BAT) die als ständige Vertreter des leitenden Arztes durch ausdrückliche Anordnung bestellt sind, wenn dem leitenden Arzt mindestens 9 Ärzte unterstellt sind.

II a — Ärzte in Pflegeheimen (gemäß SR 2 a zum BAT) mit einem besonderen Tätigkeitsbereich und mindestens vierjähriger Tätigkeit in der Vergütungsgruppe I b.

Vergleichstabellen der Besoldungs- und Vergütungsgruppen für Angestellte und Beamte im Pflegebereich

für Ärzte:

A 13 = BAT II
A 14 = BAT I b
A 15 = BAT I a
A 16 = BAT I

für Krankenpflegepersonal:

(nach Anlage 1 b und Sonderregelung 2 a zum BAT)

Besoldung — Vergütung = Tätigkeit

A 1	— ./.	
A 2	— ./.	
A 3	— I	= Pflegehelfer
A 4	— II	= Krankenpflegehelfer
A 5	— II / III	= Pflegehelfer mit 1 Jahr Praxis Krankenschwestern
A 6	— IV / V	= Krankenschwester mit 1 Jahr Praxis
A 7	— VI / VII	= Krankenschwestern, denen Stationsschwestern unterstellt sind.
A 8	— VIII	= Krankenschwester als Vertreterin der leitenden Krankenschwester.
A 9	— VIII / IX	= Leitende Krankenschwestern.
A 10	— IX	= Leitende Krankenschwester mit Pflegebereich von mindestens 150 Pflegepersonen.
A 11	— X	= mindestens 300 Pflegepersonen.
A 12	— XI	= mindestens 600 Pflegepersonen.
A 13	— XII	= mindestens 900 Pflegepersonen.

(Tabellen berücksichtigen Stand 1971 der BesOHes unter Erhöhung von 1. Januar 1973).

IV. Weitere Vorschriften für Beamte und Angestellte im öffentlichen Dienst

Beamtenverhältnis

1. Rechtsstellung im Dienst: Für den größten Teil der Bereiche, die die Rechtsstellung des Beamten und Angestellten im öffentlichen Dienst ausmachen, sei eine kurze synoptische Übersicht gegeben:

1. Bezüge

Die Höhe der Beamtenbezüge für Beamte des Bundes regelt sich nach dem Bundesbesoldungsgesetz. Sie setzen sich zusammen aus Grundgehalt, Ortszuschlag, Kindergeld, Amtszulagen, Stellenzulagen und Ausgleichszulagen (2 I BBesG). Das Grundgehalt ergibt sich aus der jeweiligen Besoldungsgruppe. Die Dienstbezüge werden monatlich im voraus gezahlt (§ 4 I BBesG). Das Grundgehalt wird, soweit die Besoldungsgruppe nicht feste Gehälter vorsieht (bei der Besoldungsordnung B), nach Dienstaltersstufen bemessen (bei der Besoldungsordnung A) (§ 5 a II BBesG). Das Besoldungsdienstalter beginnt mit dem 1. Tag des Monats, in dem der Beamte das 21. Lebensjahr vollendet hat und steigt alle zwei Jahre bis zum Endgrundgehalt. Ist das 21. Lebensjahr beim Erhalt der ersten Dienstbezüge überschritten, so wird der Beginn des Besoldungsdienstalters um die Hälfte der Zeit, um die es überschritten ist, hinausgeschoben (§ 6 II BBesG). Die Höhe der Beamtenbezüge bei Beamten der Länder, Gemeinden und Gemeindeverbände richtet sich nach den jeweiligen Landes-Besoldungsgesetzen. Grundsätzlich bedarf der Beamte zu einer Nebentätigkeit der vorherigen Genehmigung der obersten Dienstbehörde, soweit er nicht zu einer unentgeltlichen Übernahme verpflichtet ist. Der Beamte ist auch verpflichtet, ohne Entschädigung über die regelmäßige Arbeitszeit hinaus Dienst zu tun, wenn zwingende dienstliche Verhältnisse (§ 64 BBG) es erfordern. Dabei kann der Dienst bis zu 54 Stunden wöchentlich verlängert werden. Doch ist anschließend angemessene Freizeit zu gewähren.

2. Zurückstufung

Nach § 10 BBesG und HBesG ist eine Zurückstufung bei einem Beamten ausgeschlossen. Scheidet nämlich ein Beamter aus einem Amt aus, um in ein anderes überzutreten, und stehen ihm für das neue Amt niedrige Bezüge zu, so erhält er in Höhe des Unterschieds zwischen seinem Grundgehalt und dem Grundgehalt, das ihm in dem bisherigen Amt zuletzt zugestanden hat, eine Ausgleichszulage. Dies gilt nicht, wenn es sich (bei der Versetzung) um eine disziplinarrechtliche Maßnahme handelt.

3. Kündigung

Der Beamte kann nur aus schwerwiegenden Gründen entlassen werden. Er ist zu entlassen, wenn er sich weigert, den gesetzlich vorgeschriebenen Diensteid zu leisten oder wenn er zur Zeit der Ernennung Mitglied des Bundestags war und nicht innerhalb der von der obersten Dienstbehörde gesetzten angemessenen Frist sein Mandat niederlegt. (§ 28 BBG). Ferner, wenn er die deutsche Staatsangehörigkeit verliert oder dauernden Aufenthalt im Ausland ohne Zustimmung des Dienstherren nimmt oder wenn er in ein anderes öffentliches Dienstverhältnis zu einem anderen Dienstherren übertritt (§ 29 BBG). Der Beamte auf Widerruf und der Beamte auf Probe sind unter leichteren Voraussetzungen zu entlassen (§§ 31, 32 BBG).

4. Zulagen und Zuwendungen

Zulagen und Zuwendungen sind ein Teil der Besoldung. Sie sind in § 21 des BBesG und in den entsprechenden Bestimmungen der Landesbesoldungsgesetze geregelt.

Sie dürfen nur für solche Ämter vorgesehen werden, deren Amtsinhalt sich von dem der Grundämter (§ 5 III BB esG) abhebt. Sie dürfen nicht mehr als 75‹% des Unterschiedsbetrags der Endstufen der innegehabten Besoldungsgruppe zur nächsthöheren ausmachen. Stellenzulagen werden für die Dauer der Wahrnehmung herausgehobener Dienstposten gewährt. Sie sind widerruflich.

Sonstige nicht gesetzlich geregelte Zuwendungen dürfen nur gezahlt werden, wenn der Haushaltsplan dies vorsieht und den Beamten die Übernahme besonderer dienstlich entstandener Aufwendungen nicht zuzumuten ist.

Bei Gemeinden bedarf die Veranschlagung solcher Mittel der aufsichtsbehördlichen Genehmigung (z. B. in Hessen) (§ 22 II HBesG).

5. Beihilfen

Beihilfeberechtigte Personen nach den Beihilfeverordnungen in Krankheits-, Geburts- und Todesfällen sind Beamte, Ruhegehalt-, Witwen- und Waisengeldempfänger sowie Angestellte und Arbeiter, Lehrlinge und Anlernlinge (vgl. für Hessen § 92 HBG).

Beamte erhalten für jede ärztliche Versorgung und Heilmittel Beihilfe. Für Zahnersatz wird Beamten, Angestellten und Arbeitern nur Beihilfe gewährt, wenn sie mindestens 1 Jahr im Dienst sind (§ 6 HessBeihVO).

6. Trennungsgeld

Die Zahlung von Trennungsgeld richtet sich bei Beamten nach den jeweiligen Trennungsgeldverordnungen der Länder. Danach erhält ein Beamter regelmäßig Trennungsgeld, wenn er zu seiner Dienststelle außerhalb seines bisherigen Dienstorts oder seines Wohnorts abgeordnet oder versetzt oder neu eingestellt ist.

Ist eine Umzugskostenvergütung zugesagt, wird Trennungsgeld nur gewährt, wenn der Beamte wegen Wohnungsmangels am neuen Dienstort an einem Umzug verhindert ist. Er hat sich allerdings fortgesetzt um eine Wohnung zu bemühen,

Trennungsgeld wird als Trennungsreisegeld, Trennungstagegeld, Entschädigung bei täglicher Rückkehr zum Wohnort, Reisebeihilfen für Familien(heim)fahrten und Mietersatz gewährt.

Trennungsreisegeld wird dem Beamten, wenn er nicht täglich zum Wohnort zurückkehrt und ihm dies auch nicht zuzumuten ist, nach den übereinstimmenden Reisekostengesetzen der Bundesländer für die ersten 14 Tage nach dem Tage der Beendigung der Dienstantrittsreise zum neuen Dienstort gewährt, und zwar in Höhe des Tage- und Übernachtungsgeldes (z. B. in Hessen §§ 9, 10, 12, 13 des Hess. Reisekostengesetzes). Es kann von der obersten Dienstbehörde für weitere 14 Tage bewilligt werden. Trennungstagegeld wird gewährt, wenn die Frist für die Zahlung des Trennungsreisegeldes abgelaufen ist.

Bei täglicher Rückkehr zum Wohnort wird Verpflegungszuschuß, Fahrtkostenersatz, Wegstreckenentschädigung oder Mitnahmeentschädigung gezahlt. Kreisbeihilfen für Familienheimfahrten werden für eine Heimfahrt im Monat gewährt. Mietersatz wird gewährt, wenn der Beamte Trennungsgeld (Trennungsreisegeld und Trennungstagegeld) erhält und an einen anderen Ort versetzt oder abgeordnet wird.

7. Sonstige Unterstützungen

Bei den Unterstützungen nach den Unterstützungsgrundsätzen handelt es sich um Fürsorgeleistungen i. S. d. § 92 I HBG, § 40 BAT und § 46 MTL II.

Die Haushaltmittel hierfür werden durch den Haushaltplan bereitgestellt und dürfen nicht überschritten werden.

Eine Unterstützung darf nur gewährt werden, wenn sich der Antragsteller in einer unverschuldeten wirtschaftlichen Notlage befindet, aus der er sich aus eigener Kraft nicht zu befreien vermag. Die Notlage muß durch außergewöhnliche Umstände oder Ereignisse hervorgerufen worden sein (Unterstützungsgrundsätze Ugr.) vgl. dazu den Erlaß des Hess. Finanzministers vom 7. 3. 1968 StAnz. 68/564).

Eine Unterstützung darf nicht bewilligt werden, wenn durch Gewährung eines unverzinslichen Gehalts-, Vergütungs- oder Lohnvorschusses nach den Vorschußrichtlinien ausreichend geholfen werden kann.

Der Antragsteller muß neben der Bedürftigkeit einer Unterstützung würdig sein, d. h. er darf nicht wegen Verfehlungen aus dem Staatsdienst entlassen sein.

Unterstützungen dürfen nicht für regelmäßig wiederkehrende Aufwendungen gewährt werden. Es gibt einmalige (Höchstgrenze 500,– DM) und laufende Unterstützungen.

Beamte, Angestellte und Arbeiter sind hier gleichgestellt.

8. Vorschüsse

Ihre Gewährung wird in den einzelnen Bundesländern verschieden geregelt. In Hessen z. B. richten sie sich nach den Vorschußrichtlinien (VR), vgl.: Erlaß d. Hess. Finanzministers vom 14. 6. 1968, StAnz. 68/103. Werden Beamte, Angestellte oder Arbeiter des Landes Hessen durch besondere Umstände ungewöhnlicher Art zu unabwendbaren Ausgaben genötigt, die aus laufenden Bezügen nicht bestritten werden können, so dürfen ihnen auf Antrag unverzinsliche Vorschüsse gewährt werden. Solche Umstände können sein: Wohnungswechsel, Eheschließung, Erkrankung. Die drei Gruppen der Bediensteten sind gleichgestellt.

Der Vorschuß ist der Beihilfe subsidiär. Der Höchstbetrag eines Vorschusses beträgt das Doppelte der monatlichen Dienstbezüge oder Angestelltenvergütung bzw. des tarifmäßigen Arbeitslohns für 52 Arbeitstage.

9. Urlaub

Der Beamte hat in jedem Jahr Anspruch auf Erholungsurlaub unter Fortzahlung seiner Bezüge. Er regelt sich nach den Urlaubsverordnungen für die Beamten des Bundes und der einzelnen Bundesländer. Der Urlaubsanspruch im Lande Hessen (VO vom 17. 1. 1964, GVBl. S. 5) richtet sich nach dem Lebensalter. § 4 der Urlaubsverordnung bestimmt:

bis 18 Jahre	23 Arbeitstage
18 bis 25 Jahre	22 Arbeitstage
25 bis 32 Jahre	23 Arbeitstage
32 bis 40 Jahre	26 Arbeitstage
40 bis 50 Jahre	30 Arbeitstage
ab 50 Jahren	33 Arbeitstage Urlaub.

Der Urlaubsanspruch kann erst 6 Monate, bei Jugendlichen drei Monate nach der Einstellung geltend gemacht werden. Genesungsurlaub kann gewährt werden (§ 12 dieser VO).

In den UrlaubsVoen des Bundes und der Bundesländer richtet sich der Urlaubsanspruch neben dem Alter auch nach der innegehabten Besoldungsgruppe, d. h. höheren Beamten steht entsprechend mehr Urlaub zu.

Die Tendenz der Bemessung nur nach dem Lebensalter ist jedoch unverkennbar.

10. Dienstbefreiung

Dienstbefreiung kann vom jeweiligen Land nach den UrlaubsVoen (in Hessen § 16) ohne Anrechnung auf den Erholungsurlaub und unter Fortzahlung der Dienstbezüge unter Beschränkung auf das notwendige Maß erteilt werden, soweit dringende dienstliche Gründe nicht entgegenstehen:

a) zur Erfüllung allgemeiner staatsbürgerlicher Pflichten.
(z. B. wenn der Beamte als Abgeordneter eines Gemeindeparlaments an dessen Sitzung teilnimmt),

b) zur persönlichen Fortbildung (Besuch von Kursen und Lehrgängen),

c) zur aktiven Teilnahme an Veranstaltungen, bei denen die Bundesrepublik Deutschland oder das jeweilige Bundesland repräsentativ vertreten ist.

d) bei persönlichen Familienangelegenheiten (z. B. Sterbefall in der Familie, Hochzeit usw.).

Bei mehr als 6 Tagen Dienstbefreiung muß die oberste Dienstbehörde zustimmen.

11. Einsichtnahme in die Personalakten, Zeugnisse

Zu den Personalakten der Beamten gehören nach § 96 Satz 1, Halbsatz 2 BBG und den jeweiligen Landes-Beamtengesetzen »alle ihn betreffenden Vorgänge«. Das bedeutet, daß es für die Frage, ob ein Schriftstück zu den Personalakten gehört, nicht darauf ankommt, ob es sich z. B. in einer bestimmten Akte befindet oder ob es bei einer Behörde aufbewahrt wird. Entscheidend ist vielmehr, daß der Akteninhalt dienstliche Angelegenheiten des Beamten betrifft. Dies ist besonders der Fall bei Zeugnissen, Prüfungsunterlagen, Beförderungsurkunden, disziplinarrechtlichen oder strafrechtlichen Bescheiden, Versetzungsurkunden, Gesundheitszeugnissen u. ä. Dabei gilt das Prinzip der Vollständigkeit. In den Personalakten schlägt sich nämlich das Persönlichkeitsbild des Beamten nahezu lückenlos nieder.

Die Personalakten dienen zwei verschiedenen Zwecken. Zunächst dem Dienstherren als Quelle personeller Entscheidungen, ferner dem Interesse des Beamten an der genauen Festlegung seiner Laufbahn. Er kann nämlich anhand der vollständigen Personalakten den historischen Geschehensablauf seiner Laufbahn dartun, ebenso Gründe etwaiger Verzögerung oder einer besonders guten Karriere aufklären.

Die Personalakten geben also die Persönlichkeit des Beamten genau wieder. Nach ihrem Inhalt entscheidet es sich, ob ein Beamter übernommen oder befördert wird, ob man ihm eine wichtige Aufgabe überträgt, ob man ihn in eine Vertrauensstellung beruft oder nicht, und zwar mit all den Folgen, die es für das berufliche und persönliche Vorwärtskommen haben kann. Nun wird aber andererseits durch die Verfassung jedem Staatsbürger garantiert, daß er seine wahre Persönlichkeit vor anderen verbergen oder verändern kann und daß er sich ein »Image« aufbauen darf. Wenn nun beim Beamten dieses Recht infolge der Führung eines Personalakte beschnitten wird, muß er andererseits ein bestimmtes Interesse daran haben, daß Personalakten dritten Personen nicht ohne seine Zustimmung zugänglich gemacht werden.

Daraus folgt, daß Personalakten geheimzuhalten und vertraulich zu behandeln sind. Dies ist ein hergebrachter beamtenrechtlicher Grundsatz im Sinne des Art. 33 Abs. 5 des Grundgesetzes.

Wer darf nun in Personalakten Einsicht nehmen?

Zunächst der Beamte selbst. Das Verhältnis Beamter/Dienstherr wird vom Grundsatz der Offenheit beherrscht. Der Beamte muß und darf wissen, was der Dienstherr über ihn und seine dienstlichen Verhältnisse schriftlich festlegt.

Das Recht auf Einsichtnahme ist nach herrschender Meinung ein höchstpersönliches Recht des Beamten. Er muß also selbst seine Akten einsehen. Der Beamte kann sich aber dafür eines Bevollmächtigten bedienen, wenn er selber zur Einsicht nicht in der Lage ist (z. B. infolge Krankheit) und dienstliche Gründe dem nicht entgegenstehen.

Umstritten ist, ob fremden Behörden Einsicht in die Personalakten gegeben werden muß. In einer Entscheidung ging das Bundesverfassungsgericht von dem Gedanken aus, daß der in Art. 35 des Grundgesetzes festgelegte Grundsatz der Rechts- und Amtshilfe keine Ermächtigung zur Erteilung von Auskünften aus Personalakten darstellt. Jede Behörde, an die eine entsprechende Anfrage gerichtet wird, muß daher im Einzelfall sorgfältig prüfen, ob einer solchen Einsichtnahme die Pflicht zur Geheimhaltung der Personalakten entgegensteht. Nur besondere allgemeine und öffentliche Interessen können das Interesse des Beamten an der Geheimhaltung überwiegen.

Der eigenen Behörde des Beamten steht jedoch in Grenzen ein Recht auf Einsicht in dessen Personalakte zu. So können auch ohne Einwilligung des Betroffenen bestimmte Personen mit besonderer dienstlicher Verantwortung – wie der Behördenleiter – (z. B. Bürgermeister oder Landrat) oder der Personalreferent (Leiter des Personalamts) die Personalakte einsehen. Bearbeiten in einer Behörde mehrere Personen die Personalakten, so haben die Sachbearbeiter ein Einsichtsrecht nur für das von ihnen bearbeitete Gebiet. Wer z. B. Dienstbezüge auszurechnen hat, darf nur in den Teil der Akten einsehen, aus dem sich die Höhe der Bezüge ergibt, nicht aber z. B. in Zeugnisse, gesundheitliche Untersuchungsergebnisse u. ä. Einsicht nehmen.
Eine Übertragung des Einsichtsrechts des Beamten auf andere Personen ist dabei nicht möglich. Der Behördenleiter oder Personalreferent kann aber auch anderen Bediensteten Auskunft aus der Personalakte geben, wenn dies aus dringenden dienstlichen Gründen nötig ist. Mit Zustimmung des Bediensteten kann in die Personalakte eingesehen werden. Die Einverständniserklärung ist aber in jedem Fall schriftlich zu geben. Der Behördenleiter kann aber auch dann aus dienstlichen Gründen die Einsichtnahme verweigern. Inwieweit der Personalrat ein Einsichtsrecht hat, ist gesetzlich geregelt. Sowohl nach dem Bundespersonalvertretungsgesetz (§ 57 Abs. 2) als auch den Personalvertretungsgesetzen der Länder dürfen Personalakten nur mit Zustimmung des Bediensteten und nur von einem von ihm bestimmten Mitglied des Personalrats eingesehen werden.
Wird ein Beamter versetzt, so sind seine vollständigen Personalakten unverzüglich an die neue Behörde abzugeben. Für diese gilt dann das gleiche wie für die abgebende Behörde.

12. Disziplinarrechtliche Stellung
a) Der Beamte begeht ein Dienstvergehen, wenn er im Dienst schuldhaft die ihm obliegenden Pflichten verletzt. Dies ergibt sich aus den jeweiligen Beamtengesetzen.
Ein Fehlverhalten des Beamten außerhalb des Dienstes ist nur dann ein Dienstvergehen, wenn es nach den Umständen des Einzelfalles in besonderem Maße geeignet ist, Achtung und Vertrauen in einer für sein Amt oder das Ansehen des Beamtentums bedeutsamen Weise zu beeinträchtigen (z. B. Schuldenmacherei, erheblich unsolider Lebenswandel, Begehen strafbarer Handlungen). Der Beamte muß sich auch außerhalb des Dienstes seiner Vertrauensstellung würdig erweisen. Hier dürfen jedoch keine übertriebenen Anforderungen gestellt werden. Bei Ruhestandsbeamten oder früheren Beamten gilt es als Dienstvergehen, wenn sie sich gegen die freiheitlich-demokratische Grundordnung des Grundgesetzes betätigen, an Bestrebungen, die den Bestand oder die Sicherheit der Bundesrepublik Deutschland beeinträchtigen, teilnehmen, gegen das Gebot der Amtsverschwiegenheit verstoßen, Geschenke in bezug auf das frühere Amt annehmen oder einer erneuten Berufung in das Beamtenverhältnis schuldhaft nicht nachkommen.

b) Es gibt folgende Disziplinarmaßnahmen nach der Bundesdisziplinarordnung vom 14 7. 1953, denen die Disziplinarordnungen der Länder im wesentlichen entsprechen:

1. Verweis, er ist der Tadel eines bestimmten Verhaltens,
2. Geldbuße, sie darf die Dienstbezüge eines Monats nicht übersteigen. Diese Disziplinarmaßnahmen können von Dienstvorgesetzen im Wege einer Disziplinarverfügung verfügt werden.
3. Gehaltskürzung, sie besteht in der Verminderung des Grundgehalts um höchstens $\frac{1}{5}$ auf längstens 5 Jahre,
4. Versetzung in ein Amt derselben Laufbahn mit geringerem Endgrundgehalt,
5. Entfernung aus dem Dienst, sie bewirkt den Verlust der Dienstbezüge und späteren Versorgung,
6. Kürzung des Ruhegehalts, dies richtet sich nach der Gehaltskürzung für aktive Beamte,
7. Aberkennung des Ruhegehalts, sie bewirkt auch den Verlust des Anspruchs auf Hinterbliebenenversorgung. Sie kann nur ausgesprochen werden, wenn in einem vergleichbaren Fall auch eine Entfernung aus dem Dienst gerechtfertigt wäre.

Die letztgenannten Maßnahmen (3. – 7.) können nur durch Urteil eines Disziplinargerichts (Disziplinarkammer beim Verwaltungsgericht und Disziplinarhof) verhängt werden.

13. Schadenersatzpflicht

Nach § 91 HBG hat ein Beamter dem Dienstherrn, dessen Aufgaben er wahrgenommen hat, den Schaden zu ersetzen, der aus der schuldhaften Verletzung der ihm obliegenden Pflichten entstanden ist. Bei einer Amtspflichtverletzung in Ausübung eines ihm anvertrauten öffentlichen Amtes hat er den Schaden nur bei Vorsatz oder grober Fahrlässigkeit zu ersetzen.

Ein Rückgriff ist möglich, wenn der Dienstherr einem Dritten gem. Art. 34 I GG Schadenersatz geleistet hat, aber nur zulässig, soweit dem Beamten Vorsatz oder grobe Fahrlässigkeit zur Last fällt.

14. Koalitionsrecht

Das Koalitionsrecht für Beamte ergibt sich aus Art. 9 III GG, § 91 BBG und aus den Beamtengesetzen der Länder. Aufgrund der Vereinigungsfreiheit haben die Beamten das Recht, sich in Gewerkschaften und Berufsverbänden zusammenzuschließen, die sie mit ihrer Vertretung beauftragen können. Kein Beamter darf wegen einer Betätigung für eine Gewerkschaft oder einen Berufsverband dienstlich bevorzugt oder benachteiligt werden.

15. Arbeitskampf, Streik

Beamte haben wegen des zwischen ihnen und dem Staat bestehenden Treueverhältnisses (§ 2 BBG), das ihnen lebenslängliche Anstellung sowie Ansprüche auf Gehalt, Ruhegehalt, Witwen- und Waisenversorgung garantiert, kein Streikrecht. Danach hat der Beamte sein Amt uneigennützig nach bestem Gewissen zu verwalten. Er darf seinem Dienst nicht ohne Genehmigung seines Dienstvorgesetzten fernbleiben, es sei denn bei Verhinderung wegen Krankheit oder wegen Unfähigkeit aus sonstigen Gründen.

Bleibt der Beamte ohne Genehmigung schuldhaft dem Dienst fern, so verliert er für die Zeit des Fernbleibens seine Dienstbezüge und kann auch disziplinarrechtlich belangt werden.

Das Streikverbot wird in den letzten Jahren immer öfter durch den »Dienst nach Vorschrift« oder »kollegiale Krankmeldung« umgangen. Diese Ausgestaltung der Arbeitsverweigerung ist deshalb so bedenklich, weil hierbei die (vollen) Ansprüche auf Dienstbezüge fortbestehen.

Angestelltenverhältnis im öffentlichen Dienst

1. Bezüge

Im Gegensatz zu den Bezügen der Beamten werden die Bezüge der Angestellten durch Tarifvertrag geregelt, die zwischen dem Dienstherrn und den Gewerkschaften ausgehandelt werden. Dem Angestellten steht die Möglichkeit des Arbeitskampfes (Streik) zur Erreichung tariflicher Forderungen offen. Seine Bezüge setzen sich zusammen aus Grundvergütung, Ortszuschlag, Kindergeld, örtlicher Sonderzuschlag und tarifliche Zulagen (§ 26 BAT). Es gibt je nach den Tätigkeitsmerkmalen verschiedene Vergütungsgruppen, die sich ebenso wie bei den Beamtengruppen nach Stufen aufteilen. In den Vergütungsgruppen sind die Grundvergütungen nach Lebensalterstufen bemessen. Die Grundvergütung der ersten Lebensalterstufe wird vom Beginn des ersten Monats gezahlt, indem der Angestellte in den Vergütungsgruppen III – X das 21. Lebensjahr, in den Vergütungsgruppen I a – II b das 23. Lebensjahr vollendet hat.

Die Vergütung steigt jeweils alle zwei Jahre bis zum Erreichen der Grundvergütung der letzten Lebensaltersstufe (§ 27 BAT). Nach § 36 BAT ist die Vergütung für den Kalendermonat zu berechnen und dem Angestellten am 15. eines jeden Monats für den laufenden Kalendermonat zu zahlen. Ergänzende Dienstvereinbarungen sind möglich.

Der Ortszuschlag wird in sinngemäßer Anwendung der für die Beamten geltenden Bestimmungen gewährt (§ 29 BAT). Er soll die örtlich unterschiedlichen Lebenshaltungskosten ausgleichen. Für die Nebentätigkeit des Angestellten finden die für die Beamten jeweils geltenden Bestimmungen sinngemäß Anwendung (§ 11 BAT).

2. Zurückstufung

Die Zurückstufung um eine Gruppe bei einem Angestellten ist nach § 55 II BAT, wenn eine Kündigung die Weiterbeschäftigung betreffend nicht ausgesprochen werden kann, möglich, wenn eine Beschäftigung zu den bisherigen Vertragsbedingungen aus dienstlichen, nicht etwa aus persönlichen (!) Gründen nachweisbar nicht möglich ist (sog. Änderungskündigung).

3. Kündigung

Innerhalb der Probezeit kann dem Angestellten jederzeit gekündigt werden. Die Frist beträgt zwei Wochen zum Monatsende (§ 53 BAT). Im übrigen richtet sich die Kündigungsfrist unterschiedlich nach Beschäftigungszeiten.

Die Kündigungsfrist beträgt

bis 1 Jahr Beschäftigungszeit	1 Monat zum Monatsende
von mehr als 1 Jahr Beschäftigungsz.	6 Wochen zum Schluß eines Kalendervierteljahres
von mindestens 5 Jahren Beschäftigungszeit	drei Monate zum Schluß eines Kalendervierteljahres
von mindestens 8 Jahren Beschäftigungszeit	vier Monate zum Schluß eines Kalendervierteljahres
von mindestens 10 Jahren Beschäftigungszeit	fünf Monate zum Schluß eines Kalendervierteljahres
von mindestens 12 Jahren Beschäftigungszeit	sechs Monate zum Schluß eines Kalendervierteljahres.

§ 53 III BAT: Erst nach 15jähriger Beschäftigungsdauer ist der Angestellte unkündbar. Eine außerordentliche Kündigung kann bei Angestellten nur bei Vorliegen eines wichtigen Grunds ausgesprochen werden (§ 54 BAT).

Dies trifft für den unkündbaren Angestellten nur insoweit zu, als die Gründe in seiner Person liegen. (§§ 53 III, 55 I BAT).

4. Zulagen und Zuwendungen

Der Angestellte erhält nach § 33 BAT neben seiner Vergütung eine Zulage:

a) wenn seine Tätigkeit mit Mehrarbeit verbunden ist, die anderweitig nicht ersetzt wird und entsprechend Beamten unter gleichen Voraussetzungen eine Zulage gewährt wird:

b) wenn der Angestellte im Vollstreckungsdienst eingesetzt ist;

c) wenn seine Tätigkeit regelmäßig und nicht nur in unerheblichem Maße gefährlich oder gesundheitsschädlich ist, ohne daß hierfür ein anderer Ausgleich erfolgt;

d) wenn der Angestellte auf einer Baustelle arbeitet; (diese Zulage wird bis zu DM 100,– im Monat gewährt);

e) wenn der Angestellte eine Arbeit verrichtet, die infektions- oder tuberkulosegefährdet ist; (er erhält DM 15,– monatlich an Zusatzverpflegung);

f) bei zu verrichtender Nachtarbeit eine Nachtdienstentschädigung;

g) anderer Art, die bei Inkrafttreten des BAT im Bereich der Vereinigung der kommunalen Arbeitgeberverbände auf Grund örtlicher oder betrieblicher Regelung oder nach dem Arbeitsvertrag gewährt und von den vorstehenden Vorschriften nicht berührt werden;

h) tariflicher Art wie bei Beamten, also in gleicher Höhe und unter gleichen Voraussetzungen;

5. Beihilfen

Ärztliche Versorgung und Heilmittel, die einer Person aufgrund gesetzlicher oder anderer Vorschriften zustehen, sind nicht beihilfefähig. Das gilt im allgemeinen für alle Pflichtversicherten. Bei Bediensteten, die nach § 405 der RVO einen Zuschuß zu ihrem Krankenversicherungsbeitrag erhalten (freiwillig Versicherte) sind Aufwendungen nur insoweit beihilfefähig, als sie über die zustehenden Leistungen der freiwilligen Krankenversicherung hinausgehen. Es ist zu beachten, daß die Krankenkassen den Pflichtversicherten in bestimmten Fällen nur Zuschüsse leisten, z. B. Zahnersatz, kieferorthop. Behandlung, Heilkosten etc. In diesen Fällen sind nur die über den Zuschuß hinaus selbst gemachten Aufwendungen bis zu den in den jeweiligen BeihilfeVOen der Länder angegebenen Grenzen beihilfefähig.

6. Trennungsgeld

Für die Angestellten ist im § 43 BAT auf die Regelung für die Beamten verwiesen.

7. Sonstige Unterstützungen

siehe Beamtenverhältnis.

8. Vorschüsse

siehe Beamtenverhältnis.

9. Urlaub

Nach § 47 BAT erhält der Angestellte Erholungsurlaub ebenfalls unter Fortzahlung seiner Vergütung. Die Urlaubsdauer pro Jahr richtet sich nach den Vergütungsgruppen und dem Lebensalter unterschiedlich: § 48 BAT.
Allerdings sind aufgrund der Artikel III § 1 des Tarifvertrags vom 23. 2. 1961 zu § 71 BAT in Hessen für die Dauer des Erholungsurlaubs die für die Beamten des Arbeitgebers jeweils geltenden Vorschriften maßgebend.

10. Dienstbefreiung

Die Arbeitsbefreiung für Angestellte ist in § 52 BAT geregelt. Sie wird gewährt, soweit nicht die Angelegenheit innerhalb der Arbeitszeit erledigt werden kann, für die Dauer einer unumgänglich notwendigen Abwesenheit von der Arbeit. Die Gründe sind nahezu die gleichen wie bei der Freistellung von Beamten, lediglich etwas detaillierter aufgeführt.

11. Einsichtnahme in die Personalakten, Zeugnisse

Personalakten werden bei Behörden auch für Angestellte und Arbeiter geführt. Hier gelten einige Abweichungen.
Sowohl Arbeiter als auch Angestellte haben selbstverständlich das gleiche Recht wie ein Beamter, die eigene Personalakte einzusehen. Hingegen ist die Geheimhaltungspflicht des Dienstherren gegenüber

Dritten bei Personalakten von Arbeitern und Angestellten bei weitem nicht so stark ausgebildet, wie dies bei Beamten der Fall ist. So hat das Bundesarbeitsgericht es beispielsweise für zulässig angesehen, daß eine Behörde einer anderen Behörde Auskünfte aus Personalakten von Arbeitern und Angestellten auch dann geben darf, wenn diese dadurch Nachteile erleiden. Die antragstellende Behörde braucht lediglich ein berechtigtes Interesse an der Einsicht nachzuweisen. Das ist z. B. der Fall, wenn sie den Bediensteten einstellen will. Im übrigen haben auch andere Bedienstete ein Recht, in die Personalakten von Angestellten und Arbeitern einzusehen, wenn sie nur einen triftigen Grund dafür angeben können.

Aus der Fürsorgepflicht, die gegenüber Angestellten und Arbeitern im gleichen Umfang wie gegenüber Beamten besteht, folgt jedoch, daß dem Angestellten oder Arbeiter auf Verlangen die erteilte Auskunft im Wortlaut bekanntzugeben ist.

Dieser erhebliche Unterschied gegenüber der Rechtsstellung der Beamten wird damit begründet, daß die Personalakte eines Beamten dessen lückenloses Persönlichkeitsbild erkennen läßt, während dies bei Personalakten von Arbeitern und Angestellten nicht der Fall ist. Hier ist nicht jede Tatsache eintragungspflichtig. Hinzu kommt, daß auch Arbeiter und Angestellte in ihrem beruflichen Fortkommen nicht so sehr auf die Beurteilung in den Personalakten angewiesen sind, wie dies bei Beamten der Fall ist.

12. Disziplinarrechtliche Stellung

a) Verstößt eine Vertragspartei gegen die ihr obliegenden Verpflichtungen, so kann der andere Teil – Arbeitnehmer oder Arbeitgeber – in erster Linie Vertragserfüllung verlangen. Er hat im allgemeinen einen Schadenersatzanspruch, wenn der Vertragspartner seine Verpflichtungen schuldhaft verletzt hat.

b) Dienst- bzw. Ordnungsstrafen gegen Angestellte sind im BAT nicht mehr vorgesehen. Das schließt jedoch nicht aus, daß der Arbeitgeber den Angestellten durch Verwarnung – je nach Schwere und Art des Falles verbunden mit Betriebsbußen, Androhung der Herabgruppierung oder Entlassung – zur ordnungsgemäßen Erfüllung seiner Pflichten anhält. Bei schwerwiegender Verletzung der Verpflichtungen kann das Arbeitsverhältnis gekündigt werden. Für die Kündigung des Arbeitnehmers gelten die §§ 53 ff. BAT.

13. Schadenersatzpflicht

Für die Schadenshaftung der Angestellten finden nach § 14 BAT die für die Beamten des Arbeitgebers jeweils geltenden Vorschriften Anwendung.

Die Rechtsprechung hat über die Haftung des Arbeitnehmers gegenüber dem Arbeitgeber (insbesondere bei Ausübung einer sogenannten gefahrengeneigten Tätigkeit) und gegenüber anderen Arbeitnehmern eine Reihe wichtiger Grundsätze entwickelt. Diese sind Ausdruck eines allgemeinen Rechtsgedankens und durch die Verweisung des § 14 BAT auf die Vorschriften des Beamtenrechts nicht ausgeschlossen:

1. Nach der Rechtsprechung kann der Arbeitgeber von dem Arbeitnehmer keinen Schadenersatz verlangen, wenn die Eigenart der vom Arbeitnehmer zu leistenden Dinge es mit sich bringt, daß dem Arbeitnehmer Fehler unterlaufen. Sie sind zwar fahrlässig verursacht, mit ihnen war aber angesichts der menschlichen Unzulänglichkeit als mit einem typischen Abirren zu rechnen.

2. Für Schäden, die dem Betriebsrisiko zuzurechnen sind oder aus der besonderen Gefahr der Arbeit folgen, haftet der Arbeitnehmer auch bei schuldhafter Herbeiführung nicht. Das ergibt sich aus der Fürsorgepflicht des Arbeitgebers gegenüber dem Arbeitnehmer.

3. Bei gefahrengeneigter Arbeit hat der Arbeitnehmer bei Schädigung eines Dritten einen Freistellungsanspruch von seiner Ersatzpflicht (gänzlich oder anteilmäßig).

4. Ein Arbeitnehmer, der fahrlässig den Arbeitsunfall eines anderen Arbeitnehmers des gleichen Betriebes herbeigeführt hat, haftet dem Geschädigten nicht, wenn und soweit ihm eine Belastung mit solchem Schadenersatzanspruch nicht zugemutet werden kann, weil seine Schuld im Hinblick auf die besondere Gefahr der ihm übertragenen Arbeit nach den Umständen des Falles nicht schwer ist.

5. Hinsichtlich der Haftung des Arbeitnehmers für von ihm dem Arbeitgeber zugefügte Schäden ist, bei Vorliegen einer gefahrengeneigten Arbeit vom Fall des fehlenden Verschuldens und vom Fall des Vorsatzes einmal abgesehen, eine dreifache Unterscheidung vorzunehmen: Bei leichtester Fahrlässigkeit (leichtester Schuld) haftet der Arbeitnehmer nicht. Bei grober Fahrlässigkeit (schwerer Schuld) haftet er in vollem Umfang. Liegt seine Fahrlässigkeit (Schuld) zwischen beiden Graden, handelt es sich also um eine normale Fahrlässigkeit (Schuld), so muß der Schaden je nach Umständen aufgeteilt werden (vgl. AP (Arbeitsrechtl. Praxis) Nr. 33 zu § 611 BGB).

14. Koalitionsrecht
Für die Angestellten ergibt sich als Koalitionsrecht aus Art. 9 III GG.

15. Arbeitskampf, Streik
Angestellten im öffentlichen Dienst steht als Arbeitskampfmaßnahme der Streik offen. Diese Möglichkeit fordert von den Tarifpartnern allerdings eine besondere Verantwortung, da hier nicht ein Gewerbebetrieb, der seine wirtschaftlichen Einbußen später wieder ausgleichen kann, sondern die Allgemeinheit betroffen wird, ganz besonders für pflegerische Berufe!

Im übrigen wird die Arbeitskampffreiheit im öffentlichen Dienst nach denselben sachlichen Gesichtspunkten eingegrenzt, wie sie außerhalb des öffentlichen Dienstes von Bedeutung sind: So gilt bei einem Streik die Grenze des Notstandes. Soweit er lebenswichtige Betriebe betrifft – wie Krankenhäuser, Versorgungs- und Verkehrsbetriebe – muß die

152

Streikleitung Notstandsmaßnahmen ermöglichen, sonst liegt partielle Illegimität des Arbeitskampfes vor. Immer muß der Grundsatz der Verhältnismäßigkeit gewahrt bleiben (BAG NJW 71, 1668 H).

Rechtsfolgen eines Streikes:
Ein rechtsmäßiger Streik hat lediglich die Wirkung einer Suspendierung des Arbeitsverhältnisses und nicht die lösende Wirkung wie die Kündigung. Die Arbeitnehmer können daher nach Erreichung ihrer Ziele das Arbeitsverhältnis fortsetzen. Während des Streiks erhalten die Streikenden keinen Lohn.

C) Zivilrechtliche Haftung des Beamten und Angestellten

Es ist auch im Altenheim möglich, daß Heiminsassen durch das Verhalten von Pflegern oder Schwestern einen Schaden erleiden. Zum Beispiel beachtet ein Pfleger gegebene Diätvorschriften nicht, der Pflegling erkrankt. Ein beamteter Arzt behandelt nicht sachgemäß, der Pflegling stirbt, seine Angehörigen verlieren ihren Unterhalt. Ein Verwaltungsangestellter des Heims erhebt vorsätzlich oder fahrlässig zu hohe Gebühren, der Pflegling erleidet einen Vermögensschaden.

In all diesen Fällen ist zu prüfen, wer und in welchem Umfange für diese Schäden aufzukommen hat.

Dies ist eine Angelegenheit der sogenannten Amtshaftung. Hierunter versteht man die Haftung, die für eine Amtshandlung oder für eine Amtspflichtverletzung eintritt, wenn diese Maßnahmen zu einem Schaden für den Bürger führen.

Die Haftung kann die öffentliche Körperschaft (also das Altenheim bzw. dessen Träger: Kreis oder Gemeinde), sie kann aber auch den Beamten und Angestellten, der gehandelt hat, also den Pfleger, den Arzt, die Schwester unmittelbar treffen.

Hier gelten folgende Regeln:

I. Haftung der öffentlichen Körperschaft:

1. bei hoheitlicher Handlung (z. B. wenn ein Altenpfleger aufsichtlich tätig wird). Hier haftet nach Art. 34 GG i. V. mit § 839 BGB und den einschlägigen landesrechtlichen Verfassungsbestimmungen grundsätzlich die Körperschaft. Ist der Schaden durch rechtmäßiges oder (ohne Verschulden des Beamten) durch rechtwidriges Handeln entstanden, dann wird dem Betroffenen eine Entschädigung nach den Grundsätzen des Aufopferungsanspruches gewährt (d. i. nicht identisch mit dem Ersatz des vollen Schadens!).

2. bei privatrechtlichem Handeln (z. B. bei allgem. Pflegemaßnahmen)

a) der verfassungsmäßigen Vertreter: nach §§ 89, 31 BGB tritt auch hier Haft der Körperschaft ein.

b) anderer Personen:

aa) bei vertraglichem Verschulden:

– Haftung nach § 278 BGB

bb) bei unerlaubter Handlung:
– Haftung nach § 831 BGB
– für Haftung der jur. Person nach § 831 BGB ist jedoch nur objektiv widerrechtl. Schadenszufügung durch den Handelnden Voraussetzung. Ob Amtspflichtverletzung des Beamten vorliegt, ist unerheblich!
3. Rückgriff:
Nach § 78 BBG i. V. mit Art. 34 II GG kann der Staat und damit jede öffentlich-rechtliche Körperschaft, also auch ein Altenheim bei vorsätzlichem oder grob fahrlässigem Verhalten des Beamten gegen ihn Rückgriff nehmen, d. h., der Beamte muß daß, was der Dienstherr zahlte, diesem zurückerstatten.

II. Haftung des Handelnden:
1. bei hoheitsrechtlicher Handlung:
a) grundsätzlich tritt hier keine Haftung des Handelnden ein, da Körperschaft anstelle des Beamten haftet.
b) Ausnahme:
Gebührenbeamte wie z. B. Notare haften selbst, nicht hingegen Gerichtsvollzieher, da sie nicht ausschließlich auf Gebühren angewiesen sind!
Ferner haftet der Handelnde selbst, bei objektiv sittenwidriger Amtspflichtverletzung, wenn eine Inanspruchnahme der Körperschaft nicht möglich ist (BGHZ 3, 94, 104).
2. bei privatrechtlichem Handeln:
a) bei vertraglichem Verschulden: Hier besteht keine Haftung, da die Körperschaft allein berechtigt und verpflichtet ist.
b) bei unerlaubter Handlung:
aa) eines Beamten:
Er haftet nach § 839 BGB subsidiär nach der Körperschaft, da § 839 BGB zu §§ 823, 826 BGB eine Spezialvorschrift ist. Die juristische Person des öffentlichen Rechts kann auch sich nicht auf die Schutzvorschrift des § 839 I 2 BGB berufen, da diese Bestimmung zur Begründung der Haftung nach §§ 89, 31 BGB nicht herangezogen werden kann (RGZ 162, 162).
bb) eines Nichtbeamten:
Er haftet nach § 823 ff. BGB selbst.

III. Verhältnis der Haftung juristische Person – Beamter:
1. Wenn auch der Handelnde neben der Körperschaft haftet, haften er und juristische Personen als Gesamtschuldner: § 840 I BGB aber § 839 I 2 BGB.
In aller Regel wird jedoch in denjenigen Ämtern und Behörden, welche über einen größeren Zahlungsverkehr verfügen oder wo sonst bedeutende Haftungsfälle auftreten können, den entsprechenden Beamten der Abschluß einer Haftpflichtversicherung nahegelegt. In diesen Fällen tritt anstelle des handelnden Beamten für diesen die die Versicherung ein.

D) Drei besondere Probleme

I. Aufklärungs- und Schweigepflicht gegenüber Heiminsassen

Manche Heiminsassen leiden an Krankheiten. Von einigen wissen wir vielleicht sogar, daß sie nie mehr richtig gesund werden können. Über andere haben wir vom Arzt gehört oder nach unserer eigenen Erfahrung auch selbst festgestellt, daß ihr Leben nicht mehr lange dauern kann. Sie fragen uns nun: Wie geht es mir? Welche Krankheit habe ich? Ist noch Hoffnung? Was sollen und dürfen wir ihnen antworten?

Die Frage, inwieweit Altenpfleger Heiminsassen über ihren Gesundheitszustand zu unterrichten und ob und wann sie ihnen Einzelheiten hierüber zu verschweigen haben, steht im Zusammenhang mit der Aufklärungs- und Schweigepflicht des behandelnden Arztes. Das ist deshalb so, weil Altenpfleger wie auch Schwestern im medizinischen Bereich als tätige Hilfspersonen angesehen werden. Was für den Arzt gilt, muß daher in weitem Umfang auch für den Altenpfleger gelten. Dieser wird freilich gut daran tun, sich im Zweifelsfall Rat und Auskunft vom behandelnden Arzt oder vom Heimleiter zu holen. Er wird sich dann auf diese Antwort verlassen dürfen und kann entsprechend selbst Auskunft geben oder versagen.

1. Ärztliche Aufklärungs- und Schweigepflicht:
Wieweit ein Arzt dem Kranken Aufklärung geben muß oder etwas verschweigen darf, hängt davon ab, ob er nur einen Kranken behandelt, ohne einen Eingriff vorzunehmen (er ihn z. B. untersucht, ihm ein Medikament verschreibt oder ein sonstiges Heilmittel zuführt oder ob er einen Heileingriff vornimmt, z. B. eine Operation durchführt, eine Wunde aufschneidet u. ä.).

a) Tatbestandsmäßig stellt ein Heileingriff, also eine Operation oder ein sonstiger Eingriff (Schnitt, Einstich) eine Körperverletzung dar. Er ist daher nur zulässig, wenn der Patient mit diesem Eingriff einverstanden ist, weil nur dann die Rechtswidrigkeit fehlt (hier gibt es jedoch eine Gegenmeinung, die in einem kunstgerecht zu Heilzwecken vorgenommenen Eingriff des Arztes schon tatbestandlich keine Körperverletzung sieht). Sein Einverständnis erklären kann aber nur derjenige, der weiß, was mit ihm geschehen soll. Wir sehen also, daß die Frage der Aufklärungpflicht und der Schweigepflicht schon auftaucht, bevor ein Heiminsasse überhaupt operativ behandelt wird. Damit der Patient überhaupt sein Einverständnis erklären kann, ist es notwendig, daß er durch den Arzt über die Art und die möglichen Folgen der Behandlung informiert wird und daß ihm hierüber eine Diagnose gegeben wird. Nur dann ist der Patient in der Lage, die erforderlichen Abwägungen vorzunehmen und sich entsprechend zu entscheiden, ob er sich operieren läßt oder nicht. Die Entscheidung kann und darf dem Patienten nicht abgenommen werden.
Was muß der Arzt nun sagen?

Er hat den Patienten im großen und ganzen über die Natur eines notwendigen Eingriffs aufzuklären. Er hat ihm z. B. mitzuteilen, daß eine Blinddarmoperation oder die Entfernung eines Tumors vorgesehen ist. Er muß ihm sagen, wie es mit dem Blinddarm steht und um was für einen Tumor – gutartig oder bösartig – es sich handelt, soweit der Arzt sich selbst hierüber im klaren ist. Vermutet der Arzt nur, daß der Tumor bösartig sein könnte, dann darf er dem Kranken Mut machen. Die Aufklärungspflicht des Arztes ist jedoch grundsätzlich unbeschränkt. Er muß nach bestem Wissen Aufklärung geben, egal, ob der Patient ihn danach fragt oder nicht. Gibt er die Aufklärung nicht, darf er nicht operieren, weil dann der Kranke auch kein die Rechtswidrigkeit des Eingriffs beseitigendes Einverständnis geben kann.

Ebenso muß der Arzt dem Patienten auch ohne besondere Frage auf ein in seinem Fall bestehendes erhöhtes Operationsrisiko hinweisen und ihm dazu Einzelheiten erklären. Der Arzt muß dem Patienten Aufklärung über seinen allgemeinen Gesundheitszustand geben, z. B. darüber, daß er ein schwaches Herz, einen anfälligen Kreislauf oder ein schlechtes Blutbild hat und muß ihm den normalen Verlauf der Operation schildern.

Hingegen braucht der Arzt ohne besondere Frage des Patienten ihn nicht über die möglichen Zwischenfälle aufzuklären, die bei diesem erhöhten Risiko auftreten können. Hierunter sind Vorfälle im Verlauf der Operation zu verstehen, die zwar möglich sind, aber nicht mit hoher Wahrscheinlichkeit einzutreten brauchen. Beispielsweise braucht der Arzt einen Patienten nicht darauf hinzuweisen, daß er im Laufe einer Operation auch ein Herzversagen erleiden kann, welches möglicherweise sogar zum Tod führen kann, wenn der Patient nicht ein schwaches Herz oder einen labilen Kreislauf hat.

Der Arzt muß also vor einem operativen Eingriff den Patienten »im großen und ganzen« aufklären, nicht mehr, aber auch nicht weniger.

Will der Patient weitere Aufklärung, so ist sie ihm zu geben, soweit dadurch nicht der Lebens- und Gesundheitswille des Patienten zerstört wird. Hier – und nur hier – entscheidet also der Arzt selbst nach seiner Fachkenntnis und seinem menschlichen Einfühlungsvermögen. In vielen Einzelfällen eine nicht leichte, immer eine verantwortungsvolle Aufgabe.

Auf Grund dieser Aufklärung muß der Patient sein Einverständnis zum operativen Eingriff erklären. Dies kann mündlich oder schriftlich geschehen. Bei mündlichen Aussagen ist es zweckmäßig, einen Zeugen hinzuzuziehen. Der Patient kann auch seine Einwilligung ausdrücklich von einer umfassenden Unterrichtung abhängig machen. Dies ist auch zweckmäßig, denn es geht nicht an, die ganze Last der Aufklärung dem behandelnden Arzt aufzubürden. Auch der Patient muß seinen Teil tragen, indem er in zumutbarem Umfang Fragen stellt, nähere Aufklärung fordert und sich dann zur Operation entschließt.

b) Der Patient ist völlig frei, ob er nach erfolgter Aufklärung einer Operation zustimmen will oder nicht, tut er das nicht, kann ihn niemand zu einer Operation zwingen. Hier gibt es jedoch folgende Einschränkungen:

1) Die Zustimmung kann unterstellt werden.

Befindet sich jemand im bewußtlosen Zustand (z. B. bei einem Verkehrsunfall oder wenn er im Altenpflegeheim einen Herzanfall erleidet oder wenn er ohnmächtig wird), und ist in dieser Lage ein sofortiger operativer Eingriff nötig, um sein Leben zu retten oder ihn vor einem schweren Gesundheitsschaden zu bewahren, dann kann der Arzt sofort einen Eingriff vornehmen. Er unterstellt dann die Einwilligung des Patienten. Er kann dies deshalb, weil es selbstverständlich ist, daß jeder normale Mensch im Krankheitsfall oder wenn sein Leben bedroht ist, geholfen haben will. Der Arzt kann also annehmen, daß der Patient, wenn er sprechen könnte, der Behandlung zustimmen würde.

2) Die erteilte Zustimmung kann zeitweise nicht widerrufen werden. Der Patient kann, wenn er einer Operation vorher zugestimmt hat, nicht mitten in der Operation verlangen, daß die Behandlung unterbrochen wird. Dann darf der Arzt sie zu Ende führen und der Patient muß auch die notwendige Folgebehandlung über sich ergehen lassen. Es kann daher kein Patient z. B. mitten im Eingriff verlangen, daß Klammern oder Haken in der Operationswunde bleiben. Er kann auch nicht, wenn er an einer Herz-Lungen-Maschine angeschlossen ist oder er künstlich ernährt wird, verlangen, daß dies plötzlich aufgehoben wird, vielmehr darf der Arzt die Behandlung sachgerecht zu Ende führen. Hierbei darf ihm der Patient nicht hineinreden.

c) Besonders problematisch ist eine Einwilligung bei beschränkt geschäftsfähigen Personen. Im Altenpflegeheim sind dies alle, die entweder entmündigt oder unter Vormundschaft gestellt worden sind, ferner diejenigen, für die ein Pfleger bestellt wurde oder die durch geistigen Abbau nicht mehr recht ansprechbar sind. Hier ist deren Einwilligung zur Operation immer einzuholen, wenn diese Heiminsassen noch eine bestimmte Verstandesreife besitzen und keine krankhafte Störung der Geistestätigkeit vorliegt. Auch der Entmündigte kann die notwendige Einsichts- und Willensfähigkeit besitzen, um über einen operativen Eingriff zu entscheiden. Es ist dabei natürlich schwer, die Grenze zu ziehen, bis zu welcher diese Verstandesreife ausreicht. Der Heiminsasse muß dazu in der Lage sein, den ärztlichen Heileingriff nach der Information durch den Arzt in seiner Gesamtheit zu erfassen und abzuwägen. Dies ist natürlich in der Theorie leicht darzustellen. Sehr schwer ist es hingegen, im Einzelfall hier mit »ja« oder »nein« zu antworten. Auch hier muß letztlich der Arzt entscheiden und Verantwortung tragen.

Hat der beschränkt Geschäftsfähige nun diese Fähigkeit, muß er selbst die Einwilligung zum Heileingriff geben. Die Erlaubnis des Personensorgeberechtigten ist dabei weder erforderlich noch ausreichend. Auch der Altenpfleger hat in diesem Fall nichts mitzureden.

Anders ist es, wenn dem Pflegling zwar noch kritik- und urteilsfähig ist, er aber nicht mehr imstande ist, eine Erklärung abzugeben. Anders ist es natürlich auch dann, wenn der Kranke nicht einmal mehr die Verstandesreife zu einer vernünftigen Erklärung hat und wenn er schließlich an einer krankhaften Störung der Geistestätigkeit leidet. Hier muß der Personensorgeberechtigte (Vormund oder Pfleger) die Entscheidung für ihn treffen.

2. Für die medizinischen Hilfspersonen, also auch für die Altenpfleger, sind hinsichtlich der Aufklärungs- und Schweigepflicht gegenüber den Heiminsassen die gleichen Grundsätze wie für Ärzte anzuwenden. Es ist ja im Altenpflegeheim nicht so, daß nur der Arzt die Behandlung vornimmt. Auch die Altenpfleger nehmen an der Behandlung teil, indem sie Medikamente verabreichen und mancherlei therapeutische Maßnahmen treffen, wenn sie auch nicht zu unmittelbaren ärztlichen Eingriffen berechtigt sind. Es ist daher nicht so, daß Altenpfleger von der Krankheit und ihrem Verlauf nichts zu wissen brauchen. Sie wirken vielmehr mit dem Arzt zusammen und müssen und werden daher auch oft mit dem Arzt gemeinsam Kenntnisse über Ausmaß und Verlauf einer Krankheit im Rahmen einer Teamarbeit bekommen.

Der Altenpfleger hat daher in dieser Rechtsfrage gleiche Rechte und Pflichten wie der Arzt selbst. Er wird sich allerdings im Zweifelsfall an den Fachmann, also an den Arzt halten, wenn der Patient oder sein Pflegeberechtigter hier an ihn herantreten.

II. Aussagepflicht und Aussageverweigerung vor Gericht

In engem Zusammenhang mit den Aufklärungspflichten des Altenpflegers gegenüber dem Heiminsassen und seiner etwaigen Informationspflicht gegenüber dessen Angehörigen steht die Frage, ob der Altenpfleger vor Gericht über Erkrankungen von Heiminsassen etwas aussagen muß oder aussagen darf.

a) Im Altenpflegeheim werden durch Ärzte kranke Heiminsassen behandelt. Die Pfleger wirken dabei in vielfacher Weise mit. Sie unterstützen nach ihrer Sach- und Fachkenntnis den Arzt selbst bei der unmittelbaren Behandlung. Sie verabreichen Medizin, machen u. U. sogar Blutproben, geben Spritzen, machen therapeutische Anwendungen aller Art wie Wikkel, Packungen, Stuhlproben etc. Sie erfahren und hören so allerhand von der Erkrankung des Patienten. Sie wissen fast ebensogut wie der Arzt, welche Krankheit vorliegt, wie die Heilungschancen stehen, ob überhaupt solche bestehen.

b) Ob sie hierüber Aussagen vor Gericht machen müssen oder dürfen, dafür gilt folgendes:
Der Arzt hat hier absolute Schweigepflicht und damit ein uneingeschränktes Zeugnisverweigerungsrecht.
Das gleiche Recht hat jemand, der den Status eines »berufsmäßigen Gehilfen« (§ 203 Abs. 3 StGB) oder eines »Gehilfen bei der berufsmäßigen Tätigkeit des Arztes« (§ 53 a StPO) hat.
Die Frage, ob Altenpfleger zu diesen ärztlichen Gehilfen gehören, wird gegenwärtig noch widerspruchsvoll beurteilt. Die Rechtsprechung zählt

dazu Personen, die Apparate im Krankenhaus betätigen (Physiker oder Elektrotechniker z. B. bei Herzschrittmachern), sie zählt nicht dazu allgemeine Krankenpfleger und Fahrer von Krankenautos. Die Dinge sind hier noch im Fluß. Trotzdem wird man in Anbetracht der speziellen Berufsausbildung des Altenpflegers und seines besonders engen Verhältnisses zum behandelnden Arzt und der Tatsache, daß man hier schon von Teamwork sprechen kann, ihm den Gehilfenstatus und damit Zeugnisverweigerungsrecht und -pflicht nicht verweigern können.

III. Inwieweit können Altenpfleger medizinisch tätig werden?

Die Ausbildung der Altenpfleger ist nicht gesetzlich geregelt. Ausbildung, Prüfung und staatliche Anerkennung sind lediglich in Ausbildungsordnungen, sogenannten Runderlassen, nominiert. Als Aufgaben obliegen den Altenpflegern die selbständige und verantwortliche Betreuung und Pflege alter Menschen. Außerdem sollen sie alte Menschen in ihren persönlichen und sozialen Angelegenheiten betreuen, alte, gebrechliche oder behinderte Menschen pflegen, bei Anwendung der ärztlichen Anordnungen mitwirken und zu einer altersgemäßen Tätigkeit anregen (vgl. MBl. NW 695.1136).

Im eventuell ergänzend heranziehbaren Krankenpflegegesetz wird von einer gesetzlichen Definition des Begriffs der Krankenpflege bewußt abgesehen, weil eine klare Abgrenzung gegenüber den zahlreichen Berufen, deren Tätigkeitsbereich sich in der Krankenpflege überschneidet, nicht möglich ist.

Soweit ersichtlich, existiert auch keine Rechtsprechung zu den Abgrenzungsproblemen. Allein der BGH hat in einer Entscheidung vom 30. 6. 1959 ausgeführt, daß Injektionen nur von einer approbierten Krankenschwester auf ärztliche Anweisung erfolgen dürften.

Man wird aber folgende Pflegemaßnahmen für zulässig erachten dürfen:

a) Waschen, Haut- und Zahnpflege,

b) Wechseln der Wäsche, Umbettung,

c) Ernährung – Auswahl, Anrichten und Darbieten von Speisen auf ärztliche Anordnung,

d) Hilfe bei der Entkotung,

e) Fiebermessen, Pulsfühlen,

f) Beobachtung des Allgemeinzustandes,

g) Beobachtungen der Atmung und seiner Ausscheidungen,

h) Verabreichung von Arzneimitteln und Durchführung von Injektionen, Spülungen, Packungen etc. auf ärztliche Anordnung.

4. Kapitel
Das Altenheim

Das Heimverhältnis

I. Grundsätzliche Bemerkungen

Für dieses Rechtsverhältnis gelten zunächst einige Grundsätze rein tatsächlicher Art. Sie dienen dazu, die inneren Verhältnisse im Altenheim oder Altenpflegeheim zu ordnen. Sie sollen und dürfen dazu beitragen, den reibungslosen Betrieb des Heims sicherzustellen. Es soll und darf den Pflegern und der Heimverwaltung die Rechte geben, Störer abzuwehren, Störungen zu verbieten und als letztes Mittel auch Personen, die dauernd stören, aus dem Heim zu verweisen. Diese Rechte richten sich dabei sowohl gegen Personen, die von außen den Betrieb des Altenheims stören, als auch gegen die Heiminsassen selbst und Heimbedienstete aller Art. Andererseits ist die Privatsphäre der älteren Menschen nicht nur zu schützen und zu achten, sondern es ist ihnen auch zu helfen, ihr Leben weiterhin so zu gestalten, wie sie dies wünschen. Dem älteren Menschen ist ein möglichst hohes Maß an Selbstbestimmung und Selbstverwaltung zu gewähren. Er muß das Heimleben nach eigenen Vorstellungen mitbestimmen können. Es ist ihm Zugang zu kulturellen Veranstaltungen, sportlicher Betätigung, zum Ausüben von Hobbys, zu altersgemäßer gesellschaftlicher Tätigkeit zu gewähren.
Die freie Entfaltung der Persönlichkeit der älteren Menschen hat den Vorrang, die innere Ordnung muß mit der geringstmöglichen Beeinträchtigung der älteren Menschen aufrechterhalten werden.
Es gilt der Grundsatz:
– Freie Selbstbestimmung der älteren Menschen, soweit als möglich,
– Ordnungsmaßnahmen nur, wenn und soweit unbedingt nötig.

II. Die Rechtsform des Altenheims
Welche Rechte und Pflichten der Altenpfleger und der alte Mensch zueinander und gegenseitig haben, wird, wie schon ausgeführt, als Heimverhältnis bezeichnet.
Was dieses Heimverhältnis aber regeln kann, darf und muß, bestimmt sich zunächst nach der Rechtsform, unter der das jeweilige Heim geführt wird.
Dieses kann nun privatrechtlich oder öffentlich-rechtlich organisiert sein. Maßgebend dafür ist der Träger des Heimes.
Private Heime werden oft aus wirtschaftlichem Interesse, manchmal aber auch aus karitativen Überlegungen heraus von einer Privatperson oder einer privaten Personenvereinigung (z. B. einem privaten Verein oder einer Aktiengesellschaft) betrieben.
Öffentlich-rechtliche Heime werden von einer öffentlich-rechtlichen Kör-

perschaft, etwa von einem Landkreis oder einer Gemeinde im Rahmen der staatlichen Daseinsversorgung gegründet und betrieben. Auch kirchliche Altenpflegeheime sind öffentliche Anstalten, da die Kirchen Körperschaften des öffentlichen Rechts sind.

Rein tatsächlich wird sich die Pflege und die Unterbringung in einem privaten Altenheim kaum von derjenigen in einem öffentlichen Altenheim unterscheiden. In beiden Heimen wird alten Menschen gegen Entgelt Unterkunft gewährt und die jeweils erforderliche Pflege erteilt. Hier wie dort steht er unter ärztlicher Betreuung und unter Obsorge und Beaufsichtigung des Pflegepersonals. Hier wie dort muß sich der einzelne Bewohner nach einer für alle geltenden Hausordnung und nach den Einzelanweisungen der Heimleitung oder des Pflegepersonals richten, um das ungestörte Zusammenleben vieler Einzelpersonen und den möglichst reibungslosen Betriebsablauf zu sichern.

Rechtlich gesehen ergeben sich aber doch ganz wesentliche Unterschiede. Die Grundlage des Heimverhältnisses ist beim privaten und öffentlichen Altenpflegeheim völlig verschieden, die gegenseitigen Rechte und Pflichten von Heim und älteren Menschen sind verschieden gestaltet, der Rechtsschutz differiert.

A) Das private Heim

Wenn jemand seinen Lebensabend in einem privaten Altenheim oder Altenpflegeheim, in einem Seniorenwohnheim oder Seniorenstift verbringen will, dann muß er mit dem Eigentümer des Heims einen privatrechtlichen Vertrag, den sogenannten Heimvertrag abschließen. Dieser begründet ein zivilrechtliches Schuldverhältnis. Er bestimmt die Art der Unterbringung und Verpflegung, das Entgelt, sonstige Pflichten des künftigen Heiminsassen (z. B. einen Vorschuß oder eine Einkaufsumme) und des Heiminhabers (z. B. ärztliche Betreuung usw.). Im Vertrag steht auch in der Regel, daß sich der Heimbewohner der Heimordnung unterwirft. Der Text dieser Heimordnung muß aber dem Vertragsangebot beigefügt sein, der ältere Mensch muß davon Kenntnis nehmen können, um ihre Bestimmungen rechtswirksam akzeptieren zu können.

Für die Heimordnung des privaten Heims gelten die tatsächlichen Grundsätze eines Heimverhältnisses. So darf vom Insassen nichts verlangt werden, was nicht durch die Notwendigkeit, das Heim in Ordnung zu halten, gerechtfertigt wird. Enthält die Hausordnung weitergehende Bestimmungen, so braucht sie der Heiminsasse nicht zu beachten. Solche Regelungen wären nach bürgerlichem Recht sittenwidrig. Die Nichtbeachtung gäbe dem Inhaber des Heims kein Recht, dem älteren Menschen zu kündigen und ihn aus dem Heim zu weisen. Hierzu wäre auch bei geltenden, rechtmäßigen Bestimmungen der Heimordnung ein ernster Verstoß gegen diese Bestimmungen notwendig. Kleine Verstöße berechtigen den Heiminhaber ebenso wenig zur fristlosen Kündigung gegenüber einem älteren Menschen wie einen Vermieter gegen seine Mietpartei.

Streiten sich die Parteien über ihre Rechte und Pflichten aus dem Vertrag, müssen sie vor den Zivilgerichten klagen. Verletzt eine Partei den Vertrag, kann die andere das Vertragsverhältnis kündigen, u. U. auch nach bürgerlichem Recht seine Leistung mindern. Ist z. B. ein monatliches Entgelt von DM 800,– vereinbart und wird das Zimmer nicht repariert oder ist das Essen schlecht, so kann der Heiminsasse das Entgelt auf DM 700,– mindern, bis diese Übelstände abgestellt worden sind.

B) Das öffentliche Heim

I. Allgemeines

1. Das Rechtsverhältnis zwischen dem Bewohner eines öffentlichen Altenheims und dem Träger dieses Heims ist anders zu beurteilen als bei einem privaten Heim, weil es sich bei dem Träger des Heimes um eine öffentlich-rechtliche Körperschaft handelt. Diese tritt dem einzelnen Betroffenen immer als Teil der staatlichen Gewalt gegenüber und ist deshalb bei all ihren Maßnahmen an die Grenzen gebunden, die die Ausübung staatlicher Gewalt regeln. Diese Gesetze gehören dem öffentlichen Rechtskreis an. Ob daher eine bestimmte Maßnahme gegenüber dem Heimbewohner durch die Anstaltsleitung zu Recht ergangen ist, ist daher genauso zu beurteilen wie jede andere Maßnahme der Verwaltung. Die Maßnahme muß gesetzlich zulässig sein und die allgemein geltenden Verwaltungsgrundsätze beachten.

Soweit gerichtlich darüber zu entscheiden ist, ob die Heimleitung richtig gehandelt hat, sind nicht die Zivilgerichte, sondern die Verwaltungsgerichte zuständig.

2. Will man nun die Rechte und Pflichten der in einem Altenpflegeheim tätigen und wohnenden Personen umreißen, sind drei Rechtsverhältnisse von Interesse:

a) Die Rechtsstellung der Bediensteten des Altenpflegeheims bedarf keiner näheren Erörterung. Soweit sie Beamte sind, gilt für sie das Beamtenrecht. Sie stehen also in einem besonderen öffentlich-rechtlichen Dienst- und Treueverhältnis zum Träger des Altenpflegeheims. Soweit sie Angestellte sind, gilt das Tarifrecht der Angestellten im öffentlichen Dienst (BAT) mit den daraus sich ergebenden Rechten und Pflichten.

b) Sofern die älteren Menschen noch Angehörige besitzen, die sich außerhalb des Altenpflegeheims aufhalten, gilt für die Beziehungen zu diesen das bürgerliche Recht. Insbesondere sind hier die Bestimmungen des Familienrechts, wie die Regelung der Unterhaltspflicht von Bedeutung. Diese Fragen sind im BGB geregelt und berühren die innere Ordnung des Altenpflegeheims nicht.

c) Im Vordergrund rechtsstaatlicher Erörterung der Rechte und Pflichten im öffentlichen Altenheim steht der ältere Mensch selbst. Hier ist zu prüfen, in welchem Verhältnis er zu den Repräsentanten der »Anstaltsgewalt« steht. Der ältere Mensch im Altenheim ist von diesen abhängig, seine gesamte Lebensstellung wird von der Behandlung bestimmt, die er im Altenheim erhält. Es ist daher notwendig festzulegen, in welchem Umfang er den Einwirkungen der Leitung des Altenheims und der Pfleger unterworfen ist und wie er sich gegen solche Einwirkungen zur Wehr setzen kann.

II. Betreuungsverhältnis
1. Bedeutung und Problematik:

Das Altenheim in öffentlicher Trägerschaft hat gegenüber dem Heiminsassen, dem älteren Menschen, Einwirkungsmöglichkeiten, die nicht auf Vertrag beruhen, sondern auf Wahrnehmungen öffentlicher Gewalt. Nach allgemeinem Verwaltungsrecht gehört die Unterhaltung und der Betrieb eines öffentlichen Altenheims oder Altenpflegeheims zur Leistungsverwaltung (vgl. Kap. 1 B I 1).

Zwischen Heim und älteren Menschen besteht ein »besonderes Gewaltverhältnis«, das Betreuungsverhältnis. Maßnahmen des Heimes sind Akte im besonderen Gewaltverhältnis (vgl. Kap. 1 B III 2). Diese Rechtslage wirft gerade hier eine Reihe von heimspezifischen Zweifelsfragen auf. In jedem Heim muß eine gewisse Ordnung herrschen und es muß der Heimleitung möglich sein, Personen an der Störung dieser Ordnung zu hindern. Es ist daher praktisch und zweckmäßig, wenn sie Rechte hat; diese gegenüber den Benutzern des Heims auch durchsetzen kann, ohne in jedem Einzelfall durch gerichtliche Entscheidung nachprüfen zu lassen, ob diese Maßnahmen auch gerechtfertigt sind. Andererseits gilt bei uns der Grundsatz der Rechtsstaatlichkeit, was bedeutet, daß Eingriffe in die Rechte der Personen nur auf Grund von Gesetzen und nur, soweit das Gesetz dies zuläßt, getroffen werden können. Nach diesen beiden Grundsätzen: Praktische Notwendigkeit und Rechtsstaatlichkeit gilt es, die Rechtsstellung der Benutzer im öffentlichen Altenheim zu werten.

Das besondere Gewaltverhältnis im Altenheim wurde sehr weit ausgelegt. Als Legitimation der Rechte der Anstaltsleitung zog man den Grundsatz heran, daß sich die Benutzer ja freiwillig in die Anstalt begeben haben und sie daher auch ihr Einverständnis mit allen zweckmäßigen Maßnahmen der Anstaltsleitung gegen sich selbst im voraus erklärt haben. Insbesondere, da diese Maßnahme ja dem Wohl der Heiminsassen und damit auch des Adressaten selbst dienen. Gebote und Verbote in der Anstalt wurden daher nicht als Eingriffe bewertet, sondern brachten lediglich bestehende Pflichten zum Ausdruck. Der Anstaltsbenutzer war fast oder ganz ohne Rechtsschutz der Verwaltung unterworfen; er konnte Gerichte nicht anrufen. Diese herkömmliche Rechtsauffassung wurde nach Inkrafttreten des Grundgesetzes, welches ja die Grundrechte stark betont, nur vorsichtig korrigiert.

Erst die Entscheidung des 2. Senats des Bundesverfassungsgerichts vom 14. 3. 1972 brachte hier eine Wende für Rechtsprechung und Rechtspraxis. Das Bundesverfassungsgericht legte fest, daß eine Einschränkung eines Grundrechts, besonders des Rechts auf freie Entfaltung der Persönlichkeit, bei Benutzern eines Altenpflegeheims, nur noch unter zwei Voraussetzungen in Frage kommt.

a) Die Einschränkung muß der Erreichung eines »von der Wertordnung des Grundgesetzes gedeckten gemeinschaftsbezogenen Zwecks« dienen.

b) Sie kann nur durch oder auf Grund eines Gesetzes geschehen.

Daraus folgt, daß Eingriffe in die Rechtsstellung der Heimbewohner nur nach diesen Grundsätzen rechtmäßig und möglich sind und daß bei diesen Eingriffen der Heimbewohner sich um Rechtsschutz an die Verwaltungsgerichte wenden kann.

Dies hat Folgen für den formellen Rechtsschutz im Betreuungsverhältnis d. h. darauf, ob und wieweit ein Heiminsasse Anordnungen der Heimleitung mit Widerspruch oder Klage nach der Verwaltungsgerichtsordnung anfechten kann, und für den materiellen Rechtsschutz, d. h. wieweit er dabei Recht bekommt.

2. Der formelle Rechtsschutz:

a) Er besteht für Heiminsassen natürlich überall dort, wo die Heimleitung gegen ihn im Wege normaler Verwaltungsakte tätig wird. Das ist der Fall bei Maßnahmen, die das Betreuungsverhältnis begründen, es ablehnen, beenden oder inhaltlich verändern.

Die Ablehnung der Aufnahme in ein Altenheim oder Altenpflegeheim, die Zulassung zur Heimunterbringung, die Festsetzung der Aufnahmebedingungen, die Bestimmungen der Heimordnung, die Festsetzung des Entgeltes, die Veränderung des Entgeltes, die Entlassung aus dem Heim sind anfechtbare Verwaltungsakte.

b) Anfechtbar nach der Entscheidung des Bundesverfassungsgerichts vom 14. 3. 1972 sind auch alle Maßnahmen im besonderen Gewaltverhältnis, dem Betreuungsverhältnis, die eine Grundrechtseinschränkung zum Gegenstand haben, insbesondere die freie Entfaltung der Persönlichkeit beeinträchtigen.

c) Nicht anfechtbar sind alle im Betreuungsverhältnis gegen den älteren Menschen getroffenen Maßnahmen, die dessen Rechte, insbesondere Grundrechte nicht einschränken oder tangieren.

In der Praxis hat dies folgende Auswirkungen: Regelungen der allgemeinen Heimordnung (z. B. Ruhezeiten, Besuchsregelungen, Vorschriften über Reinlichkeit, Radio- oder Fernsehempfang, sonstige Verhaltensregeln, z. B. Trennung der Geschlechter u. ä. mehr) und Anweisungen des Pflegepersonals in diesem Bereich berühren das Grundrecht der freien Entfaltung der Persönlichkeit und sind demnach anfechtbar. Das bedeutet für Heimleiter und Pfleger natürlich eine Erschwerung ihrer Tätigkeit, für den älteren Menschen aber die Beseitigung einer bisherigen gewissen Schutzlosigkeit und Hilflosigkeit, ein Angewiesensein auf den guten Willen der Betreuer. Denn was nutzte es dem älteren Menschen schon, das Altenheim zu verlassen, wenn ihm die dortige Behandlung nicht paßte? Da er meist keine andere Bleibe hatte, mußte er aber alles schlucken und parieren. Wenn man zudem noch berücksichtigt, daß ältere Menschen ohnehin zur Ängstlichkeit neigen und manchmal schon durch das Alter ziemlich hilflos sind, kann man sich vorstellen, daß auch gegen Willkür kaum Widerstand geleistet wurde.

Regelungen, die das »Grundverhältnis« betreffen, sind immer anfechtbar, während ausschließlich das »Betriebsverhältnis« betreffende Maßnahmen weiterhin gerichtlich nicht nachgeprüft werden konnten, (im Anschluß an ULE in VVDStRL 15, 133, 152 ff.: BVerwGE 5, 153; 8, 192, 193 f., 14, 84). Diese Unterscheidung, die im Rahmen des Beamtenverhältnisses entwikkelt wurde, gilt für die Gerichte grundsätzlich bis heute.

Mittlerweile hat sich der Rechtsschutz des Bürgers im »besonderen Gewaltverhältnis« gleichwohl noch weiter ausgedehnt.

Dies geschah einmal dadurch, daß immer mehr Maßnahmen dem »Grundverhältnis« zugeordnet wurden. Das geschah weiter dadurch, daß Maßnahmen im »Betriebsverhältnis« dann als anfechtbar behandelt werden, wenn sie den Heiminsassen als gewaltunterworfenen irgendwie treffen. (BVerwGE 19, 19; 21, 127.) Das aber ist der Fall, wenn sie ihn in seiner gesetzlich abgesicherten Rechtssphäre (d. h. nicht nur in seiner Grundrechtssphäre) treffen. Dann sind sie gerichtlich nachprüfbar.

Praktisch ist es daher heute so, daß ein Heiminsasse eigentlich gegen alle Maßnahmen von Pflegern und Heimleiter eine gerichtliche Überprüfung verlangen kann. Seine frühere Hilflosigkeit, der Zwang alles, was »von oben« verordnet wird, dulden zu müssen, ist daher gründlich beseitigt.

3. Der materielle Rechtsschutz:

Wenn der Heiminsasse nun praktisch gegen jede Maßnahme des Altenpflegeheims das Verwaltungsgericht anrufen kann, so ist damit natürlich noch nicht gesagt, daß er dort Recht bekommt, daß das Gericht also die Maßnahme des Pflegers oder der Heimleitung für unrechtmäßig erklärt. Hierfür müssen wir prüfen, wieweit eine Benutzungsordnung und Anordnungen der Anstaltsleitung und damit des Pflegepersonals gehen dürfen, was der Heiminsasse also hinnehmen muß und was nicht. Hierbei handelt es sich um den Umfang des materiellen Rechtsschutzes.

a) Anordnungen im Rahmen des Anstaltsverhältnisses sind zunächst immer dann rechtmäßig und vom Heimbewohner zu befolgen, wenn sie auf Grund einer gültigen Anstalts- bzw. Benutzungsordnung ergangen sind und dabei die allgemeinen Grundsätze des Verwaltungshandelns, wie der Grundsatz der Verhältnismäßigkeit, eingehalten werden.

Sie brauchen, wenn sie in Grundrechte des älteren Menschen eingreifen, eine gesetzliche Grundlage.

Ob die Benutzungsordnung selbst rechtsgültig und für den Benutzer in ihren einzelnen Punkten verbindlich ist, kann wie jede Rechtsvorschrift an Hand höherrangigen Rechts (besonders dem Grundrechtskatalog des Grundgesetzes) überprüft werden. Die letztere Prüfung führt immer dann zu einem positiven Ergebnis – d. h. zur Verbindlichkeit einer Anstalts- oder Benutzungsordnung – wenn sich die getroffenen Regelungen aus dem Anstaltszweck rechtfertigen.

b) So sind z. B. für alle Heimbewohner gleichermaßen vorgeschriebene Ruhe- und Besuchszeiten, sowie Regeln im hygienischen Bereich insoweit zulässig, als diese Regelungen notwendig sind, um die den meisten alten Menschen erforderliche gesundheitliche und seelische Schonung, also

z. B. die Mittagsruhe und die Sauberkeit des Heimes zu gewährleisten. Die Verpflichtung, nur kleinere Geldbeträge im Zimmer aufzubewahren und größere Beträge bei der Heimleitung gegen Quittung zu deponieren, wäre aus sicherheitsrechtlichen Gründen zulässig.

Hingegen wären Vorschriften über Lesestoff, z. B. das Verbot bestimmte Schriften oder Bücher zu lesen, unzulässig, da auch ältere Menschen lesen können, was sie wollen. Mit der Abschaffung der Strafbarkeit der Pornographie sind hier auch letzte Schranken weggefallen. Daß den älteren Menschen Anregungen zu guter und altersgemäßer Literatur gegeben werden kann und nur solche z. B. in der Heimbücherei geführt zu werden braucht, ist natürlich unbestritten. Eine in der Anstaltsordnung vorgeschriebene Brief- und Besuchskontrolle ist mit dem Zweck eines Altenheims unvereinbar. Allenfalls kann Besuch aus Gründen der ungestörten Nachtzeit oder z. B. bei den Mahlzeiten ausgeschlossen werden. Auch hier muß jedoch (sofern ein besonderer Fall vorliegt, z. B. Krankheit oder besonderer Wunsch des Heiminsassen) der Besuch von Angehörigen oder z. B. eines Rechtsanwaltes, wenn der ältere Mensch ein Testament aufsetzen will, jederzeit gestattet werden.

Keine Regelung darf in Freiheitsrechte eingreifen, da sie dann von der Anstaltsgewalt, die sich allein am Zwecke einer jeweiligen Anstalt ausrichtet, nicht umfaßt wird.

Was die Aufnahme der Regelung in die Anstaltsordnung betrifft, wonach die Benutzer die Anweisungen des Pflegepersonals zu beachten haben, so ist darin nur eine allgemeine Konkretisierung des Betreuungsverhältnisses zu sehen. Keinesfalls bedeutet dieser Satz, daß ein Bewohner jedweder Anweisung nachzukommen hat. Vielmehr sind die Einzelanweisungen nur dann berechtigt, wenn sie zur Aufrechterhaltung der Anstaltsordnung oder zur Verwirklichung des Anstaltszweckes notwendig sind, oder, soweit sie Grundrechte berühren, auf gesetzlicher Basis beruhen. Stehen sie mit diesem Zweck oder mit einem besonderen pflegerischen Zweck ganz offensichtlich in keinem Zusammenhang, sondern stellen sie sich für den Betroffenen als reine Willkürmaßnahme dar, so kann die unbedingte Befolgung nicht verlangt werden.

Der Betroffene kann dies ablehnen, ohne den Rechtsweg zu beschreiten. Das wäre z. B. der Fall bei dem Gebot, bei Betreten des Zimmers durch einen Pfleger aufzustehen. Dies hat mit dem allgemeinen Gebot von Anstand und Höflichkeit nichts zu tun, ist gerade bei älteren Menschen unangemessen. Die Anstaltsleitung darf hieraus keine für den Insassen nachteilige Folge ziehen.

Diese tatsächliche »Gehorsamsverweigerung« kann wegen der Notwendigkeit eines möglichst gesicherten Betriebsablaufs allerdings tatsächlich nur gegen offensichtlich nicht im Rahmen der Anstaltsgewalt ergehende Maßnahmen eingreifen. In allen anderen Fällen, etwa bei der gegen seinen Willen erfolgten Verlegung des Heimbewohners in ein anderes Zimmer oder in einen geschlossenen Teil des Altenheims, in der Wegnahme lebens- oder gesundheitsgefährdender Gegenstände (z. B. Messer, Drogen usw.), bei Anweisungen also, die grundsätzlich von dem Anstaltszweck umfaßt sind und die im Einzelfall erforderlich sein können, ist dem Betroffenen – wie jedem Bürger, den eine Maßnahme der Verwaltung trifft – zuzumuten, dieser Einzelanweisung zunächst einmal nachzukommen und seinen Rechtsschutz auf dem Rechtswege zu verfolgen, d. h. das Verwaltungsgericht anzurufen. Insbesondere sind – auch bei Verstößen gegen die Anstaltsordnungen – irgendwelche Heimstrafen oder Heimjustiz der Anstaltsleitung unzulässig. Begeht ein Heiminsasse z. B. eine strafbare Handlung (z. B. Diebstahl, Beleidigung), muß die Heimleitung gegen ihn Anzeige erstatten, um eine strafgerichtliche Maßnahme zu erreichen. Unter Umständen kann der Insasse aber des Heimes verwiesen werden.

Anhang 1: Mustersatzung für ein modernes Altenzentrum

Die Daseinsfürsorge für seine älteren Bürger ist eine der vornehmsten Aufgaben des Landkreises X. Er hat deshalb ein Altenzentrum errichtet, in dem ältere Menschen mit modernen Einrichtungen individuell betreut und versorgt werden.

Um eine demokratische Organisations- und Verwaltungsstruktur zu schaffen, die den Bewohnern des Hauses Selbstbestimmung und Mitwirkung garantiert, zugleich ihre Wünsche respektiert und die Entfaltung ihrer Persönlichkeit sichert, wird die nachstehende Satzung erlassen:

A. Zweck des Altenzentrums

Zur Erfüllung seiner gesetzlichen Verpflichtung der Fürsorge für ältere Bürger unterhält der Landkreis X das Altenzentrum in Y, das ausschließlich gemeinnützigen Zwecken im Sinne der Gemeinnützigkeitsverordnung vom 24. 12. 1953 – BGBl. I S. 1592 – dient.

Etwaige Gewinne dürfen nur für die Unterhaltung oder für Investitionen der Einrichtung verwendet werden.

Im Falle der Auflösung oder Veräußerung der Einrichtung wird das Vermögen nach Maßgabe der Gemeinnützigkeitsverordnung verwendet.

Es darf keine Person durch Verwaltungsausgaben, die den Zwecken des Altenzentrums fremd sind oder durch unverhältnismäßig hohe Vergütung begünstigt werden.

B. Organe der Verwaltung

§ 1

Organe der Verwaltung des Altenzentrums sind:
die Heimkonferenz,
der Heimbeirat,
die kollegiale Heimleitung.

I. Die Heimkonferenz

§ 2

Der Heimkonferenz gehören an
1. mit beschließender Stimme:
a) der Landrat (Oberbürgermeister) oder ein von ihm benanntes Mitglied des Kreisausschusses – (Magistrats) – als Vorsitzender,
b) zwei weitere Mitglieder des Kreisausschusses (Magistrats),
c) zwei Kreistagsabgeordnete (Stadtverordnete, Stadträte),
d) zwei vom Pflegepersonal zu wählende Pflegepersonen,
e) ein von den Bereichen Verwaltung, Bewirtschaftung und Technik gemeinsam zu wählender Vertreter,
f) der Vorsitzende und der stellvertretende Vorsitzende des Heimbeirates,
g) ein vom Personal zu wählender Vertreter,

2. mit beratender Stimme:
die Mitglieder der kollegialen Heimleitung oder deren Stellvertreter.

§ 3
Aufgaben der Heimkonferenz

1. Die Heimkonferenz entscheidet über
a) Aufnahme und Entlassung der Heimbewohner auf Vorschlag der kollegialen Leitung,
b) die Arbeitszeitregelung im Rahmen der rechtlichen und tariflichen Bestimmungen,
c) Maßnahmen zur Rehabilitation und Entfaltung der Persönlichkeit der Heimbewohner nach Anhörung des Heimrates,
c) vertragliche Regelung über die Lieferungen und Leistungen im Rahmen des Haushaltsplanes, die die Befugnisse der Verwaltungsleitung überschreiten.
2. Die Heimkonferenz unterbreitet dem Kreisausschuß (Magistrat) Vorschläge
a) über Einstellung, Entlassung und Eingruppierung der Bediensteten im Rahmen des Stellenplanes und der rechtlichen und tariflichen Bestimmungen,
b) zum Entwurf des Haushaltsplanes und des Stellenplanes.

§ 4
1) Die Heimkonferenz wird von der Heimleitung vorbereitet und unter der Wahrung einer Ladungsfrist von 7 Tagen einberufen;
Sie kann dringliche Sitzungen mit kürzerer Ladungsfrist einberufen.
2) Die Heimkonferenz muß einberufen werden, wenn mindestens 3 ihrer Mitglieder oder die Vertreter des Heimbeirates dies verlangen.
Die Sitzungen sind für die Heimbewohner öffentlich.
Die Heimkonferenz kann den Ausschluß der Heimbewohner beschließen.

§ 5
Jedes Mitglied der Heimkonferenz ist berechtigt, Vorschläge zur Tagesordnung unter Angabe des Beratungsgegenstandes zu machen.

§ 6
Die Heimkonferenz ist beschlußfähig, wenn sämtliche Mitglieder ordnungsgemäß geladen sind und die Mehrheit erschienen ist.
Bei Beschlußunfähigkeit wird mit der gleichen Tagesordnung mit einer Frist von 3 Tagen erneut einberufen; unabhängig von der Zahl der Anwesenden ist die Heimkonferenz alsdann beschlußfähig.

§ 7
Die Heimkonferenz beschließt in offener Abstimmung mit einfacher Mehrheit. Bei Stimmengleichheit gibt der Vorsitzende den Ausschlag.

§ 8
Über die Beschlüsse der Heimkonferenz wird eine Niederschrift gefertigt, die den Wortlaut der Beschlüsse und das Stimmenverhältnis enthält.
Die Niederschrift wird vom Schriftführer angefertigt und vom Vorsitzenden und einem weiteren Mitglied unterzeichnet und mit der Anwesenheitsliste versehen.

II. Der Heimrat

§ 9
Dem Heinrat gehören 7 gewählte Heimbewohner beiderlei Geschlechts aus dem Wohn- und Pflegebereich an. Er wählt aus seiner Mitte den Vorsitzenden und dessen Stellvertreter.
Für den Heimrat ist der Erlaß des Sozialministers vom 20. 12. 1972 – St.Anz 73 S 148 – verbindlich.

§ 10
Aufgaben des Heimrates
Der Heimrat entscheidet über
a) die Heimordnung,
b) den Speiseplan im Rahmen der verfügbaren Mittel,
c) Veranstaltungen aller Art im Rahmen der verfügbaren Mittel,
Er hat ein Anhörungs- und Vorschlagsrecht
d) zur Unterbringung der Heimbewohner,
e) zu Maßnahmen, die der Pflege der Rehabilitation und Entfaltung der Persönlichkeit der Heimbewohner dienen.
Er vermittelt bei Konflikten zwischen Heimbewohnern.
Bei Konflikten zwischen Heimbewohnern und Mitarbeitern vertritt er die Interessen der Heimbewohner.

§ 11
Die Vorsitzende des Heimrates und sein Stellvertreter sollen zu festgelegten Zeiten im Altenzentrum erreichbar sein.
Sie haben das Recht,
a) sich über alle Probleme der Heimbewohner zu informieren.
Ihnen ist Auskunft zu erteilen, soweit dem nicht Rechtsvorschriften, insbesondere der Schutz der Privatsphäre und die ärztliche Schweigepflicht, entgegenstehen.
b) bei allen Mitarbeitern des Hauses vorzusprechen,
c) in allen Entscheidungsgremien Anträge zu stellen und sind verpflichtet,
d) den Heimrat über die Beschlüsse der Konferenz zu unterrichten.

III. Die kollegiale Heimleitung

§ 12
Der Heimleitung gehören an:

der Verwaltungsleiter,
die Pflegedienstleitung,
der Arzt des Hauses.
An ihre Stelle tritt im Verhinderungsfalle jeweils der Stellvertreter.
Den Vorsitz führt der Verwaltungsleiter; er beruft die Sitzungen ein.

§ 13
Aufgaben der kollegialen Heimleitung:
1. Die kollegiale Heimleitung leitet das Altenzentrum und vertritt es nach innen und außen,
2. Die Heimleitung entscheidet insbesondere über
a) die Belegung und Einteilung der Räume im Pflege- und Wohnbereich, ggf. nach Anhörung des Heimrates,
b) dringliche Anordnungen und unaufschiebbare Maßnahmen bei Ausnahmesituationen.
Sie bereitet die Sitzungen der Heimkonferenz vor und erstellt die Tagesordnung und die Vorlagen hierzu.
Sie führt die Beschlüsse der Heimkonferenz und des Heimrates aus.
Sie informiert die Heimkonferenz über einstweilige Maßnahmen gemäß Abs. 1, c.

§ 14
Aufgaben des Arztes
Der Arzt vertritt das Altenzentrum in medizinischen Fragen. Er führt die Aufnahmeuntersuchung durch und übt die ärztliche Behandlung und Betreuung der Patienten nach vertraglicher Vereinbarung aus.

§ 15
Aufgaben der Pflegedienstleitung
Die Pflegedienstleitung entscheidet über
1. die Organisation des Pflegedienstes im Einvernehmen mit den Abteilungsleitungen,
sie führt
2. die Beschlüsse der Heimkonferenz im Pflegebereich aus, informiert
3. das Pflegepersonal über die Beschlüsse der Heimkonferenz, die den Pflegebereich betreffen
und führt
4. die Aufsicht über das im Wohn- und Pflegebereich eingesetzte Pflege- und Hauspersonal.
5. Monatlich findet mindestens eine Arbeitsbesprechung mit dem Pflegepersonal statt.

§ 16
Aufgaben des Verwaltungsleiters
1. Er führt die Aufsicht über das Personal im Verwaltungs- und Wirtschaftsbereich und ist zugleich für die Arbeitseinteilung und den Einsatz verantwortlich.

Er überwacht die Einhaltung
a) der arbeitsrechtlichen und Arbeits-Schutzbestimmungen, soweit hierüber nicht besondere Vorschriften bestehen,
b) der Heimordnung und Anordnungen und Weisungen der Heimkonferenz,
c) der personenstandsrechtlichen Meldungen,
d) der Sicherheitsbestimmungen.
2. Er nimmt die Post entgegen,
über die hauspolizeilichen Befugnisse aus und sorgt für die Anschaffungen, die Vergabe von Dienstleistungsaufträgen im Rahmen der verfügbaren Mittel, soweit sie zu den Geschäften der laufenden Verwaltung gehören und im Einzelfall den Betrag von 3000,– DM nicht übersteigen.
3. Er sorgt für die Rechnungstellung und den Einzug der Forderungen, soweit diese nicht von der zentralen Abrechnungsstelle vorgenommen werden.

IV. Wahlen
§ 17
Die für die Besetzung der Organe des Altenzentrums erforderlichen Wahlen werden

1. für die Vertreter der
Gremien der Gebiets-
körperschaft
unter entsprechender Anwendung des Wahlverfahrens des Hess. Kreiswahlgesetzes,

2. für die Vertreter des
Pflegepersonals, des
Verwaltungs- und Wirt-
schaftspersonals
unter sinngemäßer Anwendung der Wahlverordnung zum Hess. Personalvertretungsgesetz

3. für die Vertreter der
Heimbewohner
nach der im Erlaß des Sozialministers vom 20. 12. 1972 – StAnz. 73, S. 148 enthaltenen Regelungen

vorgenommen.

C. Allgemeine Verwaltungsvorschriften

§ 18
Aufnahme
1) Der Antragsteller soll folgende **Unterlagen** vorlegen:
a) Geburtsurkunde,

172

Heiratsurkunde,
ggf. Sterbeurkunde des Ehegatten,
b) ein (amts-)ärztliches Attest über die Heim(pflege-)bedürftigkeit unter Angabe der Diagnose, die die Aufnahme erfordert oder wünschenswert erscheinen läßt,
c) die schriftliche Zahlungsverpflichtung des Antragstellers oder die schriftliche Kostenzusicherung des Sozialhilfeträgers.
2) Bei der Entscheidung über die Aufnahme sind zu bevorzugen:
a) Bewerber aus dem Landkreis Hanau,
b) körperlich oder geistig Behinderte,
c) Bedürftige.
3) Mit dem Aufzunehmenden wird **ein Betreuungsvertrag** geschlossen.
Diese Satzung ist Bestandteil dieses Vertrages.

§ 19
Entlassung
1) Der Betreuungsvertrag kann vom Heiminsassen mit einer Frist von einem Monat zum Monatsende schriftlich gekündigt werden.
2) Das Altenzentrum ist unter Einhaltung der gleichen Frist zur Kündigung berechtigt, wenn
a) im Aufnahmeantrag vorsätzlich unwahre oder unvollständige Angaben gemacht sind,
b) wiederholt gröblich gegen die Heimordnung verstoßen worden ist,
c) die Pflegekosten wiederholt nicht oder unpünktlich gezahlt worden sind.
d) das Verhalten gegenüber der Gemeinschaft und der Heimleitung zu einer so schweren Belastung führt, daß diesen die Fortsetzung des Vertragsverhältnisses nicht länger zugemutet werden kann.

§ 20
Todesfall
Nach dem Ableben eines Heimangehörigen werden dessen Angehörige sofort benachrichtigt. Die Heimleitung stellt den Nachlaß ggf. unter Einschaltung des Ortsgerichts sicher und veranlaßt alles weitere.

§ 21
Leistungen
Die Leistungen des Altenzentrums umfassen:
Unterkunft und Pflege,
Beköstigung,
Zimmereinrichtung,
Heizung,
Beleuchtung,
Waschen der Leib- und Bettwäsche,
Einrichtung zur Freizeitgestaltung.

§ 22
Heimkosten
Für diese Leistungen sind monatlich im voraus die nach dem jeweils
festgesetzten Pflegesatz errechneten Pflegekosten zu entrichten.
Die Pflegesätze werden vom Kreisausschuß beschlossen. Berechnungs-
grundlagen sind die Selbstkosten des Altenzentrums nach den Richtli-
nien für die Gestaltung der Pflegesätze in den sozialen Heimen und
Anstalten im Land Hessen vom 1. 2. 1970.

§ 23
Bettengeld
Bei Abwesenheit eines Heimbewohners bleibt der Pflegesatz in den
ersten 3 Tagen unverändert. Vom´. Tage an wird ein Bettengeld in Höhe
von 60 % des Pflegesatzes erhoben.
Der Anspruch auf Bettengeld besteht, solange das Bett zur Verfügung
gehalten wird.

§ 24
Personalvertretung
Die Rechte der Personalvertretung werden von dieser Satzung nicht
berührt.
Diese Satzung tritt mit ihrer Bekanntmachung im Verkündungsorgan des
Landkreises Hanau in Kraft.
Hanau, den . . .

Anhang 2: Das Repetitorium für die mündliche Prüfung des Altenpflegers

A. Fragen:

1. Ausgewählte Fragen aus der Deutschen Geschichte unter besonderer Berücksichtigung der Verfassungsgeschichte:
a. 1814/1815
b. 1848
c. 1866
d. 1871
e. 1919
f. 1933
g. 1949
h. 1972
2. Exekutive, Legislative, Judikatur: was bedeuten sie?
3. Nennen Sie die Staatsorgane zu 2. für die BRD.
4. Das Deutsche Reich im Verhältnis zur BRD und DDR. Welche Theorien gibt es hierüber?
5. Was sind die Grundrechte nach dem GG? Nennen Sie einzelene Grundrechte.
6. Wie können sie nach dem GG eingeschränkt werden?
7. Die BRD ist eine repräsentative, parlamentarische Demokratie. Beschreiben Sie das.
8. Sozialstaat, was ist das?
9. Rechtsstaat, was ist das?
10. Was verstehen Sie unter ausschließlicher Gesetzgebung des Bundes?
11. Was verstehen Sie unter konkurrierender Gesetzgebung des Bundes?
12. Erläutern Sie das Verhältnis Regierung – Verwaltung.
13. Der Weg von der Ordnungsverwaltung zur Leistungsverwaltung. Erläutern Sie die Begriffe. Schildern Sie die Entwicklung.
14. Was ist ein Verwaltungsakt?
15. Nennen Sie einige Verwaltungsakte, die im Altenpflegeheim vorkommen.
16. Was ist Ermessen, und wie ist es anzuwenden?
17. Was ist eine Beschwerde?
18. Wie vollzieht sich das Verfahren gegen einen Verwaltungsakt
19. Wie vollzieht sich das verwaltungsgerichtliche Verfahren gegen einen Verwaltungsakt?
20. Was ist Rechtsgrundlage beim Aufenthalt in einem Altenpflegeheim.
a. beim privaten Heim,
b. beim öffentl. Heim,
21. Wer kann entmündigt werden?
22. Wie erfolgt die Entmündigung?
23. Schildern Sie kurz Voraussetzung und Verfahren nach dem Freiheitsentziehungsgesetz.

24. Was ist Rechtsfähigkeit, und wann tritt sie ein?
25. Was ist Geschäftsfähigkeit, und wann tritt sie ein?
26. Welche anderen Altersstufen haben rechtliche Bedeutung? Nennen Sie einige Beispiele für das Verfassungsrecht, Verwaltungsrecht, Zivilrecht, Strafrecht.
27. Was ist ein Arbeitsverhältnis?
28. Was ist ein Angestelltenverhältnis?
29. Was ist ein Beamtenverhältnis?
30. Was bedeutet Pflegschaft?
31. Von welchen drei Grundsätzen wird das deutsche Erbrecht beherrscht? Was bedeuten sie?
32. Was ist ein gemeinschaftliches Testament?
33. Was ist ein Vermächtnis?
34. Was ist ein Erbschein?
35. Wie wird man Beamter, Angestellter, Arbeiter?
36. Definieren Sie Beamtenbezüge, Gehalt, Lohn.
37. Wann sind Verwandte unterhaltspflichtig?
38. Welche Grenzen gelten für die Unterhaltspflicht?
39. Wann tritt Sozialhilfe ein?
40. Was ist ihr Zweck?
41. Wann besteht ein Anspruch auf Pflege a. gegen Angehörige, b. gegen Pfleger?
42. Was verstehen Sie unter ärztlicher Aufklärungspflicht?
43. Was verstehen Sie unter ärztlicher Schweigepflicht?
44. Was verstehen Sie unter einem ärztlichen Eingriff?
45. Unter welchen Voraussetzungen darf der Arzt einen Eingriff vornehmen?
46. Definieren Sie die ärztliche Hilfsperson.
47. Welche Aufgaben hat eine ärztliche Hilfsperson?
48. Darf sie ärztlich behandeln?
49. Wer darf Rechtsauskunft erteilen?
50. Wer darf rechtsberatend tätig sein?
51. Wer darf rechtliche Verträge vornehmen?
52. Was ist die Aufgabe der Polizei?
53. Gegen wen darf und muß sie tätig werden?
54. Wie darf sie tätig werden?
55. Was bedeutet staatliche Anerkennung des Altenpflegers?
56. Was ist eine Laufbahn im Beamtenrecht?
57. Was ist Eingruppierung?
58. Was ist ein Aufstiegsbeamter?
59. Wie sind die Grundsätze, nach denen Besoldung, Angestelltenvergütung und Arbeitsentgelt gewährt werden?
60. Was verstehen Sie unter Altenwohnheim, Altenpflegeheim?
61. Was ist ein privates Altenheim?
62. Was ist ein öffentliches Altenheim?
63. Was ist Grundlage des Heimverhältnisses beim privaten Altenheim, öffentlichen Altenheim?

64. Was ist eine Heimordnung?
65. Was darf sie regeln?
66. Was verstehen Sie unter Anstaltsgewalt?
67. Welche Rechte erwachsen daraus für die Anstaltsleitung?
68. Welche Pflichten erwachsen daraus für die Heiminsassen?
69. Was muß das Altenheim den Heiminsassen gewähren?
70. Was verstehen Sie unter ambulanter Altenpflege?
71. Unterscheiden Sie Sterbehilfe und Euthanasie?
72. Was kann Selbstverwaltung im Altenheim regeln?
73. Was verstehen Sie unter Regreß?

B. Antworten:

1. a. Wiener Kongreß. Der Wiener Kongreß (1814–1815) soll nach den Umwälzungen der Französischen Revolution und der napoleonischen Zeit eine dauerhafte Friedensordnung in Europa aufrichten. Die Großmächte wollen das »Gleichgewicht der Mächte« wiederherstellen und durch Verträge sichern.
b. Der Versuch des ersten deutschen Parlamentes einen verfassungsrechtlichen Einheitsstaat zu schaffen, scheitert am Widerstand der Fürsten.
c. Der Austritt Preußens aus dem Deutschen Bund führt zum Krieg gegen Österreich und seine Bundesgenossen. 23. August 1866: Friede von Prag: Ende des Deutschen Bundes, Ausscheiden Österreichs aus Deutschland. (Kleindeutsche Lösung).
d. Reichsgründung 1871 (Verfassungsaufbau):
1. Bundespräsidium (völkerrechtliche Vertretung des Reiches). Dieses steht dem Deutschen Kaiser, der zugleich König in Preußen ist, zu.
2. Bundesrat. Der Reichskanzler führt den Vorsitz im Bundesrat, der Vertretung der einzelnen Länder, und leitet die Geschäfte der Regierung.
3. Reichstag. Er repräsentiert das Reichsvolk. Seine Kontrollmöglichkeiten gegenüber der Regierung sind gering.
e. 1919. Am 11. August wird die Weimarer Verfassung durch den ersten Reichspräsidenten Friedrich Ebert unterzeichnet. Deutschland wird eine demokratische Republik.
f. 1933. 23. März, »Ermächtigungsgesetz«. Dieses Gesetz ist zunächst auf vier Jahre befristet und gibt der Regierung das Recht, Gesetze ohne Rücksicht auf Reichstag und Verfassung zu erlassen. Damit erhält Hitler die Vollmacht willkürlichen, von jeder Kontrolle befreiten Handelns.
g. Am 24. Mai 1949 tritt das Grundgesetz für die Bundesrepublik Deutschland in Kraft (Vorläufige Verfassung).
h. Am 21. 12. 1972 wird der »Grundvertrag« mit der DDR geschlossen. Er regelt das Rechtsverhältnis zwischen den beiden deutschen Staaten BRD und DDR.
2. Um einen Mißbrauch der Staatsgewalt zu unterbinden, herrscht in Deutschland das Prinzip der Gewaltentrennung, d. h. die staatliche Macht wird in drei Funktionsbereiche aufgestellt, nämlich

a. legislative (gesetzgebende) Gewalt,

b. executive (vollziehende) Gewalt,

c. judicative (richterliche) Gewalt.

Die gesetzgebende Gewalt wird durch das Parlament ausgeübt, die vollziehende Gewalt liegt bei der Regierung und die richterliche ist den unabhängigen Gerichten anvertraut.

3. a. Bundestag und Bundesrat,

b. Bundesregierung und Bundespräsident,

c. Bundesverfassungsgericht.

Zu a.: Der Bundestag ist die Versammlung der vom Volk gewählten Volksvertreter. Die Abgeordneten werden auf vier Jahre gewählt. Bei ihnen liegt das Schwergewicht der Staatsgewalt. Sie wählen den Bundeskanzler auf Vorschlag des Bundespräsidenten. Ihre Hauptaufgabe ist es, Gesetze zu beschließen; daneben wirken sie an der Gestaltung der inneren und äußeren Politik mit, indem sie eigene Initiativen entfalten, auf die Regierung und Verwaltung Einfluß nehmen und diese kontrollieren.

Neben dem Bundestag ist der Bundesrat das gesetzgebende Organ, das nach Art. 50 GG bei der Gesetzgebung und Verwaltung des Bundes mitzuwirken hat. Der Bundesrat besteht aus Mitgliedern der Regierungen der Länder

Zu b.: Die Bundesregierung besteht aus dem Bundeskanzler, der die Richtlinien der Politik bestimmt, und den Bundesministern.

Der Bundespräsident hat – anders als in der Weimarer Republik – keine maßgebende Teilhabe an der obersten Staatsleitung. Er repräsentiert die Bundesrepublik nach innen und außen. Er wird nicht vom Volke, sondern von der Bundesversammlung auf 5 Jahre gewählt. Er schließt im Namen des Bundes die Verträge mit den auswärtigen Staaten, empfängt deren Vertreter, erläßt den Bundeskanzler und die Minister und übt das Begnadigungsrecht für den Bund aus.

Zu c.: Das Bundesverfassungsgericht ist ein allen übrigen Verfassungsorganen gegenüber selbständiger Gerichtshof des Bundes. Es hat die verantwortungsvolle Aufgabe, Hüter unserer Verfassung zu sein.

4. Die Frage ist, ob das im Jahre 1871 gegründete »Deutsche Reich« im Jahre 1945 untergegangen ist oder seiner Rechtsperson nach heute noch fortbesteht und ob er in den beiden jetzt bestehenden Gebilden BRD und DDR Rechtsnachfolger gefunden hat oder gar mit ihnen identisch ist.

In der Lehre vom Untergang des Deutschen Reiches wird geltend gemacht, im Jahre 1945 habe eine völlige Vernichtung der deutschen Staatsgewalt stattgefunden. Dadurch sei ein staatsleerer Raum entstanden. Die alliierten Siegermächte hätten dann von sich aus eine staatliche Organisation wieder aufgebaut, aus der sich dann die Bundesrepublik und die DDR parallel entwickelten. Beide »Staaten« seien jedoch Neugründungen. Demgegenüber führt die Lehre vom Fortbestand des Deutschen Reichs aus, der Niederkämpfung des deutschen Kriegsgegners durch die Alliierten sei nicht eine Annexion des Deutschen Reiches gefolgt. Daher sei der deutsche Staat nicht beseitigt worden oder auf die Alliierten übergegangen. Der deutsche Staat habe fortbestanden, er sei nur handlungsunfähig geworden, da seine Organe weggefallen wären. An Stelle der fehlenden Organe hätten die Alliirten bis 1949 die deutsche Staatsgewalt auf deutschem Boden ausgeübt.

5. Grundrechte sind unabdingbare Rechte des einzelnen Bürgers, die der Staat weder beschränken noch aufheben darf. 6Ausnahmen: Siehe 6.) Sie finden sich im ersten Abschnitt des Grundgesetzes, der die Überschrift »die Grundrechte« trägt. Aber auch außerhalb dieses Abschnitts gibt es Rechte, die sich in ihrer Eigenart nicht von den ausdrücklich als Grundrechte bezeichneten Rechten unterscheiden: Z. B. Art. 331-III, 103, 101 I, 104, 38 GG. Diese werden daher ebenfalls als Grundrechte verstanden. Einerseits sind die Grundrechte des GG subjektive Rechte, d. h. Rechte des einzelnen, andererseits sind sie Grundelemente objektiver Ordnung des Gemeinwesens.

Einzelne Grundrechte des GG sind z. B.:

a. Art. 1 – die Würde des Menschen,

b. Art. 2. – die Freiheit des Menschen,

c. Art. 3 – Gleichheit vor dem Gesetz,

d. Art. 4 – Glaubensgewissens und Bekenntnisfreiheit,

e. Art. 5 – Recht der freien Meinungsäußerung.

zu a.: Die Würde des Menschen wird als unantastbar erklärt. Ihre Beeinträchtigung ist nicht nur allen anderen Menschen untersagt, sondern auch der Staatsgewalt und den Staatsorganen.

Zu b.; Das Grundrecht der Freiheit verwirklicht sich in drei Formen: in der freien Entfaltung der Persönlichkeit, im Recht auf Leben und körperliche Unversehrtheit und in der Freiheit der Person. Dieses Freiheitsrecht jedes Menschen, nämlich so zu handeln wie er es kraft eigener Entscheidung für richtig hält, hat dort seine Grenzen, wo Rechte anderer verletzt würden oder ein Verstoß gegen die verfassungsmäßige Ordnung oder das Sittengesetz vorläge.

Zu c.: Art. 3 garantiert die Gleichheit aller Menschen vor dem Gesetz; d. h. gleiche rechtliche Behandlung.

Zu d.: Das Grundrecht gewährleistet wesentliche Bestandteile der Religionsfreiheit, die durch die Freiheit des weltanschaulichen Bekenntnisses erweitert wird. Begrenzt sind diese Rechte nur durch die Verfassung. Eine Begrenzung durch Gesetz ist unzulässig.

Zu e.: Ihre Grenzen finden die Rechte des Art. 5 GG an den Vorschriften der allgemeinen Gesetze, den Gesetzen zum Schutze der Jugend und dem Recht der persönlichen Ehre. Geschützt durch Art. 5 I GG ist die Meinungsäußerung sowie das ungehinderte Sichunterrichten.

6. Grundrechte können einmal durch andere Verfassungnormen selbst eingeschränkt werden, z. B. zieht Art. 9 II GG der Vereinigungsfreiheit des Art. 9 I GG Grenzen oder Art. 1 I GG, und 2 I GG begrenzen den Art. 4 I GG, zum anderen können sie nach Art. 19 I GG durch ein Gesetz oder auf Grund eines Gesetzes eingeschränkt werden; sofern die Verfassung der grundrechtlichen Gewährleistung einen Gesetzesvorbehalt anfügt.

7. Demokratie bedeutet, daß sich das Volk selbst regiert, indem es sich unmittelbar (Volksversammlung, Volksabstimmung) oder mittelbar durch gewählte Vertreter, die es als Abgeordnete ins Parlament entsendet, die Gesetze gibt. Bei letzterem spricht man von parlamentarischer Demokratie. Da sich die Willensbildung des Volkes in der Bundesrepublik Deutschland darauf beschränkt, Abgeordnete ins Parlament zu wählen, die in ihrem Zusammenwirken in der Volksvertretung das Volk repräsentieren, und nicht selbst als handelndes Subjekt der Staatsgewalt auftritt, spricht man von einer repräsentativen Demokratie

8. Unter Sozialstaat versteht man, daß der Staat nach den Grundsätzen der sozialen Gerechtigkeit aufgebaut sein oder das gesamte Recht eine soziale Tendenz haben soll. Soziale Gerechtigkeit ist nun jenes Verteilungsprinzip, das jeder Schicht oder Gruppe der Bevölkerung die ihr zukommenden Rechte einräumt, insbesondere die wirtschaftliche und kulturelle Lebensfähigkeit auf einem angemessenen Niveau. Somit ist ein sozialer Staat ein Staat, der die wirtschaftliche oder kulturelle Unterdrückung oder Benachteiligung einer Schicht oder Gruppe ablehnt, bekämpft und zu beheben sucht.

9. Das Wesen eines Rechtsstaates besteht darin, daß auch die Regierung und Behörden an Gesetz und Recht gebunden sind. Sie müssen daher auch die Grundrechte des Bürgers achten. Werden diese dennoch verletzt, steht dem Bürger der Rechtsweg offen, und er kann gegen den Staat klagen.

10. Unter ausschließlicher Gesetzgebung versteht man die in Art. 73 GG aufgeführten Bereiche, für die der Bund allein die Gesetzgebungskompetenz innehat. Die Länder haben im Bereich der ausschließlichen Gesetzgebung des Bundes die Befugnis zur Gesetzgebung nur, wenn sie hierzu in einem Bundesgesetz ausdrücklich ermächtigt werden.

11. Unter konkurrierender Gesetzgebung versteht man die Befugnis der Länder zur Gesetzgebung – die Gebiete der konkurrierenden Gesetzgebung sind in Art. 74 GG aufgeführt –, solange und soweit der Bund von seinem Gesetzgebungsrecht keinen Gebrauch macht. (Art. 72 II GG)

12. Regierung ist die mit der obersten staatlichen Vollzugsgewalt betraute höchste Verwaltungsbehörde. Die Verwaltung umfaßt als staatliche Tätigkeit mit Ausnahme von Gesetzgebung und Rechtsprechung. Sie wird von der Regierung durch deren laufende generelle (manchmal auch spezielle) Lenkung, Ausrichtung und Überwachung mittels Verwaltungsvorschriften, Erlassen und dienstrechtlichen Entscheidungen gesteuert.

13. Dem Gehalt der verwaltenden Tätigkeit nach gibt es;

I. die ordnende Verwaltung, die für die gute Ordnung des Gemeinwesens sorgt, indem sie die Interessenverfolgung des einzelnen Bürgers reglementierend einschränkt. dazu gehören:

a. die Überwachungsverwaltung, insbes. die Polizei- und Ordnungsverwaltung,

b. die Raumordnungsverwaltung,

c. die Wirtschaftsverwaltung.

II. die leistende Verwaltung, die für die Lebensmöglichkeit und Lebensverbesserung der einzelnen Bürger sorgt, indem sie deren Interessenverfolgung durch Gewährungen unmittelbar fördert, d. h. für eine bessere Lebensqualität sorgt.

dazu gehören:

a. die Vorsorgeverwaltung (Straßenbau, Schulen, Pflegeheime, Altersheime, Krankenhäuser usw.),

b. Sozialverwaltung (Existenzsicherung),

c. Förderungsverwaltung (Strukturelle Verbesserung einzelner Lebensbereiche).

Historische Entwicklung:

Im konstitutionell liberalen Staat des 19. Jahrhunderts beschränkte sich die Verwaltung auf die Wahrung der öffentlichen Sicherheit und Ordnung und überließ die Befriedigung aller anderen sozialen Bedürfnisse dem freien Spiel der gesellschaftlichen Kräfte, einschließlich der kommunalen Selbstverwaltung. Dann setzte ein tiefgreifender Wandel der Existenzbedingungen der Menschen und der Gesellschaft ein, der mit der sprunghaften Entwicklung der industriell-technischen Zivilisation verbunden war und der in zunehmendem Maße eine sozialgestaltende Wirksamkeit des Staates erforderlich machte. In Deutschland bemühten sich zuerst die Städte um eine Daseinsvorsorge, und suchte das Reich durch Sozialgesetze (Bismarck) revolutionäre Tendenzen des Proletariats abzufangen. Hinzu kamen die politischen Katastrophen zweier Weltkriege, die ein weiteres Anwachsen der vom Staat zu bewältigenden Aufgaben bedingten. So tritt die öffentliche Verwaltung den Bürgern nicht mehr nur als Ordnungsgarant, sondern in größerem Umfang als Leistungsträger gegenüber.

14. Ein Verwaltungsakt ist eine Maßnahme einer Behörde auf dem Gebiete des öffentlichen Rechts zur Regelung eines Einzelfalls mit unmittelbar rechtlichen Wirkungen nach außen.

15. Beispiele: Ablehnender Bescheid, die Aufnahme in ein Altenpflegeheim betreffend!

Bescheid über die Festsetzung von Pflegekosten.

Bewilligung von Unterstützungsunterlagen im Pflegeheim.

Befreiung von Unterbringungskosten, auch Teilbefreiungen,

Bescheid über die Änderung von Tagessatzpflegekosten.

16. Ermessen liegt vor, wenn und soweit das objektive Recht das Handeln einer Behörde ihrer eigenen Bestimmung überlassen hat mit der Maßgabe, daß die Behörde den Maßstab für die Entscheidung aus ihrer eigenen subjektiven Vorstellung von der Notwendigkeit und Zweckmäßigkeit ihres Handelns gewinnen soll, d. h. der Behörde ist die Befugnis, zwischen mehreren Arten des Sichverhaltens zu entscheiden, eingeräumt.

Dabei muß das Ermessen stets ein pflichtgemäßes Handeln, also frei von sachfremden Erwägungen, und auf Sinn und Zweck ausgerichtet sein.

17. Die Beschwerde ist gegeben gegen Entscheidungen des Verwal-

tungsgerichts, die nicht Urteile oder Vorbescheide sind, und gegen Entscheidungen des Vorsitzenden des Gerichts, soweit nicht das Gesetz ein anderes bestimmt: § 146 VwGO. Sie ist also zulässig gegen Beschlüsse und gegen Verfügungen und Anordnungen. Ausnahmen z. B. § 80 VII, 123 II, 3, 146 II VwGO.

Die förmliche Beschwerde oder Verwaltungsbeschwerde ist ein Rechtsmittel im Verwaltungsverfahren. Sie hat zwei Wirkungen. 1. Der Vollzug des Verwaltungsaktes wird gehemmt, es sei denn, daß diese Wirkung spezialgesetzlich ausgeschlossen ist.

2. Zur Entscheidung der Beschwerde ist nicht die den Verwaltungsakt erlassende, sondern die Beschwerdebehörde zuständig. Sie hat den Verwaltungsakt in vollem Umfange zu prüfen und kann eine neue Entscheidung fällen.

18. I. Einspruch gegen den Verwaltungsakt (es entscheidet die Behörde, die den Verwaltungsakt erlassen hat)

II. Förmliche Beschwerde gegen den Verwaltungsakt (siehe Frage 18),

III. Widerspruch – Widerspruchsverfahren,

IV. Anhörung vor einem sog. Anhörungsausschuß

(§ 6 ff. Hess. Ausführungsgesetz zur VwGO).

19. I. Vorverfahren, auch Widerspruchsverfahren durch Einlegung eines Widerspruchs. Frist beträgt 1 Monat nach Bekanntgabe des Verwaltungsaktes,

II. Widerspruchsbescheid, den den bei Nichtabhilfe die nächst höhere Behörde erläßt oder: § 73 I Nr. 2 Nr. 3 VwGO,

III. Klageerhebung innerhalb eines Monats nach Zustellung des Widerspruchsbescheides.

Das Vorverfahren kann auch noch nach der Klageerhebung nachgeholt werden.

IV. Einlassung des Beklagten,

V. Mündliche Verhandlung,

VI. Beweiserhebung und -würdigung,

VII. Urteil,

VIII. Rechtsmittel, z. B. Berufung.

20. Rechtsgrundlage beim Aufenthalt in einem Altenpflegeheim ist ein bürgerlich rechtlicher Vertrag. beim »öffentlichen Heim«, das meist als Körperschaft des öffentlichen Rechts organisiert ist, wird dem Vertrag die Satzung zugrunde gelegt.

21. Entmündigt kann werden:

a. wer infolge Geisteskrankheit oder von Geisteschwäche seine Angelegenheiten nicht zu besorgen vermag,

b. wer durch Verschwendung sich oder seine Familie der Gefahr des Notstandes aussetzt oder

c. wer infolge Trunksucht seine Angelegenheiten nicht zu besorgen vermag oder sich oder seine Familie der Gefahr des Notstandes aussetzt oder die Sicherheit anderer gefährdet.

22. Die Entmündigung erfolgt durch Beschluß des Amtsgerichts.

23. I. Antrag einer Verwaltungsbehörde auf Freiheitsenziehung beim

zuständigen Amtsgericht; dieser Antrag muß die Bezeichnung der Person und die Gründe enthalten auf Grund deren eine Person die Freiheit entzogen werden soll, d. h. gegen ihren Willen oder im Zustande der Willenlosigkeit in einem Gefängnis, einem Haftraum, einem Arbeitshaus, einer abgeschlossenen Anstalt der Fürsorge, einer abgeschlossenen Krankenanstalt oder einem abgeschlossenen Teil einer Krankenanstalt untergebracht werden soll.

II. Anhörung der Person, der die Freiheit entzogen werden soll durch das Gericht (Ausn. § 5 II FreihEntzG).

III. Anhörung des gesetzlichen Vertreters, Elternteils, Ehegatten,

IV. Bei Unterbringung in einer abgeschlossenen Krankenanstalt: die Anhörung eines ärztlichen Sachverständigen ist nötig.

V. a. Entscheidung des Gerichts durch Beschluß
b. Bekanntgabe des Beschlusses den in § 6 II Freiheitsentziehungsgesetz genannten Beteiligten.

VI. Rechtsmittel: Sofortige Beschwerde,

VII. Aufhebung der Entscheidung, wenn der Grund weggefallen ist.

VIII. Antrag auf Aufhebung der Freiheitsentziehung.

IX. Beurlaubung des Untergebrachten.

24. Rechtsfähigkeit bedeutet die Fähigkeit Träger von Rechten und Pflichten zu sein. Sie tritt mit Vollendung der Geburt ein.

25. Geschäftsfähigkeit ist die Fähigkeit allgemein zulässige Rechtsgeschäfte selbständig vollwirksam vorzunehmen. Sie tritt mit Vollendung des 18. Lebensjahres ein.

26. a. Verfassungsrecht.
18 Jahre: Volljährigkeit: aktives und passives Wahlrecht
40 Jahre: Mindestalter des Bundespräsidenten (seit 1. Jan. 1975)
b. Verwaltungsrecht.
6 Jahre: Schulpflicht.
16 Jahre: Einstellung als Beamter im einfachen und mittleren Vorbereitungsdienst,
18 Jahre: Einstellung als Beamter im gehobenen Vorbereitungsdienst, Beginn der Wehrpflicht,
27 Jahre: Fähigkeit als Beamter auf Lebenszeit angestellt zu werden,
65 Jahre: Altersgrenze für den Eintritt des Beamten in den Ruhestand.
c. Zivilrecht.
7 Jahre Eintritt der beschränkten Geschäfts- und Deliktsfähigkeit.
16 Jahre: Beeidigung bei einer Aussage möglich.
18 Jahre: Volljährigkeit, Geschäftsfähigkeit
d. Strafrecht.
14 Jahre: Keine strafrechtliche Verantwortung unter 14 Jahren.
Mit 14 Jahren: Straffähigkeit als Jugendlicher (§ 1 JGG). 18 Jahre: Volle Straffähigkeit.

27. Der Arbeitsvertrag begründet ein Arbeitsverhältnis. Es ist ein auf Austausch von Arbeitsleistung und Vergütung gerichtetes Dauerschuldverhältnis, das jedoch wegen der Einbeziehung des Arbeitnehmers in die vom Arbeitgeber organisierte Arbeitsteilung besonderen Regeln folgt.

28. In einem Angestelltenverhältnis steht der Arbeitnehmer, dem ein größeres Maß von Selbständigkeit und Verantwortung gegenüber dem Gesamtbetrieb eingeräumt worden ist und der von den beteiligten Berufskreisen als Angestellter angesehen wird. Eine einheitliche gesetzliche Begriffsbestimmung gibt es nicht. (Vergleiche auch die Definition nach § 5 Betriebsverfassungsgesetz).

29. In einem Beamtenverhältnis steht, wer zum Bund oder zu einer bundesunmittelbaren Körperschaft, Anstalt oder Stiftung des öffentlichen Rechts in einem öffentlichen Dienst- oder Treueverhältnis steht.

30. Die Pflegschaft hat ebenso wie die Vormundschaft eine Fürsorgetätigkeit zum Inhalt. Während die Vormundschaft die Fürsorge für alle Angelegenheiten umfaßt (gesetzl. Vertretung), greift die Pflegschaft bei einem Fürsorgebedürfnis für besondere Angelegenheiten ein, also dann, wenn die gesetzliche Vertretung in besonderen Fällen – aufgezählt in §§ 1909 ff. BGB – nicht ausreicht.

31. Das Erbrecht ist nach drei Rechtsgrundsätzen gestaltet. Den Prinzipien der Universalsukzession, der Testierfreiheit und der Familienerbfolge.

Universalsukzession heißt, daß der Erblasser einen Gesamtnachfolger, den Erben, haben muß, auf den sein Vermögen als Ganzes von Rechts wegen übergeht.

Testierfreiheit bedeutet, daß der Verstorbene selbst durch rechtsgeschäftliche Verfügung bestimmen kann, an wen sein Vermögen nach seinem Tode fallen soll.

Familienerbfolge heißt, das Vermögen fällt den nächsten Blutsverwandten bzw. dem Ehegatten des Verstorbenen zu.

32. Ein gemeinschaftliches Testament ist ein Testament, das von Ehegatten errichtet wird, in dem sie sich gegenseitig als Erben einsetzen.

33. Vermächtnis ist die Einzelzuwendung eines Vermögensvorteils von Todes wegen durch Testament oder Erbvertrag, ohne den Berechtigten als Erben einzusetzen.

34. Ein Erbschein ist nach § 2353 BGB ein Zeugnis über das Erbrecht des Erben. Er wird vom Nachlaßgericht ausgestellt.

35. Arbeiter wird man auf Grund eines (privatrechtlichen) Vertrages, des Arbeitsvertrages.

Angestellter wird man a. auf Grund der Tätigkeit, die von der Verkehrsanschauung als Angestelltentätigkeit angesehen wird. b. auf Grund der ausdrücklichen Übernahme in das »Angestellenverhältnis«.

Beamter wird man auf Grund der Aushändigung einer Ernennungsurkunde, wodurch ein öffentliches »Anstellungsverhältnis« begründet wird.

36. Unter dem Begriff Lohn ist jedes Entgelt des Arbeitnehmers für geleistete Arbeit zu verstehen. Bei monatlicher Bemessung wird das Arbeitsentgelt als Gehalt bezeichnet.

Beamtenbezüge sind das Entgelt, das bei Erfüllung der Laufbahnvoraussetzungen gewährt wird.

37. Voraussetzung für die Unterhaltsverpflichtung von Verwandten ist 1. die Bedürftigkeit des Berechtigten (wenn er sich nicht selbst unterhalten kann),

2. die Leistungsfähigkeit des Verpflichteten.

38. Die Grenzen der Unterhaltspflicht liegen dort, wo bei dem Unterhaltspflichtigen – unter Berücksichtigung seiner sonstigen Verpflichtungen – eine Gefährdung seines eigenen Unterhalts eintreten würde.

39. Sozialhilfe wird dann gewährt, wenn die Leistungen der Sozialversicherung, die sonstigen Ansprüche und die Eigenmittel unzureichend sind.

40. Sozialhilfe nach dem BSHG soll jedem die Führung eines Lebens ermöglichen, das der Würde des Menschen entspricht.

41. Ein Anspruch auf Pflege und Obsorge ist im Gesetz nicht ausdrücklich geregelt. Aus § 1610 BGB ergibt sich aber, daß der Unterhalt den gesamten Lebensbedarf umfaßt, d. h. Pflege und Obsorge ist bei Verwandten mit eingeschlossen. Über die Grenzen vgl. Frage 40. Gegen Pfleger besteht ein solcher Anspruch grundsätzlich nach Einweisung in die Anstalt, bzw. nach Abschluß des Pflegevertrages mit der Anstaltsleitung.

42. Unter ärztlicher Aufklärungspflicht versteht man die Pflicht des Arztes, den Patienten über die Art, Umfang und Folgen (mögliche) eines ärztlichen Eingriffs aufzuklären.

43. Unter ärztlicher Schweigepflicht versteht man die Pflicht des Arztes über Tatsachen, über die er in seiner Eigenschaft als Arzt Kenntnis erlangt hat, gegenüber Dritten zu schweigen.

44. Ein ärztlicher Eingriff ist ein nach den Regeln der ärztlichen Kunst vorgenommener Eingriff des Arztes in den erkrankten menschlichen Körper zum Zwecke der Heilung.

45. Ein Eingriff des Arztes darf nur bei Einwilligung des Patienten nach vorausgegangener Aufklärung vorgenommen werden. Ansonsten, wenn diese Einwilligung nicht eingeholt werden kann (Bewußtlosigkeit usw.), bei Gefahr im Verzuge (GOA, mutmaßliche Einwilligung).

46. Eine ärztliche Hilfsperson ist eine Person, die der Arzt von sich aus bei der Erfüllung seiner Verbindlichkeit (erwächst aus dem Behandlungsvertrag) und allen damit in Zusammenhang stehenden Tätigkeiten hinzuzieht, im allgemeinen besonders ausgebildete Fachkräfte.

47. Die Aufgaben einer ärztlichen Hilfsperson reichen von der Sprechstundenhilfe beim Hausarzt über ambulante bis zur stationären Hilfe im Krankenhaus. Sie unterstützen den Arzt bei der Aufgabe Krankheiten zu heilen oder zu lindern. Die Tätigkeit richtet sich nach der erworbenen Ausbildung.

48. Ärztlich behandeln darf eine solche Hilfsperson nur bei Approbation oder unter ärztlicher Fachaufsicht.

49. Rechtsauskunft erteilen dürfen z. B.:

a. Behörden,

b. Körperschaften des öffentlichen Rechts im Rahmen ihrer Zuständigkeiten,

c. Notare und sonstige Personen, die ein öffentliches Amt ausüben sowie Rechtsanwälte.

d. Prozeßagenten,

e. Zwangsverwalter, Konkursverwalter, Nachlaßpfleger, Genossenschaften und andere Verbände, soweit sie die ihnen angehörenden Mitglieder oder Einrichtungen betreuen,

f. Richter im Rahmen des § 139 ZPO.

50. Rechtsberatend darf nur tätig sein, wer von der zuständigen Behörde die erforderliche Erlaubnis erhalten hat.

51. »Rechtliche« (wirksame) Verträge darf jeder vornehmen, soweit er volljährig und nicht entmündigt ist.

52. Die Aufgaben der Polizei sind, von der Gesamtheit oder dem einzelnen bevorstehende Gefahren abzuwehren, durch die die öffentliche Ruhe, Sicherheit oder Ordnung bedroht wird. Die Maßnahmen hat sie im Rahmen der geltenden Gesetze nach pflichtgemäßem Ermessen zu treffen. Soweit andere Behörden auf Grund besonderer Vorschriften zur Gefahrenabwehr zuständig sind, hat die Polizei diejenigen Maßnahmen zu treffen, die sie nach pflichtgemäßem Ermessen für unaufschiebbar hält. Die zuständige Behörde ist sofort zu unterrichten; auf ihr Verlangen ist die polizeiliche Maßnahme aufzuheben.

53. Eine Pflicht der Polizei, tätig zu werden, besteht immer dann, wenn es um die Abwehr von Verbrechen oder Vergehen geht, wenn zum Schutz privater Rechte die Personalien eines Schuldners festgestellt werden sollen, wenn sie die Gefahrenlage selbst geschaffen hat und wenn der Ermessenspielraum sich auf »Null« reduziert hat, weil jedes Untätigbleiben im konkreten Fall mit den an einer ordnungsmäßigen Verwaltung zu stellenden Anforderungen schlechterdings unvereinbar wäre.

54. Der Einsatz der Polizei steht unter dem Gesichtspunkt der Zweckmäßigkeit und der Verhältnismäßigkeit der anzuwendenden Maßnahmen, d. h. es sind immer nur die Maßnahmen anzuwenden, die die Allgemeinheit oder den einzelnen am wenigsten beeinträchtigen.

55. Staatlich anerkannt ist ein Altenpfleger nach Ablegung seiner zu dieser Tätigkeit erforderlichen staatlichen Abschlußprüfung.

56. Eine Laufbahn im Beamtenrecht umfaßt alle Ämter derselben Fachrichtung, die eine gleiche Vorbildung und Ausbildung voraussetzen.

57. Die Laufbahnen gehören zu den Laufbahngruppen des einfachen, mittleren, gehobenen und höheren Dienstes. Die Zugehörigkeit bestimmt sich nach dem Eingangsamt, d. h. das Amt, in dem die Beamten einer Laufbahn regelmäßig angestellt werden (Eingruppierung).

58. Ein Aufstiegsbeamter ist ein Beamter, der von einer Laufbahngruppe in eine höhere aufsteigt (z. B. auf Grund von nachgeholten Prüfungen).

59. Besoldung eines Beamten wird gewährt nach dem Besoldungsgesetz. angestelltenvergütung bzw. Arbeitsentgelt erhalten Angestellte bzw. Arbeiter. Dieses wird jeweils durch Tarifvertrag zwischen Arbeitgebern und Gewerkschaften als Vertreter der Arbeitnehmer der Höhe nach vereinbart.

60. In einem Altenwohnheim sind ältere Menschen (über 65 Jahre) zum Zwecke des Wohnens untergebracht.

In einem Altenpflegeheim sind die älteren Menschen nicht nur untergebracht, sie werden auch durch besonders ausgebildete Pfleger betreut.

61. Träger eines privaten Altenheimes ist eine Privatperson oder eine private Institution.

62. Bei einem öffentlichen Altenheim ist Träger eine öffentlich rechtliche Organisation.

63. Bei einem privaten Altenheim ist Grundlage des Heimverhältnisses die auf Grund eines Vertrages vereinbarte Heimordnung, bei einem öffentlichen Altersheim die Haussatzung. Sie erlangt Geltung durch Vertrag oder durch die Hausordnung.

64. Eine Heimordnung enthält von der Anstaltsleitung erlassene Vorschriften für die Untergebrachten im Heim.

65. Sie regelt das Verhalten der Untergebrachten zueinander und zur Hausleitung.

66. Anstaltsgewalt ist das hoheitliche Recht der Anstalt zur Sicherung und Gewährleistung der anstaltlichen Zwecke innerhalb der gemeinen Rechtsordnung.

67. Notfalls kann die Anstaltsleitung auf Grund der Heimordnung oder konkreten Weisungen die Untergebrachten zu bestimmtem Tun oder Unterlassen verpflichten, soweit es zur Erfüllung des bestimmungsgemäßen Zwecks der Anstalt erforderlich und nicht unzweckmäßig und unverhältnismäßig ist.

68. Die Heiminsassen sind unter den in Frage 67 geschilderten Voraussetzungen verpflichtet, den Anordnungen der Heimleitung Folge zu leisten.

69. Das Altenheim muß den Insassen eine besonders auf ältere Menschen abgestimmte Wohn- und Aufenthaltsmöglichkeit gewähren; dabei ist der Vertrag zugrunde zu legen.

70. Unter ambulanter Altenpflege versteht man die Betreuung von älteren Menschen außerhalb eines Altenheimes in ihrer (Privat-)Wohnung.

71. Euthanasie ist die Vernichtung angeblich lebensunwerten Lebens. Dazu gehört auch die Erlösung eines qualvoll und hoffnungslos Leidenden.

Die eigentliche Sterbehilfe ist die ärztliche Hilfe beim natürlichen Vorgang des Sterbens.

72. Die Selbstverwaltung im Altenheim kann alle Angelegenheiten regeln, die das Zusammenlegen der Untergebrachten betreffen.

73. Regreß ist Rückgriff, Rückanspruch, d. h. die Schadloshaltung gegen einen Dritten. Fall: Die Haftpflichtversicherung nimmt bei ihrem wegen Trunkenheit am Steuer verurteilten Versicherungsnehmer Regreß für die an einen Dritten ausbezahlte Schadenssumme.

Arbeitsmittel für Studium und Unterricht

Markefka, Vorurteile-Minderheiten-Diskriminierung, 2. Auflage, DM 9,80

Markefka/Nauck, Zwischen Literatur und Wirklichkeit, DM 12,80

Mende, Internationale Sozialarbeit, DM 7,80

Mickel, Europäische Einigungspolitik, Band 1: Didaktischer Aufriß, DM 14,80
Band 2: Quellentexte, DM 14,80

Mickel, Konfliktfeld: Internationale Politik, DM 14,80

Nave-Herz, Das Dilemma der Frau in unserer Gesellschaft, 2. Auflage, DM 14,80

Nissen/Schmitz (Hrsg.), Strafmündigkeit, DM 12,80

Nissen/Strunk, Seelische Fehlentwicklung im Kindesalter und Gesellschaftsstruktur, DM 19,80

Rauball, Allgemeine und besondere Verwaltungskunde, 2. Auflage, DM 14,80

Robinsohn, Bildungsreform als Revision des Curriculums, 5. Auflage, DM 12,80

Schmitt-Wenckebach/Ulshoefer, Kindergartenrecht, DM 14,80

Schnitzerling, Rechtskunde 1, Grundlegung, Rechtsstellung des Schuld- und Sachenrechts, Gerichtsverfassungs- und Verfahrensrecht, 3. Auflage, DM 7,80

Schnitzerling, Rechtskunde 2, Ehe-, Familien-, Unterhalts- und Erbrecht, 2. Auflage, DM 7,80

Schnitzerling, Rechtskunde 3, Strafrecht und Strafverfahren, DM 9,80

Weidermann/Guthardt, Rechtskunde 4, Die gerichtlichen Verfahren, DM 9,80

Sommer/Grobe, Aggressiv durch Fernsehen? DM 16,80

Thorun, Öffentlichkeitsarbeit in der Jugend- und Sozialhilfe, DM 7,80

Tobias, Technischer Werkunterricht und Medien, DM 16,80

Torges, der Jugendclub als Ort und Methode politischer Bildung, DM 9,80

Luchterhand

Arbeitsmittel für Studium und Unterricht

Barley, Grundzüge und Probleme der Soziologie, 7. Auflage, DM 16,80

Bauer, Geschlechtserziehung und Gesellschaft, DM 9,80

Bernhardt/Höttler, Gemeindliches Haushaltsrecht, DM 14,80

Blaß/Lammert, Allgemeine Wirtschaftslehre, 2. Auflage, DM 14,80

Brüggen, Möglichkeiten und Grenzen der Soziometrie, DM 19,80

Deimling, Recht und Moral, DM 9,80

Deimling (Hrsg.), Sozialisation und Rehabilitation sozial Gefährdeter und Behinderter, DM 19,80

Deimling/Lenzen (Hrsg.), Straffälligenpädagogik und Delinquenzprophylaxe, DM 19,80

Ehlers, Entkonfessionalisierung des Religionsunterrichts, DM 19,80

Ennenbach, Programmierter Unterricht im Umbruch, DM 7,80

Filipp, Geographie im historisch-politischen Zusammenhang, DM 16,80

Flohr, Rationalität und Politik, Band 1: Einige Grundprobleme von Theorie und Praxis, DM 19,80

Band 2: Einige konkrete Bedingungen rationaler Politik, DM 19,80

Flottmann, Sozialhilfe, 2. Auflage DM 12,80

Franke, Grundrechte des Schülers und Schulverhältnis, DM 12,80

Gedicke, Sozialhygiene, Band 1: Allgemeiner Teil, DM 14,80 **Band 2:** Gesundheitshilfen für Kinder und Jugendliche, DM 14,80 **Band 3:** Gesundheitshilfe für spezielle Bevölkerungsgruppen einschließlich der Hilfe für Behinderte, DM 24,80

Harrer, Jugendhilfe, 3. Auflage, DM 9,80

Hellmer, Jugendkriminalität, 3. Auflage, DM 16,80

Hölzel, Freizeitpädagogik zwischen Gleichgültigkeit und Zwang, 2. Auflage, DM 9,80

Hoffmann, Musiklehrbücher in den Schulen der BRD, DM 34,—

Klostermeier/Maurer, Moderne Sozialpolitik und Arbeitswelt, DM 19,80

Lenzen, Mediales Spiel in der Schule, DM 14,80

Lenzen, Stilwandel in der Schule, DM 19,80

Luchterhand

Sozialhilfe

Ein Grundriß von Wilhelm Flottmann. Reihe Arbeitsmittel für Studium und Unterricht. 2., durchgesehene Auflage, 128 Seiten, DM 12,80.
ISBN 3-472-55003-1

Der Grundriß von Wilhelm Flottmann ist zugleich Arbeitsmittel für Schüler im berufsbildenden Bereich als auch eine praktische Hilfe für alle im sozialen Sektor Tätigen, z. B. in den kommunalen Sozialbehörden. Nach einer grundlegenden Einleitung, in der neben den notwendigen Begriffserklärungen auch ein historischer Abriß über die Sozialhilfe gegeben wird, folgen die Schwerpunktkapitel über »Rechtsgrundlagen und Aufgaben«, »Das materielle Recht« und schließlich »Das formelle Recht«.
Darüberhinaus wird die Sozialhilfe in ihrem Spannungsverhältnis zwischen dem Anspruch auf soziale Sicherheit und sozialpolitischen Forderungen deutlich gemacht.
Der Verfasser, Praktiker im Sozialbereich seit einigen Jahrzehnten, hat in diese zweite Auflage die neuere Entwicklung der Sozialgesetzgebung eingearbeitet.

Luchterhand

Moderne Sozialpolitik und Arbeitswelt

von Willi Klostermeier, Kurt Maurer u. a., 196 Seiten,
Salesta-kartoniert, DM 19,80.

ISBN 3-472-55006-6

Gegenstand dieses Buches ist die Darstellung aller Rechtsbereiche und
an ausgewählten Beispielen die Erläuterung der Rechtsvorschriften, die
einer Verbesserung der Stellung der Arbeitnehmer oder der ihnen gleichgestellten Selbständigen dienen sollen. Entsprechend hat das Autoren-
team (Barley, Klostermeier, Maurer, Müller-Hagen, Seipp, Ullrich) die
Schwerpunkte auf die Bereiche »Grundlagen und Begriff der modernen
Sozialpolitik«, »Träger staatlicher Sozialpolitik im Bereich der Arbeitswelt,
ihre Aufgaben und Leistungen«, »Arbeitsrecht und betriebliches Sozial-
wesen«, »Förderungsmaßnahmen mit Bedeutung für die Arbeitswelt«,
Wohnungsbau, Städtebau, Wohngeld« gelegt. Die neuesten Entscheidungen des Gesetzgebers sowie die Auswirkungen der Steuerreform wurden
in den Abhandlungen und tabellarischen Übersichten berücksichtigt.
Damit eignet sich der Band nicht nur als Arbeitsmittel für alle Schulen, die
sich mit dem Bereich des Arbeits- und Sozialrechts befassen, also die
beruflichen Schulen im sozialen, kaufmännischen und Verwaltungsbe-
reich, sondern darüber hinaus auch als Handbuch für alle Berufstätigen
und als Hilfe beim Umgang mit den Behörden und Institutionen, die Träger
der modernen Sozialpolitik sind.

Luchterhand